产学研合作与创新发展研究

李运河 ◎ 著

九州出版社
JIUZHOUPRESS

图书在版编目（CIP）数据

产学研合作与创新发展研究／李运河著. -- 北京：
九州出版社，2025.2. -- ISBN 978-7-5225-3696-5

Ⅰ. G640

中国国家版本馆 CIP 数据核字第 2025RK8388 号

产学研合作与创新发展研究

作　　者	李运河　著
责任编辑	石增银
出版发行	九州出版社
地　　址	北京市西城区阜外大街甲 35 号（100037）
发行电话	（010）68992190/3/5/6
网　　址	www.jiuzhoupress.com
印　　刷	北京星阳艺彩印刷技术有限公司
开　　本	787 毫米×1092 毫米　16 开
印　　张	15.5
字　　数	240 千字
版　　次	2025 年 5 月第 1 版
印　　次	2025 年 5 月第 1 次印刷
书　　号	ISBN 978-7-5225-3696-5
定　　价	58.00 元

前　言

　　在当今快速发展的科技与经济环境下，产学研合作已经成为推动创新发展的重要手段。产学研合作不仅有助于加快科技成果的转化，还能提升企业的核心竞争力，促进产业升级和经济发展。《产学研合作与创新发展研究》一书，旨在深入探讨产学研合作的理论基础、组织形式、创新联合体、技术转移、人才培养、资金支持、评估监测以及未来趋势等多个方面，以期为产学研合作提供全面的指导和参考。

　　产学研合作是一个复杂而多元的领域，涉及政府、企业、高校和科研机构等多个主体。本书通过系统性的研究和案例分析，揭示了产学研合作的内在规律和成功要素，为读者提供了宝贵的经验和启示。同时，本书也关注产学研合作中面临的挑战和问题，如利益分配、知识产权保护、资金筹集等，并提出了切实可行的解决方案和建议。

　　本书汇聚了多位在产学研合作领域具有丰富实践经验和理论研究成果的专家学者。他们结合国内外最新研究成果和实践案例，深入浅出地阐述了产学研合作的核心理念和实践方法。相信《产学研合作与创新发展研究》一书将为决策者、企业家、科研人员和学者等提供有益的参考和借鉴，共同推动产学研合作的深入发展。

　　衷心希望《产学研合作与创新发展研究》能够成为产学研合作领域的经典之作，为推动我国创新发展做出积极的贡献。同时，也期待广大读者在阅读本书后，能够激发出更多的创新思维和实践智慧，共同开创产学研合作的美好未来。

目　录

第一章 产学研合作的理论基础

在知识经济和全球化的大背景下，技术创新和产业升级已成为推动社会经济发展的关键动力。产学研合作是一种有效的创新模式，正日益受到广泛关注和积极实践。这种合作模式融合了产业、学术和研究界的智慧与资源，为科技创新成果的快速转化和应用提供了有力支撑。产学研合作不仅有助于提升企业的核心竞争力，还能推动学术和研究机构更深入地了解市场需求，实现科研成果的商业化。同时，政府也通过政策引导和资金支持，积极推动产学研合作的深入发展，以期在激烈的国际竞争中占据有利地位。

为了深入理解产学研合作的内在机制和影响，本章将从理论层面探讨产学研合作的概念、模型，分析其合作动因及利益相关者，以及它对技术发展的深远影响。通过对这些基础理论进行深入的研究，期望能够为产学研合作的实践提供有益的指导和启示，从而促进合作的有效实施，推动技术创新和产业升级。

第一节 产学研合作的概念与模型

产学研合作是连接产业、学术和研究三大领域的桥梁，对于促进技术转移、加速科技成果转化以及推动产业升级具有不可替代的作用。为了更深入地理解产学研合作的内涵和运行机制，我们将详细探讨产学研合作的概念和几种常见的合作模式。

一、产学研合作的概念与内涵

(一) 产学研合作的概念

霍德才等人 (2021)[①] 和雷小苗等人 (2020)[②] 发现,在党的十九大报告中,习近平总书记指出:"深化科技体制改革,建立以企业为主体、市场为导向,产学研深度融合的技术创新体系,加强对中小企业创新的支持,促进科技成果转化。"产学研合作从本质上来讲是将科研技术当作一种商品,这种商品的供给方是高校或科研机构,它的需求方是企业,而产学研合作则是保证这类商品有序流动,使之发挥最大的效用的一种方式。

党的二十大报告指出,要坚持创新在我国现代化建设全局中的核心地位,加快实施创新驱动发展战略,加快实现高水平科技自立自强。在推动科技创新的过程中,强调要发挥企业的创新主体作用,鼓励企业加大研发投入,加强与高校、科研院所等创新源头的合作,促进科技创新与产业发展深度融合。

冯海燕 (2014)[③] 认为,产学研合作是指企业与高校(或科研机构)为实现自身利益,以人才建设、技术创新和成果转化为目标的一种合作方式。在这种合作中,"产"代表产业界,即依托技术创新的现代企业和企业家;"学"指学术界,包括各类进行基础研究、应用研究和技术开发的高校及科研机构;"研"则是以进行科研活动为主的科研院所和高校中的科研机构。

产学研合作以企业需求为出发点,以实现服务地方经济社会发展为落脚点。在产学研合作过程中,高校(或科研机构)可以实现自身教学和科研技术的进步,企业在这个过程中可以实现生产技术的革新,从而促进生产力的转化效率。产学研合作的成果最终要接受市场的检验,以评估其最终的合作效果。

在产学研合作过程中,企业所承担的角色是合作成果转化的主体,其中合作成果既包括科研成果的转换,也包括人力资源的转换。企业合作成果的转换

---

① 霍德才,李艳杰,乔光波. 关于产学研合作教育的探讨 [J]. 就业与保障,2021 (13):169-170.

② 雷小苗,李良艳,王蓉. 新时代产学研协同创新的路径研究 [J]. 管理现代化,2020 (03):36-38.

③ 冯海燕. 高校与企业产学研合作机制创新研究 [J]. 中国高教研究,2014 (08):74-78.

贯穿产学研合作的全过程，为高校科研机构提供成果转化的生产力以及转换平台。高校和科研机构在产学研合作过程中担任的角色是教育、培训与研发主体。在人力资源的生产、培训等方面居于主导核心地位，企业与高校和科研机构协同发展，共同促进合作成果和技术创新发展。

1. 合作主体：产：产业界，主要指现代企业，它们依托技术创新来推动产业发展。学：学术界，主要指高校，它们在人才培养和科学研究方面发挥重要作用。研：研究机构，包括应用型科研院所和高校中的科研机构，专注于基础研究、应用研究和各类技术开发。

2. 合作目的：促进科技与经济的结合，加速科技成果的转化和应用。提高企业的技术创新能力和市场竞争力。加强人才培养，特别是培养具有创新精神和实践能力的高素质人才。

3. 合作形式与内容：共建研究中心、实验室或科技园区，进行联合研发和技术创新。开展科技攻关项目，解决行业共性和关键性问题。实施技术转移和成果转化，推动科技成果的商业化应用。举办技术交流和人才培训活动，提升企业和高校的技术水平和人才素质。

4. 合作意义：通过产学研合作，可以有效地整合各方资源，提高科技创新效率和质量。这种合作模式有助于培养符合社会需求的高素质人才，推动经济社会的可持续发展。产学研合作还能够促进企业、高校和研究机构之间的良性互动和协同发展，形成互利共赢的局面。产学研合作是一种重要的科技创新和人才培养模式，它通过整合产业界、学术界和研究机构的资源和优势，推动科技与经济的深度融合和发展。

（二）产学研合作的内涵

杨宗仁（2015）[①] 认为，产学研的内涵丰富，从利益的角度看，产学研是指企业、高等学校和研究机构以保障和推动自身利益为出发点，依托各自的优势资源，共同参与、相互合作进而互利互赢的一种社会经济活动。王少华

————————
　① 杨宗仁.产学研合作的定义、渊源及合作模式演进研究［J］.生产力研究，2015（08）：126-130+160.

（2015）① 认为，从利益风险的角度看，产学研合作是指企业、高等学校和研究机构在合作过程中协调承担风险、共享利益所得、推进多方发展的合作形式。杨宗仁（2015）② 认为，从合作目标和承担作用的角度看，产学研合作是在人才培养、科技开发和生产活动中的深入交流、转化和融合。王尧等人（2012）③ 指出，从参与主体的角度看，产学研合作的主体包括产业（或企业）、高等学校和研究机构，以及政府、中介机构和金融机构等相关部门，旨在达成技术创新、人才培养、社会服务、产业发展和经济进步等合作目标。产学研的内涵还可以从以下几个方面来深入理解：

1. 资源整合与优势互补：产学研合作能够将产业界的资金、市场渠道与生产经验，高校的人才培养与基础研究能力，以及科研机构的专业研发实力进行有效整合。通过这种整合，各方可以发挥自身优势，弥补彼此的不足，从而实现资源的优化配置。

2. 高校和科研机构是新知识、新技术的摇篮，而企业则是这些知识和技术实现商业化的重要平台。产学研合作促进了知识和技术从学术领域向产业领域的转移与扩散，推动了科技创新成果的转化应用。产学研合作不仅关注当前的技术转移和成果转化，更注重长远创新能力的培养。通过产学研合作，企业可以接触到前沿的科研成果，高校和科研机构则能更深入地了解市场需求和技术发展趋势，从而不断调整和优化研究方向，提升创新能力。

3. 产学研合作是一种风险共担、利益共享的机制。在技术创新的过程中，各方共同承担研发风险，并分享研发成果带来的经济利益。这种机制有效地平衡了创新过程中的风险与收益，激发了各方的创新积极性。

综上所述，产学研的内涵在于通过产业、高校和科研机构的紧密合作，实现资源整合、知识与技术转移、创新能力提升以及风险共担与利益共享，从而推动科技创新和经济发展。

---

① 王少华. 国内产学研合作研究综述——基于 2002—2012 年期刊文献分析 [J]. 科技管理研究，2015（11）：217-220.
② 杨宗仁. 产学研合作的定义、渊源及合作模式演进研究 [J]. 生产力研究，2015（08）：126-130+160.
③ 王尧，郑建勇，李建清. 产学研合作的概念演变及其内涵 [J]. 科技成果管理与研究，2012（03）：22-25.

二、产学研合作的模型

曾萍、李熙（2014）[①] 认为，目前我国产学研合作模式根据不同的划分维度有多种分类方式：基于合作内容及其程度，可分为政府推动、自愿组合、合同链接和共建实体；基于交易成本，可分为内部化、半内部化和外部化；基于实现功能，可分为人才培养型、研究开发型和生产经营型；基于合作关系，可分为技术转让、联合开发、委托开发和共建实体。产学研合作模式的选择受到企业规模、所在行业、大学研究能力、地理距离、市场需求、合作参与度和政府作用等多种因素的影响。

（一）技术转让模型

技术转让模型是产学研合作中一种常见且有效的模式。在此模式下，高校或研究机构是科研的主力军，常常能够研发出具有市场潜力的新技术、新产品或新工艺。然而，这些科研成果如果仅仅停留在实验室阶段，将无法发挥其真正的社会价值和经济价值。因此，技术转让模型为这些科研成果的商业化提供了一条可行的路径。

刘娜等人（2023）[②] 认为，技术转让模式是指高等院校或科学研究所将新技术、新产品、新工艺等的专利权、专利申请权、专利实施许可权、技术秘密等科技成果有偿转让给企业，帮助企业将技术转变成生产力。技术转让模式是成熟的传统模式，目前存在的最大问题是成功率比较低。第一个原因是受技术成熟度的限制。如果技术成果不够成熟，企业没有受让的意愿；如果技术成果比较成熟、有广阔的市场前景，高校、研究院所转化给其他公司的意愿也不高，更愿意自行转化。第二个原因是科技成果转让费比较高昂，中小型企业难以承担。第三个原因是受企业技术水平的限制，企业在接受了新技术成果之后无法及时转化。

高校或研究机构研发成果：高校或研究机构利用自身的科研资源和人才优

① 曾萍，李熙．产学研合作研究综述：理论视角，合作模式与合作机制［J］．科技管理研究，2014（22）：28-32+49．
② 刘娜，蒲泉霖，史严．产学研合作的现状分析及模式比较［J］．大学，2023（22）：40-43．

势，进行深入研究，开发出具有创新性和实用性的技术成果。这些成果可能涉及新材料、新工艺、新产品或新的解决方案等。在正式转让之前，高校或研究机构通常会对技术成果进行评估，确定其市场潜力和商业价值。同时，他们还会进行市场调研，了解潜在受让企业的需求和意愿。一旦找到合适的受让企业，双方将开始协商技术转让的具体条款。这些条款包括但不限于技术的使用权、所有权、转让费用、保密义务、后续开发责任等。协商完成后，双方将签订正式的技术转让合同。

根据合同约定，企业需要向高校或研究机构支付技术转让费用。这笔费用通常包括一次性支付的技术购买费用和可能的后续技术支持或开发费用。在费用支付完毕后，高校或研究机构将向企业提供详细的技术文档、资料以及必要的技术培训。这确保企业能够充分理解和应用所购买的技术。获得技术后，企业将根据自身的生产能力和市场需求，将新技术投入生产。通过有效的市场推广和销售策略，企业将新技术转化为实际的产品或服务，从而实现技术的商业化。

技术转让模型不仅为高校和研究机构提供了将科研成果转化为经济收益的途径，还为企业带来了创新技术和产品，推动了产业升级和市场竞争力的提升。同时，这种模式也促进了科技与经济的紧密结合，推动了社会的进步和发展。

（二）技术开发模型

刘娜等人（2023）[1] 认为，技术开发是指产学研各方共同投入资源进行合作。可以结合高校、科研院所的技术开发优势和企业的产品化市场化优势，实现资源共享、优势互补。采用这种模式要注意合作各方的风险责任划分、利益分配和效能的发挥。

合作开发是指企业与高校或研究机构共同投入人力、物力和财力，进行科研攻关和技术开发。这种方式的优点在于能够充分发挥各自的优势，实现资源共享和风险共担。企业通常具有较强的资金实力和市场渠道，而高校和研究机构则拥有丰富的科研资源和人才储备。通过合作开发，企业可以提供资金支持和市场反馈，而学术机构则可以贡献其科研设备和专业人才。技术开发具有不确定性和风险性，合作开发模式可以让双方共同承担这些风险。如果项目成

① 刘娜，蒲泉霖，史严. 产学研合作的现状分析及模式比较 [J]. 大学，2023（22）：40-43.

功，双方都能从中获益；如果项目失败，损失也可以由双方共同承担。产学研合作促进了学术知识与市场需求的结合。企业了解市场动态和消费者需求，而学术机构则能提供前沿的科技知识和技术。这种结合有助于开发出更符合市场需求、更具创新性的产品。

委托开发是指企业委托高校或研究机构进行特定的技术开发。这种方式下，企业是委托方，提供资金支持和项目需求；而高校或研究机构作为受托方，负责按照企业的要求进行技术研发。委托开发通常针对具体的技术难题或产品创新需求，目标非常明确。这有助于高校或研究机构集中精力解决关键问题。由于受托方通常是该领域的专家，他们拥有丰富的专业知识和研究经验，因此能够更高效地完成任务。对于企业而言，委托开发可以将技术研发的风险部分转移给受托方。如果项目失败，企业虽然会损失资金投入，但可以避免因技术研发失败而导致的内部资源浪费和时间成本。在委托开发中，需要明确知识产权的归属问题。通常情况下，研发成果的知识产权会归属于委托方（即企业），但这也需要根据双方签订的合同条款来确定。

（三）共建研发机构或实验室模型

刘娜等人（2023）[①]认为，共建实体是指企业与高校或科研院所组建公司、研究中心、实践基地等实体，是产学研合作中比较紧密、成熟的模式。这种合作模式有利于高校、科研院所与企业之间形成长期联系，有利于三方构建信任、紧密的合作关系，能把高校的技术优势与企业的市场优势结合起来，形成规模优势，进而获得高质量的技术成果和高收益回报。但是，这种模式也存在现实问题，对企业来说，企业追求的目标是利益最大化和市场占有率，而对高校来说，培养优秀人才、提升学术水平、增强学科优势是发展目标。不同目标的差异增大了合作难度。

企业与高校或研究机构共同管理这个研发机构或实验室，确保双方都有话语权。双方会共同制定研发目标和计划，确保研发方向与市场需求和企业战略相符。共建研发机构产生的所有知识产权通常由双方共同拥有，并有严格的保护机制，防止技术泄露。根据研发需求和计划，双方会灵活调整经费分配，确

① 刘娜，蒲泉霖，史严. 产学研合作的现状分析及模式比较［J］. 大学，2023（22）：40-43.

保研发活动的顺利进行。需要明确双方的利益分配机制，避免因利益不均而产生矛盾。管理与沟通：共建机构需要建立完善的管理机制和沟通渠道，确保双方能够高效合作。任何研发活动都存在技术失败的风险，同时新产品或技术也可能面临市场不接受的风险。因此，双方需要有风险共担的意识和准备。

共建研发机构或实验室模型是产学研合作的高级形式，它能够有效地整合双方的资源和优势，推动长期稳定的技术创新。然而，这种合作模式也需要双方建立良好的合作机制，共同应对可能出现的挑战和风险。

（四）人才培养模型

人才培养模型是产学研合作中至关重要的一环，特别是在当前这个知识经济时代，人才的培养和发展对于企业和学术机构的竞争力有着决定性的影响。企业与高校合作，共同培养专业人才，已经成为推动产业发展和社会进步的重要策略。

企业为高校学生提供实习机会，使学生能够在实际工作环境中应用所学知识，增强实践能力。这种实习通常包括专业技能培训、项目管理、团队协作等多个方面，旨在帮助学生更好地适应未来的职业生涯。企业也能通过这种方式选拔优秀实习生，为自身储备人才。企业派遣员工到高校接受进一步的教育和培训，提升员工的专业知识和技能。高校则根据企业的实际需求，定制培训课程，确保培训内容的针对性和实用性。这种培训不仅有助于提升员工的工作效率，还能增强员工对企业的忠诚度和归属感。

需要明确双方的责任和义务，制定合理的合作协议和计划，确保合作的顺利进行。高校和企业需要共同投入教学资源，包括师资、教学设施等，以确保教学质量和效果。需要建立长期稳定的合作关系，确保人才培养的连续性和可持续性。人才培养模型是产学研合作中不可或缺的一部分。通过企业与高校的合作，共同培养专业人才，不仅可以提升人才的素质和技能水平，还能促进产学研的深度融合和科技创新。然而，这种合作模式的成功实施也需要双方建立良好的合作机制，共同投入教学资源，确保合作的稳定性和持续性。

（五）产学研战略联盟模型

刘娜等人（2023）[①] 认为，合作联盟是指高校、科研机构、政府和企业共同参与产学研合作项目，以技术创新为目标的合作模式。这种模式包含两种结构，一种是由高校发起、对接多个企业需求的校企联盟，高校的相关学科团队或者多个高校的相关学科团队服务于一个企业或一批企业，或者服务于具体的产业。还有一种结构是战略联盟，高校、科研机构和企业立足于各自的发展目标和战略目标，通过股权或契约的方式建立较为稳固的、长期的合作关系。针对产业技术创新的核心问题和新兴问题，多方通过技术合作，取得突破产业发展的核心技术，形成技术标准，建立公共技术平台，共享知识产权，实施技术转移，加速成果转化过程。

联盟成员共同确定研发方向和目标，整合各自的技术和资源，进行联合研发。这有助于缩短研发周期，提高研发效率。企业利用自身的市场渠道和资源，将研发成果快速推向市场。同时，高校和研究机构也能通过企业了解市场需求，更好地调整研发方向。联盟成员可以共同进行人才培养，如设立奖学金、实习计划等，为行业培养更多的优秀人才。联盟成员根据各自的投入和贡献，合理分享合作带来的利益。这有助于激发各成员的积极性和参与度。

产学研战略联盟涉及多个成员和复杂的合作关系，需要建立完善的协调和管理机制，确保合作的顺利进行。合理的利益分配机制是联盟稳定运行的关键。需要明确各成员的投入和贡献，确保利益的公平分配。技术研发过程中产生的知识产权是联盟合作的重要成果。需要建立完善的知识产权保护机制，防止技术泄露和侵权风险。产学研战略联盟模型是一种高层次的合作模式，通过资源整合和优势互补，实现共同发展和利益最大化。然而，这种合作模式的成功实施也需要各成员建立良好的合作机制和管理体系，共同应对可能出现的挑战和风险。这些模型在实际应用中可以灵活组合和调整，以适应不同的合作需求和市场环境。产学研合作的成功关键在于合作伙伴的正确选择、风险责任的明确划定、利益分配的合理安排以及企业主导作用的发挥。

① 刘娜，蒲泉霖，史严. 产学研合作的现状分析及模式比较 [J]. 大学，2023（22）：40-43

三、产学研合作的特点与优势

张学森（2012）[①] 指出，大力推进产学研合作，是党中央为增强我国自主创新能力、建设创新型国家做出的重大决策。党的十七大强调，要加快建立以企业为主体、市场为导向、产学研相结合的技术创新体系，引导和支持创新要素向企业集聚。这既对产学研合作提出了新的要求，带来了新的机遇，又进一步丰富了中国特色产学研合作体系的内涵。改革开放以来，以1995年和2006年两次全国科学技术大会为标志，中国特色产学研合作先后经历了从"产学研联合"到"产学研结合"，再到"产学研用紧密结合"的三个发展阶段。从"产学研结合"到"产学研用结合"，进一步突出了产学研合作必须以市场和应用为导向，以企业为主体。以企业为主体、以市场为导向、产学研用紧密结合，构建产学研用相结合的产业技术创新战略联盟成为现阶段我国产学研合作发展的主要特点。产学研合作是一种创新的合作模式，汇聚了产业、学术和研究三方的资源和智慧，具有鲜明的特点和显著的优势。

2005年12月，科技部、国务院国资委和全国总工会联合启动实施了"技术创新引导工程"，旨在增强企业自主创新能力，加快建立以企业为主体、市场为导向、产学研相结合的技术创新体系。

2006年12月28日，科技部、财政部、教育部、国务院国资委、全国总工会和国家开发银行成立了推进产学研结合工作协调指导小组，以落实《国家中长期科学和技术发展规划纲要（2006-2020年）》及其配套政策，进一步推动以企业为主体、市场为导向、产学研相结合的技术创新体系的建设。在税收政策方面，2022年，财政部、税务总局和科技部发布了《关于加大支持科技创新税前扣除力度的公告》，进一步加大对科技创新的税前扣除支持力度。2023年8月28日，财政部、税务总局、科技部和教育部发布了《关于继续实施科技企业孵化器、大学科技园和众创空间有关税收政策的公告》，对国家级、省级科技企业孵化器、大学科技园和国家备案众创空间等给予相关税收优惠。

[①] 张学森. 金融业与财经院校产学研合作研究 [J]. 中国高校科技, 2012 (04)：16-18. DOI: 10. 16209/j. cnki. cust. 2012. 04. 015.

2024年5月8日，教育部高等学校科学研究发展中心发布了《关于申报2024年中国高校产学研创新基金的通知》，设立了"中国高校产学研创新基金"，旨在推进产学研协同创新，支撑实施创新驱动发展战略，提升教育服务经济社会发展能力，促进科技成果转化，积极探索产学研创新实践，创新人才培养机制，推动建立以企业为主体、市场为导向、产学研深度融合的技术创新体系。同年，中国产学研合作促进会组织实施了"2024年中国产学研合作促进会科技创新奖"申报工作，旨在表彰奖励在推进产学研用协同创新和实现高水平科技自立自强工作中做出突出贡献的科技工作者和在产学研协同创新中形成的重要科技成果。

2024年10月24日，由国家原子能机构、国家发展改革委、教育部、科技部等12部门联合印发了《核技术应用产业高质量发展三年行动方案（2024—2026年）》。该方案提出，到2026年，要使产学研协同创新体系基本形成，核技术应用研发平台体系进一步优化，围绕重大需求和重点领域，增设5个以上具备关键前沿技术研发和推广能力的核技术研发中心或协同创新示范平台，科教融合、产教融合的人才培养体系和协同创新模式基本形成。

2024年，党的二十届三中全会提出加强企业主导的产学研深度融合，深化人才发展体制机制改革。同年9月召开的全国教育大会提出，强化校企科研合作，让更多科技成果尽快转化为现实生产力。

（一）特点

1. 多元主体参与①：产学研合作的显著特点之一是参与主体的多元性。这种合作不仅涵盖了传统意义上的企业——市场经济的主体，追求利润和市场份额，还包括高校和研究机构——学术和科研的殿堂，专注于知识创新和人才培养。每个主体都拥有自己独特的资源和专长，企业具备市场运作、资金筹集和产品销售的能力；高校和研究机构则拥有丰富的研究资源和深厚的学术积淀。这种多元化的参与，使得产学研合作在推动科技创新、加速成果转化方面具备了得天独厚的优势。

---

① 多元主体参与是指在社会、政治、经济等领域中，不同的个体、群体、组织和利益相关方之间进行协商、合作、决策和控制的过程。这些主体可以是政府、企业、非政府组织、媒体、学术机构、民间团体、社区居民等，他们具有不同的利益、权力、知识和资源，但都可以对决策和行为产生影响。

2. 资源共享与整合：产学研合作的另一个关键特点是资源的共享与整合。在这种合作模式下，各方不再各自为战，而是将设备、技术、人才和信息等关键资源进行共享。企业可以提供市场需求信息和资金支持，高校和研究机构则贡献出其科研成果、实验设施和高端人才。通过这种资源的优化配置和高效利用，产学研合作能够有效地降低研发成本，缩短研发周期，从而加速科技创新的进程。

3. 目标导向：产学研合作通常以解决实际问题或满足市场需求为目标，这使得合作具有明确的应用导向性。与传统的学术研究不同，产学研合作更加注重研究成果的实际应用和市场价值。这种目标导向性确保了科研成果能够直接服务于社会和经济的发展，提高了科研活动的针对性和实效性。

4. 长期性与稳定性：产学研合作往往不是一次性的项目合作，而是建立在长期信任和共同利益基础上的稳定合作关系。这种长期性和稳定性为合作各方提供了持续的创新动力和支持，使得科研活动能够持续深入地进行。同时，长期的合作关系也有助于各方建立深厚的信任基础，为未来的合作和发展奠定了坚实的基础。

5. 互利共赢：产学研合作追求的是各方利益的共同最大化。在这种合作模式下，各方通过优势互补，实现资源的最佳配置和利用，从而达到互利共赢的效果。企业可以获得先进的技术支持和创新资源，提高市场竞争力；高校和研究机构则可以获得资金支持和市场反馈，推动科研成果的转化和应用。这种互利共赢的合作模式，不仅有助于推动科技创新和产业升级，还能够为经济社会发展注入强大的动力。

（二）优势

1. 降低创新风险：在产学研合作中，企业、高校和研究机构共同投资研发，因此研发成本和市场风险由多方共同承担。这种风险共担机制降低了单一主体因创新失败而可能遭受的巨大经济损失。对于投资者来说，投资多个产学研合作项目相当于构建了一个多样化的投资组合。这种多样化能够降低整体投资风险，因为不同项目的成功率和风险水平可能各不相同。产学研合作通常在项目早期阶段就进行风险评估，这有助于及时识别并规避潜在风险，从而降低创新过程中的不确定性。

2. 加速技术转化：高校和研究机构的科研成果往往具有前瞻性，而企业则更了解市场需求。产学研合作能够促进这两者的有效对接，确保科研成果更符合市场实际需求。高校和研究机构提供科研技术和人才，企业提供市场推广和应用的经验以及生产资源。这种资源共享和优势互补能够大大加速技术从实验室到市场的转化过程。产学研合作通常涉及知识产权保护、技术转让等法律和商业问题。通过合作，这些问题可以得到更有效的解决，从而减少技术转化的障碍。产学研合作促进了企业、高校和研究机构之间的知识与技术交流。这种交流有助于激发新的创新思维和想法。产学研合作往往涉及多个学科和领域的交叉，这种跨领域的合作有助于产生更多的创新点子和解决方案。产学研合作鼓励尝试和失败，这种宽容的创新氛围有助于激发各参与方的创新活力。

3. 培养高素质人才：产学研合作给学生和研究人员提供了将理论知识应用于实践的机会，这种结合有助于培养他们的实际操作能力和问题解决能力。参与产学研合作项目需要与他人紧密合作，这有助于培养学生的团队协作和沟通能力。通过参与实际项目，学生和科研人员可以更早地接触到职业环境，从而提升他们的职业素养和就业竞争力。产学研合作能够推动相关产业的升级和转型，通过技术创新和成果转化，提高产业的附加值和竞争力。产学研合作项目的成功实施往往需要扩大生产规模，从而创造更多的就业机会。成功的产学研合作项目能够带动区域经济的发展，提高当地的经济实力和人民生活水平。同时，这种合作也有助于吸引更多的外部投资和优秀人才，进一步促进区域经济的繁荣。

产学研合作以其多元主体参与、资源共享与整合、目标导向、长期性与稳定性以及互利共赢的特点，展现出降低创新风险、加速技术转化、提升创新能力、培养高素质人才和促进经济社会发展的显著优势。

第二节 合作动因与利益相关者分析

产学研合作已成为推动创新、加速科技成果转化的重要途径。产学研合作不仅能够有效整合企业、高校和研究机构的资源，还能够促进知识的传递和技术的创新，从而推动整个社会科技水平的提升和经济的发展。然而，这种合作模式背后的动因是什么？又有哪些利益相关者参与其中，他们各自扮演着怎样的角色？如何协调这些利益相关者的利益和期望，以实现合作的最佳效果？下面将深入探讨产学研合作的动因，分析其中的主要利益相关者，并对他们的角色、期望及影响进行细致剖析，旨在为产学研合作的深入推进提供理论支持和实践指导。

一、产学研合作的动因和驱动力

霍德才等人（2021）[①] 认为，产学研得以深入合作的动力来源于参与各方的内在需求。从经济学角度而言，产学研之间产生合作的动机是利益，而内在利益博弈使产学研各方主动推进合作进程。对于高校而言，这种利益更多的是一种如社会声誉的隐形利益。对于企业而言，其需要的是通过合作带来技术创新所产生的经济效益，同时也满足了其对于优质人力资源的需求。从外部因素来说，推动产学研合作的动力一部分来源于市场经济的竞争压力。企业若想长足发展，就必须适应不断变化的外部环境，因此，技术创新就成为企业生存的必需武器。一部分外部动力来源于当地政府的促进和推动，政府干预对实现产学研合作发展具有重要意义。产学研合作的动因和驱动力主要源于多个方面，这些动因共同推动了产学研之间的紧密合作。

（一）技术创新和研发需求

企业深知，要在市场中站稳脚跟并持续领先，就必须不断推出新产品或改进现有产品。这通常需要依赖先进的技术和创新的设计理念。自主研发不仅需要大量的资金投入，还可能涉及长时间的研究和试验。通过产学研合作，企业可以更快地获取到新的技术，缩短研发周期，降低研发成本。技术创新总是伴随着风险，包括技术风险和市场风险。产学研合作可以帮助企业分担这些风险，因为合作方也会共同参与研发过程。

---

① 霍德才，李艳杰，乔光波.关于产学研合作教育的探讨［J］.就业与保障，2021（13）：169-170.

高校和研究机构拥有大量的研究设备、实验室和专业人才，他们长期专注于某一领域的研究，积累了丰富的知识和经验。由于不受日常经营和商业压力的束缚，高校和研究机构在探索新技术和理论方面往往更加大胆和创新。高校和研究机构还是人才培养的摇篮。通过产学研合作，他们可以为企业输送具备专业知识和实践经验的优秀人才。

　　产学研合作在技术创新和研发需求方面的细化作用体现在：企业根据自身市场需求和产品定位，向高校和研究机构提出具体的技术研发需求；而高校和研究机构则利用自身的科研优势和创新能力，为企业提供技术支持和解决方案。这种合作模式既确保了技术研发的针对性和实效性，同时也为高校和研究机构提供了将科研成果转化为实际应用的机会，实现了双赢。

　　（二）资源共享与风险分担

　　资源共享与风险分担是产学研合作中的两大核心优势。这种合作模式不仅促进了企业、高校和研究机构之间的紧密合作，还推动了技术创新和产业发展。资源共享在产学研合作中起到了至关重要的作用。通过合作，企业、高校和研究机构可以共享以下资源，企业和研究机构往往拥有先进的实验设备、生产线和测试工具，而高校则可能拥有独特的研究设备和实验室。通过共享这些设备资源，各方可以充分利用现有设施，提高资源利用效率，避免重复投资。高校和研究机构在基础研究和应用技术方面有着深厚的积累，而企业则对市场需求和产品开发有着敏锐的洞察力。通过共享技术资源，各方可以相互学习、取长补短，共同推动技术进步。高校和研究机构培养了大量的科研人才，而企业则拥有实践经验丰富的工程技术人员。通过人才交流和合作，可以实现知识和技能的互补，促进创新能力的提升。产学研合作中，各方可以共享实验数据、市场信息和行业动态等，这有助于加速研发进程，提高创新效率。

　　技术创新是一个高风险的过程，涉及技术可行性、市场接受度、资金投入等多个方面的不确定性。产学研合作通过风险分担，降低了单个主体承担的风险压力，高校和研究机构在基础研究和前期技术开发阶段承担更多风险，而企业则在产品开发和市场推广阶段承担更多风险。通过合作，各方可以共同面对和解决技术难题，降低技术失败的风险。企业在市场开发和产品销售方面具有丰富经验，可以更好地评估市场需求和风险。通过与高校和研究机构的合作，企业可以更早地了解技术动态和行业趋势，从而降低市场风险。产学研合作通常涉及多方面的资金投入。通过共同投资研发项目，各方可以分摊研发成本，减轻资金压力。此外，合作还可能吸引外部投资和支持，进一步降低资金风险。产学研合作中的各方可以共同制定研发计划和项目管理流程，明确责任和权益分配。这种合作模式有助于减少管理风险，提高项目的执行效率和质量。资源共享与风险分担是产学研合作的重要优势。通过充分利用各自的资源和优势，共同面对和解决技术创新过程中的各种风险和挑战，产学研合作有助于推动科技创新和产业升级。

（三）人才培养和知识转移

高校和研究机构与企业合作，可以为学生提供实地参观、实习实训、项目参与等实践机会。这种实践经验对于学生理解和掌握理论知识，以及将来更好地融入职场具有重要意义。产学研合作使得教育机构能够更准确地把握市场对人才的需求，从而调整教学计划和课程设置，培养出更符合市场需求的高素质人才。通过参与产学研合作项目，学生不仅可以提升专业技能，还能锻炼团队协作能力、问题解决能力和创新能力。

产学研合作促进了学术研究成果向产业应用的转化。高校和研究机构的基础研究成果，通过合作开发、技术咨询等方式，被企业吸收并应用于产品或服务的创新。除了显性的技术和知识转移外，产学研合作还涉及大量隐性知识的传递，如经验、直觉和判断力等。这些隐性知识对于企业的创新活动同样至关重要。产学研合作给企业提供了一个持续学习和改进的平台。通过与高校和研究机构的交流，企业可以不断接触新的科研成果和思维方式，从而保持其竞争优势。

（四）政策支持和市场推动

政府通过提供研发资金、补贴或税收优惠等措施，降低产学研合作的成本，从而鼓励更多的企业和高校、研究机构参与其中。政府还会制定相关法规和政策，为产学研合作提供良好的法治环境和政策支持，保障合作各方的权益。政府的政策支持往往具有产业导向性，通过支持特定领域的产学研合作项目，引导产业向更加高端、绿色的方向发展。

产学研合作的最终目的是满足市场需求。企业通过合作开发新产品或技术，可以更好地适应市场变化，抓住市场机遇。消费者对于新产品、新技术的需求是推动产学研合作的重要力量。为了满足消费者的多样化需求，企业需要不断创新，而产学研合作正是实现这一目标的有效途径。在激烈的市场竞争中，企业通过与高校和研究机构的合作，可以获取更多的创新资源和知识资本，从而构建自身的竞争优势。

二、产学研合作中的主要利益相关者

产学研合作涉及多个利益相关者，主要包括：

(一) 企业

企业是产学研合作的重要主体，期望通过合作获取新技术、新产品和市场竞争优势。

企业希望通过产学研合作，接触到高校和研究机构的前沿技术研究成果，将这些新技术引入到自身的产品开发和生产过程中，从而提升技术水平和生产效率。企业在研发或生产过程中可能会遇到难以解决的技术问题。通过与高校和研究机构的合作，企业可以寻求专业的技术支持，解决这些技术难题。为了保持长远的竞争力，企业需要不断进行技术储备和战略布局。产学研合作可以帮助企业了解技术发展趋势，提前布局未来可能的技术方向。

企业期望将最新的科研成果和技术应用到产品开发中，从而推出具有创新性、差异化的新产品，满足市场需求。与高校和研究机构的合作可以为企业提供更多的研发资源和思路，有助于缩短新产品的研发周期，提高研发效率。产学研合作可以分摊研发成本和风险，降低企业独立研发所面临的不确定性和风险。通过与知名高校和研究机构的合作，企业可以提升自身的品牌形象和知名度，从而增强市场竞争力。企业还可以获取独家技术或专利，构建技术壁垒，防止竞争对手的模仿和抄袭。产学研合作可以帮助企业更快地掌握新技术、开发新产品，从而在市场竞争中抢占先机，获得更多的市场份额。

(二) 高校和研究机构

这些机构拥有丰富的科研资源和创新能力，希望通过产学研合作将科研成果转化为实际应用，并培养创新人才。

高校和研究机构拥有大量的基础研究成果，他们希望通过产学研合作，将这些基础研究成果转化为具有实际应用价值的技术或产品。这不仅可以验证科研成果的有效性，还能为社会带来实实在在的好处。高校和研究机构还期望将其科研成果和技术有效地转移到企业中，实现科研成果的商业化应用。这不仅可以促进科技创新的快速发展，还可以为社会创造更多的经济价值。产学研合作提供了一个平台，使得高校和研究机构能够直接接触到实际工业界的问题和挑战。通过合作，他们期望能够利用自身的科研资源和创新能力，为实际问题提供有效的解决方案。

高校和研究机构期望通过产学研合作，为学生提供更多的实践机会。这不仅可以帮助学生将理论知识与实际应用相结合，还能培养他们的实践能力和创新意识。产学研合作使得高校和研究机构能够更深入地了解市场对人才的需求，从而调整教育内容和方式，培养出既懂技术又懂市场的复合型人才。通过产学研合作，学生可以接触到更多的实际项目和企业环境，从而拓宽他们的视野，增强他们的职业素养和团队协作能力。

（三）政府

政府是推动产学研合作的重要力量，旨在通过合作促进科技创新、产业升级和经济发展。

政府为产学研合作提供信息、政策、咨询、技术及平台等全方位的创新服务。这包括但不仅限于提供市场动态信息、技术发展趋势、法律咨询和知识产权保护等方面的支持。政府对产学研涉及的人员、资金、物资、材料等资源进行合理有序调配。通过设立专项资金，为产学研项目提供资金支持，降低企业进行技术创新的风险。政府统筹协调产学研合作各方的权利与义务，化解合作运行中产生的矛盾和不利因素。这有助于确保合作的顺利进行，并最大限度地发挥各方的优势和潜力。并为产学研等多方合作搭建技术交流平台、创新合作样板，促进各方在技术、知识和经验方面的共享与交流。这不仅有助于加速科技创新的进程，还能提升整个产业的技术水平和竞争力。政府在产学研合作过程中还发挥着监督和激励作用。通过关注合作各方的进展和表现，政府对违反合作规则的行为进行处罚，同时对取得突破和做出贡献的机构和个人给予奖励。这种奖罚分明的做法有助于确保合作的公平性和规范性，激发各方的积极性和创造力。

（四）金融机构和投资者

他们为产学研合作提供资金支持，并期望获得相应的回报。

金融机构如银行、证券公司等，通过贷款、股权投资等方式，为产学研合作项目提供必要的研发资金支持。这些资金对于推动科技创新和研发活动至关重要。金融机构在提供资金的同时，也会对项目进行评估和监管，以降低投资风险。他们会进行尽职调查，确保投资项目的可行性和潜在回报。为了满足产学研合作多样化的资金需求，金融机构不断创新金融产品和服务，如提供定制化的融资解决方案，包括知识产权质押贷款、科技成果转化贷款等。金融机构通过与科技部门、高校和研究机构的紧密合作，推动科技与金融的深度融合，为产学研合作项目提供更加专业、高效的金融服务。

投资者通过购买股票、债券或直接投资等方式，为产学研合作项目提供资本支持。这些资金有助于项目研发、市场推广等各个环节的顺利实施。投资者在提供资金的同时，也期望获得相应的投资回报。他们会关注项目的长期盈利能力和市场潜力，以决定投资策略。身为投资方，他们可能会参与产学研合作项目的管理中，提供战略建议、监督项目进展，并确保资金得到有效利用。投资者的参与有助于推动资本市场的发展，为产学研合作项目提供更多的融资渠道和投资机会。

三、利益相关者分析及利益协调

在产学研合作中，各利益相关者扮演着不同的角色，并有着各自的期望和影响。

（一）企业的角色与期望

企业的角色是技术应用的主体，企业在产学研合作中肩负着将科研成果转化为具有市场竞争力的产品或服务的重任。这一过程不仅需要企业具备敏锐的市场洞察力和强大的生产制造能力，还需要企业与科研机构、高校等密切合作，共同推进科研成果的转化和应用。

企业参与产学研合作的核心期望是获得创新技术，这些技术能够帮助企业开发出新产品或服务，或者提升现有产品或服务的性能和品质。通过引入新技术，企业可以提升市场竞争力，抢占更多的市场份额，从而实现经济效益的增长。此外，企业也期望通过产学研合作，提升自身的技术实力和创新能力，为企业的长远发展奠定坚实基础。企业深度参与产学研合作时，能够更直接地与科研机构、高校等进行沟通交流，确保科研成果更加符合市场需求。这种深度的参与有助于企业及时获取最新的科研信息和技术动态，为企业的产品研发和创新提供有力支持。如果企业只是浅尝辄止地参与合作，可能会导致与科研机构、高校之间的信息不对称，进而影响科研成果的转化效率和应用效果。当企业在产学研合作中投入充足的资源（包括资金、人力、设备等），可以加速科研成果的转化进程，提高产品或服务的质量和性能。这些资源的投入还能够增强企业的研发能力，为未来的技术创新和产品升级打下基础。资源投入不足可能会限制产学研合作的深度和广度。这可能导致科研成果的转化周期延长，甚至影响最终的产品质量和服务效果。资源有限还可能阻碍企业在技术创新和市场拓展方面的步伐。

（二）高校和研究机构的角色与期望

高校和研究机构是科研创新的摇篮，它们拥有丰富的科研资源和强大的研究能力，能够不断产出前沿的科研成果。在产学研合作中，高校和研究机构主要提供技术支持，包括研发新技术、新工艺和新产品等，同时还负责培养和输送创新人才，为企业的技术创新和产业升级提供源源不断的动力。

高校和研究机构参与产学研合作的主要期望是实现科研成果的转化和应用。他们希望通过与企业的合作，将科研成果从实验室走向市场，转化为具有实际价值的产品或服务。此外，高校和研究机构还期望通过产学研合作提升自身的学术影响力，吸引更多的优秀人才和资源，从而进一步推动科研创新工作的发展。同时，他们也希望通过合作培养更多的创新人才，为社会的进步和发展做出贡献。

高校和研究机构的科研水平和创新能力是产学研合作成功的关键。他们的科研水平直接决定了产学研合作的技术起点和高度。如果高校和研究机构具备较高的科研水平，就能够为企业提供更具创新性和市场竞争力的技术支持，从而推动产学研合作的深入发展。高校和研究机构的创新能力也是影响产学研合作成功与否的重要因素。创新能力强的机构能够不断探索新的研究领域和技术方向，为企业提供源源不断的创新资源。这种创新能力不仅有助于企业在市场竞争中保持领先地位，还能够推动整个行业的技术进步和产业升级。高校和研究机构的人才培养能力也对产学研合作产生深远影响。他们通过为企业培养和输送具有创新意识和实践能力的人才，为企业的持续发展提供人才保障。这些人才不仅具备扎实的专业知识，还具有较强的解决实际问题的能力，能够在产学研合作中发挥重要作用。

（三）政府的角色与期望

以政策制定者和支持者的身份，政府在产学研合作中起着引领和推动作用。政府通过制定科技创新政策、产业发展政策和教育政策等，为产学研合作创造有利的制度环境和市场氛围。同时，政府还通过提供资金支持，如设立科研基金、税收优惠、贷款贴息等方式，来降低产学研合作的风险和成本，从而鼓励更多的企业、高校和研究机构参与到合作中来。

政府推动产学研合作的期望主要体现在以下几个方面：首先，政府希望通过产学研合作推动科技创新，提升国家的科技实力和创新能力。科技创新是推动经济社会发展的关键动力，而产学研合作则是实现科技创新的有效途径。其次，政府期望通过产学研合作促进产业升级，优化产业结构，提高产业的附加值和竞争力。最后，政府希望通过产学研合作提高国家竞争力，使国家在全球竞争中占据有利地位。政府的政策导向和资金支持对产学研合作的规模和深度具有重要影响。政府的政策导向可以引导产学研合作的方向和重点。政府可以通过制定优先发展的产业目录、科技创新规划等政策，引导企业、高校和研究机构将资源投向国家重点发展的领域和关键技术上。政府的资金支持可以扩大产学研合作的规模和范围。资金是产学研合作的重要资源之一，政府的资金支持可以降低合作的风险和成本，吸引更多的参与者加入合作中来。政府的资金支持还可以促进科研成果的转化和应用，加速科技创新成果的产业化进程。

（四）金融机构和投资者的角色与期望

金融机构和投资者在产学研合作中主要扮演资金提供者的角色。他们通过向产学研合作项目提供贷款、股权投资或其他形式的资金支持，帮助项目解决资金瓶颈，从而推动科研创新、技术转化和产业升级。这些资金支持不仅为产学研合作提供了经济保障，还降低了合作项目的财务风险，使其能够更专注于研发和市场推广。

金融机构和投资者的主要期望是获得合理的投资回报。他们希望通过资助有潜力的产学研合作项目，在项目成功后分享其经济成果。这种期望不仅符合市场经济规律，也是金融机构和投资者持续参与产学研合作的动力来源。他们也期望通过促进资金的良性循环，并将获得的回报再次投入到新的有潜力的项目中，从而实现资金的持续增值和社会效益的最大化。金融机构和投资者的资金支持对产学研合作的持续进行具有重要影响。他们的资金支持是产学研合作项目得以启动和持续推进的经济基础。许多科研项目在初期阶段需要大量的资金投入，而金融机构和投资者的支持往往能够解决这一关键问题。他们的参与也提高了产学研合作项目的信誉度和市场吸引力，有助于吸引更多的合作伙伴和优秀人才。金融机构和投资者的专业化和市场化运作经验，也可以为产学研合作提供有益的指导和建议，帮助项目更好地适应市场需求和实现商业化运作。

四、协调策略

郑坚和陈中文（2000）[①] 提出，要使产学研合作实现效用最大化，就需要找到切实可行的合作项目，充分发挥合作各方的优势，最大限度地实现优势依托型或优势互补型的合作模式。在选择合作项目时，应关注以下三个方面：首先，每个合作项目都应具备实用性，要适合社会发展的需要，可以有效地服务于地方经济发展；其次，每个合作项目都应符合合作各方的特点。对高校来说，合作项目应贴合办学特色，符合学校价值取向。对企业而言，合作项目应给企业带来经济效益，增强企业竞争力；最后，选择合作项目应具有长期发展的目光。企业由于自身的营利属性，在选择项目时，容易受到市场驱动的作用，存在短视性的弊端。高校要把握发展方向，与企业共同协商，充分利用各

---

① 郑坚，陈中文. 浅谈新形势下高校产学研合作的对策 [J]. 科技进步与对策，2000（08）：85 -86.

方优势，选择具有可持续性发展的合作项目。

在产学研合作中，协调各方利益是至关重要的。在合作开始前，应明确各方在合作中的权益分配，包括知识产权归属、利润分配等，以避免后续纠纷。建立定期的交流会议和沟通渠道，确保各方能够及时了解合作进展和遇到的问题，共同商讨解决方案。在合作初期，各方应共同制定明确的目标和计划，确保合作方向一致，减少利益冲突。政府可以通过政策引导和资金支持来促进产学研合作，同时建立相应的监管机制，确保合作的公平和有效。通过以上的合作动机与目标分析以及利益相关者分析与利益协调策略的制定，可以促进产学研合作的顺利进行并实现共赢。在利益协调方面，需要建立有效的沟通机制和合作平台，确保各方能够充分表达自身需求和期望，并通过协商达成共识。同时，政府应发挥引导作用，制定公平合理的政策和规则，促进各方利益的均衡和合作的持续发展。

第三节　产学研合作对技术发展的影响

现阶段产学研合作已成为推动技术进步和创新的重要手段。产学研合作，即产业界、学术界和研究机构的紧密结合，旨在将学术研究成果转化为实际应用，同时为企业提供技术支持和创新动力。这种合作模式对于科技发展具有深远的影响，不仅加快了科技成果的转化速度，还为产业升级和经济增长注入了新的活力。随着全球竞争的加剧，单一的研究或开发模式已难以满足技术发展的需求，而产学研合作则能更有效地整合各方资源，形成优势互补。通过产学研合作，企业可以获得学术界的前沿科技知识和研究机构的技术支持，从而提升自身的创新能力和市场竞争力。同时，学术界和研究机构也能从产业界的实际需求出发，更有针对性地进行科研工作，实现科研成果的快速转化和应用。

一、产学研合作对技术创新的促进作用

林良滨（2024）[①] 通过对产业技术创新效率进行 SFA 分析，探索了产学合作、产研合作等变量对产业技术创新效率的影响差异。研究发现，企业的 R&D 投入不仅可以直接提高其技术创新水平，而且可以通过增强企业吸收能力来提高对合作成果的吸收和利用，进而提高技术创新效率。同时，产学合作对工业产业技术创新效率无显著影响，而产研合作显著促进了产业技术创新效率的提高，说明目前我国部分高校以科研为导向，对市场和产业需求的了解不够充分。同时，证明了科研机构的业务发展和以市场为导向的研发是正确的。进一步从企业吸收能力角度实证检验了产学合作及产研合作对工业产业技术创新效率的影响。检验结果发现企业的吸收能力对其更好地吸收合作成果具有重要作用，说明在当前的科技体制下，人才的培养尤为重要。我国应更加重视高素质人才的培养，高校应培养更多实用技能型人才，对科研人才和技术商业化人才采取不同的培养方式。

（一）产学研合作影响企业技术创新的运行机制

蒋伏心和季柳（2017）[②] 认为，随着我国综合国力的提升和科技水平的发展，产学研合作正成为我国国家创新的重要组成部分。企业为了长久发展，会主动寻求和大学以及科研单位合作。产学研合作技术创新的运行机制本质上是各参与方合作共赢研发创新的过程、机制和方式，目前高校产学研合作影响企业技术创新的运行机制，可以从动力机制、选择机制、协调机制、分配机制四个维度加以分析。

1. 产学研合作是影响企业技术创新的动力机制

范蓉（2023）[③] 认为，动力机制是合作各方之间相互作用、相互激励的机制，可以最大限度地调动参与各方的积极性，促进产学研各主体参与实现共同

① 林良滨. 产学研合作对我国工业产业技术创新效率的影响研究 [J]. 环渤海经济瞭望，2024（03）：62-65. DOI：10.16457/j.cnki.hbhjjlw.2024.03.042.
② 蒋伏心，季柳. 产学研合作对企业技术创新的影响——基于门槛回归的实证研究 [J]. 华东经济管理，2017（07）：132-138.
③ 范蓉. 产学研合作对企业技术创新能力的影响：运行机制与作用机理 [J]. 天津中德应用技术大学学报，2023（01）：32-37. DOI：10.16350/j.cnki.cn12-1442/g4.2023.01.007.

目标、合作共赢。产学研合作由内外两部分动力机制共同影响。一方面，内部动力机制是指产学研各单位内在的驱动力，包括多种驱动因素。首先，利益驱动力。企业要借助高校和科研单位的技术和科研成果来获得市场竞争中的利润，而高校和科研单位也需要市场检验技术成果，增强自身的竞争力，为下一步研发奠定基础。其次，合作历史也会有驱动力。詹雯婷等人（2015）① 认为产学研合作需要各方相互信任，不断磨合，一旦合作成功，为了减少未来合作研发的不确定性，维持现有的良好合作关系更为实际。此外，还有内部激励引发的驱动力。一套合理高效的内部激励机制可以调动组织成员的积极性，激发产学研合作人员的创新能力，提升合作水平。产学研合作需要以强大的创新能力为保障，来稳定产学研的合作关系。另一方面，外部动力机制主要包括三个方面。首先是技术影响。随着技术专业化程度加深，企业对外部技术的依赖性也在不断增强，技术的进步会不断驱动产学研合作。其次，市场也是驱动产学研合作的动力之一。经济全球化促使全球生产要素重新分配，市场竞争愈发激烈，消费者需求日益多元化，这些都给企业发展带来新的挑战，也促使企业推进产学研合作，增强自身竞争力。最后，政府政策也会影响产学研合作程度。卞元超等人（2015）② 认为，为进一步推动产学研合作，我国政府积极完善相关政策体系，还提供资金资助或财政优惠政策，同时立法保障产学研各单位的知识产权和科技成果，促进产学研合作深入开展。

2. 产学研合作是影响企业技术创新的选择机制

范蓉（2023）③ 认为，产学研合作成功的核心在于选取合适的合作对象，并开展适合的合作模式。一方面，首先要注重目标兼容，需要产学研三方形成共识，虽然三者间的具体需求存在一定差异，三者不可能有共同的目标，但是在产学研合作时，一定要保证三者方向一致，在大方向下产学研各方各取所需。选取合作对象时还要强调优势互补，需要合作方提前了解对方拥有的资

① 詹雯婷，章熙春，胡军燕. 产学研合作对企业技术能力结构的双元性影响 [J]. 科学学研究，2015（10）：1528-1537.

② 卞元超，白俊红，范天宇. 产学研协同创新与企业技术进步的关系 [J]. 中国科技论坛，2015（06）：38-43.

③ 范蓉. 产学研合作对企业技术创新能力的影响：运行机制与作用机理 [J]. 天津中德应用技术大学学报，2023（01）：32-37. DOI：10.16350/j.cnki.cn12-1442/g4.2023.01.007.

源，并和自身资源比较，最好能实现优势互补。例如，高校和科研院所拥有强大的科研能力、丰富的专业知识，但其市场敏感度欠缺，而企业往往有较强的市场营销能力，但缺乏研发创新能力，所以产学研合作可以实现各方的优势互补。良好信誉也是选择合作对象的重要参考，在挑选合作对象时，一定要评估对方的信誉，为后期产学研深度合作保驾护航、降低风险。另一方面，在合作模式上首先要明确合作地位，也就是确定具体环节的负责主体。高校和科研院所擅长研发，也拥有较多的研究资源，所以基础研究和专业人才培养应由高校和科研机构主导。企业擅长生产产品和营销，所以应该主导技术成果的产业化和营销推广。选择合适的合作形式也有助于产学研合作的效果，具体选择哪种合作形式，要综合考虑多种因素，如合作目的、外界环境等等。

3. 产学研合作是影响企业技术创新的协调机制

王晓亚和谢思全（2015）[①] 认为成功的产学研合作离不开多方的有效沟通。产学研各方在不断的沟通中，应明确各方的职责、义务和权利，降低合作风险，提高合作效率，并制定详细的合作规划。协调机制包括引导、调节、内部激励和约束等多种机制。首先，政府应通过完善的法律、法规和计划等引导产学研各方有机结合。其次，产学研各合作方应有合适的调节机制，减少彼此间因合作产生的矛盾，及时解决合作中的问题，并不断修正合作方向，确保合作顺利完成。产学研合作还要有完善的内部激励机制，用以调动合作人员积极性，充分发挥工作人员的能动性，最大限度地提升产学研合作效率。最后，产学研合作的顺利开展需要各种法律、法规、合同和规范等来约束各方行为，保障产学研各参与方的合法权益。

4. 产学研合作是影响企业技术创新的分配机制

实现各方利益是产学研合作的目标，但如何分配这些利益则关乎合作能否继续进行。利益分配应当遵循公平公正、互惠合作的原则。产学研合作过程中，各方投入的资源或达成的成果都应该体现在合理的利益分配中，利益分配要综合考虑企业的资产、市场推广，大学和科研院所的研发、技术转化等。按

---

① 王晓亚，谢思全.R&D投入、产学研合作与企业技术创新产出——基于我国省级面板数据的研究［J］.现代管理科学，2015（04）：30-32.

照支付方式的不同，产学研合作的利益分配可以通过多种途径，如固定支付、股权分配或按利润收取提成等，也可以综合多种支付方式，但这都是参与各方前期充分沟通的结果。

（二）产学研合作影响企业技术创新的作用机理

范蓉（2023）[①]认为，在经济增长放缓的背景下，经济结构要想加快转型，需要以创新为新的增长点。产业界和学界则代表着技术创新的两大主体，需要紧密结合，从而促使国家全面创新。企业的短板是创新所需人员、技术等欠缺，必须和学界如高校和科研单位合作。高校和科研单位为了将技术转化为生产力，也必须和企业合作，二者间优势互补。产学研合作则通过以下几种情况影响企业创新。

1. 以科技资源共享为基本前提

在我国，高校和科研机构掌握大量知识、人才和实验设备，这些都是企业不具备的。借助产学研合作，企业可以获取技术知识，使用先进的实验设备，并得到专业人士的指导，这样有助于降低企业创新成本，减少创新的风险，实现相关领域的技术突破，帮助企业克服自主创新受到的技术限制。高校和科研机构可以充分发挥自身优势，转化技术成果，并通过产学研合作，获取更多的实践知识。另外，基于产学研合作，企业可以用最小的成本不断实现创新，规避市场变化引发的风险，持续保障企业竞争力。

2. 以技术知识转移为重要手段

黄文锋和张梦轩（2013）[②]认为，借助产学研合作，技术和知识可以在企业、高校和科研单位间自由流通。目前，我国高校和科研机构仍是专业知识技术的开拓者，配备有先进的仪器设备和高素质的研发人员，所以创新能力较强。产学研合作中，企业与高校和科研机构经常性地沟通，借助观察、学习、模仿和实际操作等多种方式，学习创新所蕴含的隐性知识，从而加快技术转移。另外，企业在商品生产和营销环节，可以将高校和科研单位的技术知识转

① 范蓉. 产学研合作对企业技术创新能力的影响：运行机制与作用机理 [J]. 天津中德应用技术大学学报，2023（01）：32-37. DOI：10.16350/j.cnki.cn12-1442/g4.2023.01.007.
② 黄文锋，张梦轩. 政府政策与企业技术创新意愿关系研究——基于东莞电子信息产业的实证分析 [J]. 科技与经济，2013（04）：31-35.

移附加入自身的产品或服务中，并在此过程中不断强化企业竞争力，形成竞争优势，并使得企业自主创新能力增强，有助于企业在复杂多变的市场竞争中屹立不败、发展壮大。

3. 以外部人才吸纳为推动力量

企业管理者可以借助产学研合作发掘符合企业发展的专业人才。企业通过产学研合作，可以和高校或科研院所建立长久的合作关系，企业可以吸纳高校或研究机构的技术人员，这样既可以不断为企业创新注入新鲜活力，还避免其他企业使用相关人才，破解企业自主创新的难题。另外，企业在产学研合作过程中还可以不断学习新技术，培养自身的技术人才，通过与高校或科研院所的长期合作，不断提升企业自身研发人员的技术水平，从而为企业长期创新发展提供技术支持。

4. 以降低创新风险为最终目的

产学研合作涉及创新想法的共享及合作创新推出新产品，相当于整合了研发环节、生产和销售环节。这样的创新活动更具有目的性，避免了创新过程中不断试错导致的资源浪费，同时也大大缩短了产品创新研发周期，也减少了周期过长引发的风险问题，提高了企业创新效率。产学研合作还可以合理分配各单位人员，发挥其最大价值，不断提升研发效率，来应对瞬息万变的市场竞争，避免因技术过时导致的竞争力下降。

二、产学研合作在技术转移和扩散中的作用

产学研合作在技术转移和扩散中确实发挥着至关重要的作用。这种合作模式有效地将学术、研究机构的技术成果与企业的市场化和商业化能力结合起来，推动了科技创新的快速发展和应用。

（一）加速技术转移过程

学术界和研究机构积累了大量的科研成果，但并非所有成果都适合商业化。产学研合作的第一步就是对这些技术成果进行筛选和评估，识别出具有市场潜力和商业价值的技术。根据技术的性质、市场需求以及双方的资源优势，确定最合适的合作模式。这可能包括技术转让、技术许可、共同研发、成立合资公司等多种形式。企业提供市场、资金、生产等资源，而学术界和研究机构则提供技术、人才和研究设施。通过资源整合和共享，双方能够共同推动技术的开发和转化。

在确定合作模式后，双方将共同投入到技术的进一步开发和优化中。这一阶段可能涉及对技术的改进、适应市场需求的调整以及生产工艺的制定等。开发出的新产品或服务会进行市场测试，以收集用户反馈和市场表现。这些信息将用于产品的持续改进和优化。经过市场验证的产品将进入规模化生产阶段，并通过企业的市场渠道进行推广和销售。根据合作初期的约定，双方将按照一定比例分配由此产生的经济利益。基于合作的成功，双方可能会继续探索更多的合作机会和领域。

（二）促进技术扩散和行业技术进步

当产学研合作推动的技术在市场上取得成功，它往往会成为行业内的一个技术标杆。其他企业或机构会将其视为参考标准，努力达到或超越这一水平。成功的技术案例会吸引其他企业或行业的注意。这些企业或行业可能会采用相同或类似的技术，以提高自身的竞争力和创新能力。一些企业可能会通过模仿或逆向工程来学习并应用这些技术。随着越来越多的企业采纳和应用新技术，整个行业的技术水平将得到显著提升。这种提升不仅体现在产品或服务的质量上，还包括生产效率、成本控制、市场竞争力等多个方面。

新技术的成功应用可能会催生出新的产业链和商业模式。新技术的引入可能会带来新的原材料需求、新的生产流程、新的销售渠道等，从而推动整个产业链的升级和变革。同时，新技术也可能带来新的商业模式，如共享经济、定制化服务等。新技术的扩散和应用不仅限于原产业，还可能对其他相关产业产生积极的影响。例如，新能源汽车技术的成功应用不仅推动了汽车产业的发展，还带动了电池、充电设施、智能电网等相关产业的协同发展。当产学研合作推动的技术在市场上取得成功并促进整个行业的技术进步时，这会形成一个良性循环。更多的成功案例会吸引更多的产学研合作，进一步推动技术的研发和创新，从而形成一个持续进步的行业生态环境。

（三）实现资源共享和优势互补

学术界和研究机构拥有丰富的科研人才，他们具备深厚的专业知识和研究能力。企业通过产学研合作，可以借助这些人才资源进行技术研究和产品开发。同时，企业中的工程师和市场人员等实战经验丰富的人才，也能为学术界提供实际应用和市场需求的见解，形成人才之间的互补与交流。学术界和研究机构通常拥有先进的实验设备和研究设施，这些设备往往价格昂贵，维护成本高。企业通过合作可以使用这些设备，避免了自行购置的高昂成本。反之，企业也可能提供生产线上的设备和测试环境，供学术界进行实地研究和验证。

企业通常有较强的资金实力，可以为研发项目提供资金支持，而学术界和研究机构则可能通过政府资助或研究项目获得资金支持。产学研合作可以将这些不同来源的资金进行有效整合，共同支持研发活动，分担成本和风险。企业拥有完善的销售网络和市场渠道，这对于将学术研究成果转化为产品并推向市场至关重要。通过合作，学术界可以获得更直接的市场反馈，了解用户需求，从而调整研究方向，使研发更加贴近市场需求。学术界擅长基础研究和理论探索，而企业则擅长技术应用和产品开发。产学研合作可以将这两方面的优势结合起来，加速科技成果的转化。研发活动具有很高的不确定性和风险，产学研合作可以分散这些风险，因为合作各方可以共同承担研发失败的风险。同时，通过资源共享和优势互补，各方可以降低独自研发时的成本投入，提高资源利用效率。产学研合作在技术转移和扩散中发挥着重要作用，它通过加速技术转移、促进技术扩散和行业技术进步、实现资源共享和优势互补以及培养创新人才和推动创新创业等方式，推动了科技创新和产业升级的发展。

三、产学研合作对产业发展的影响

（一）技术引进和产品创新

产学研合作提供了一种机制，使得学术界或研究机构的研究成果可以直接、快速地转移到产业界。这意味着，一旦学术界有新的技术突破或创新，企业可以迅速了解并应用这些技术，无需从头开始研发。在产学研合作中，学术界和企业会进行深度的技术交流和匹配。学术界会根据企业的实际需求和产业环境，对技术进行适当的调整和优化，确保技术在实际应用中能够发挥最大的效用。

产学研合作中，企业会明确自身的市场需求和产品定位，学术界则根据这些需求进行有针对性的基础研究。这种合作模式确保了研发方向与市场需求的高度契合。由于学术界和企业之间的紧密合作，产品研发过程中的信息交流和反馈变得更为及时和有效。这大大提高了研发效率，缩短了从研发到产品上市的时间周期。产学研合作使企业能够接触到更多的前沿技术和创新思想，从而激发企业内部的创新意识。这种创新意识是推动企业进行持续技术革新和产品升级的重要动力。通过与学术界的合作，企业可以逐步积累和提升自身的技术能力和研发经验。这种积累不仅有助于企业推出更多具有市场竞争力的产品，还能使企业在未来的技术竞争中占据有利地位。

（二）产业结构优化和升级

产学研合作带来的新技术和新知识，使企业能够更准确地识别和评估现有的生产方式和技术是否落后。通过与学术界和研究机构的合作，企业可以及时了解最新的技术发展趋势，从而判断哪些技术或生产方式已经过时。淘汰落后的生产方式和技术后，企业可以引入更先进的技术和设备，从而提高资源利用效率。这不仅有助于降低生产成本，还能减少资源浪费和环境污染。

新技术的引入和应用使企业能够生产出更高附加值的产品。这些产品通常具有更高的技术含量和更好的市场前景，从而提升了整个产业的附加值。随着新技术的引入和应用，整个产业链也会得到升级。上下游企业都会受到新技术的影响，从而推动整个产业链的升级和发展。产学研合作可以促进企业引入更加环保的生产技术和方式。这些技术通常具有更低的能耗和更少的排放，有助于推动企业实现绿色生产。绿色转型不仅有助于企业降低环保成本，还能提高企业的社会责任感和市场竞争力。通过实现绿色转型，企业可以更好地适应未来可持续发展的趋势和要求。

（三）产业链的完善和拓展

新技术的引入往往会带来对新材料和新设备的需求。例如，在高科技产业中，新的制造技术可能需要特殊的材料或精密的设备。产学研合作可以促进这些新材料和新设备的研发与生产，进而形成新的供应链环节。随着新技术的引入，原有的供应链可能会得到拓展和多样化。新的供应商、分销商等角色会应运而生，从而增加整个供应链的多样性和灵活性。

产学研合作可以推动企业开发出新的产品或服务，这些新产品或服务可能具有独特的功能或优势，从而吸引新的市场和客户群体。通过与学术界的合作，企业可以更加准确地把握市场趋势和消费者需求，从而制定出更加有效的市场拓展策略。产学研合作可以促进企业之间的紧密合作与信息共享。通过共享资源、技术和市场信息，企业可以更好地协同工作，提高整个产业的效率和竞争力。在产学研合作的推动下，企业之间可以形成更加紧密的产业链合作关系。这种合作关系不仅可以提高整个产业的竞争力，还可以提升产业的抗风险能力。当面临市场波动或外部冲击时，紧密的产业链合作关系可以帮助企业共同应对挑战，降低风险。

（四）经济效益和社会效益

产学研合作使得企业能够接触到更先进的技术和知识，进而改进产品设计和制造工艺，从而提高产品质量。高质量的产品往往能获得更高的市场定价和客户满意度，进而提升企业的销售额和利润。通过产学研合作，企业可以引入更高效的生产技术和流程，从而降低生产成本。同时，合作还可以帮助企业优化供应链管理，减少浪费和不必要的支出，进一步提高经济效益。产学研合作有助于企业开发出更具创新性和市场竞争力的产品，从而拓展新的市场和客户群体。新市场的开拓为企业带来了更多的销售机会和利润空间。

产学研合作推动了技术的研发和应用，加速了技术的更新换代。这种技术进步不仅提高了生产效率，还使得更多的人能够享受到先进技术带来的便利和效益。产学研合作通过提升企业的竞争力和创新能力，进而推动了整个经济的持续发展。这种发展不仅带来了更多的就业机会和税收收入，还为社会创造了更多的财富和价值。随着技术的进步和经济的发展，人们的生活水平和质量也得到了显著提升。新产品和新服务的出现使得人们的生活更加便捷、舒适和丰富多彩。同时，产学研合作还促进了教育、医疗等公共服务领域的创新和发展，进一步提高了人民的生活质量。产学研合作对于产业发展的影响是全方位的，它不仅提升了产业的技术水平和创新能力，还推动了产业结构的优化和升级，完善了产业链，同时也为人才培养和知识共享提供了平台，最终实现了经济效益和社会效益的双赢。

第二章 产学研合作的组织形式

在科技创新日益成为社会发展核心驱动力的今天，产学研合作已成为推动科技进步和产业升级的重要途径。产学研合作，即产业界、学术界和研究机构之间的协同合作，旨在通过资源共享、优势互补，共同推进科技创新成果的转化与应用。这种合作模式能够加速技术转移、促进技术扩散和行业技术进步，同时实现资源共享，降低成本和风险。

为了更好地理解和实施产学研合作，我们有必要深入探讨其不同的组织形式。下面将重点介绍产学研合作中的三种主要组织形式：大学与企业的合作模式、科研机构的角色与功能，以及多方参与的组织框架。这些组织形式各具特点，共同构成了产学研合作的丰富多样性。大学与企业的合作是产学研合作的重要一环。大学是知识创新和人才培养的摇篮，拥有丰富的科研资源和人才优势。而企业则擅长于技术应用和产品开发，具有敏锐的市场洞察力和强大的市场推广能力。大学与企业的合作，能够将科研成果更快地转化为具有市场竞争力的产品或服务，实现科技与经济的紧密结合。科研机构在产学研合作中扮演着不可或缺的角色。科研机构通常专注于某一领域或行业的前沿技术研究，拥有专业的研发团队和先进的实验设备。它们不仅能够为大学和企业提供技术支持和解决方案，还能推动整个行业的技术进步和创新发展。多方参与的组织框架是产学研合作的高级形式。这种框架汇聚了产业界、学术界、研究机构以及政府部门等多方力量，共同构建一个开放、协同的创新生态系统。在这个生态系统中，各方可以充分发挥各自的优势，通过深度合作和资源共享，共同推动科技创新和产业升级。

第一节　大学与企业的合作模式

大学汇聚了大量的研究人才和丰富的科研资源，而企业则是市场经济的主体，对技术创新和产品开发有着迫切的需求。二者的紧密合作，不仅能够加速科研成果的转化，还能有效推动产业升级和社会经济的发展。大学与企业的合作模式多种多样，每一种模式都体现了资源共享、优势互补的原则。通过合作，大学可以获得更多的实践机会和资金支持，而企业则能借助大学的科研实力，提升自身产品的技术含量和市场竞争力。这种合作模式不仅有助于双方实现共赢，还能为社会带来更多的创新成果和经济效益。

一、大学与企业合作的常见模式

韩启飞和朱小健（2021）[①] 认为，我国产学研合作相较国外开展较晚，在不同社会发展时期有着明显的时代特色。中华人民共和国成立初期，国家最早的产学研合作模式产生于国防科技研究；"文化大革命"时期，"开门办学""厂带专业"是当时教学实践的重要内容；1986 年国家出台"科教兴国"战略，加强了产学研合作与经济社会生活的联系；2000 年教育部向全国各高校提出了产学研合作的若干实施意见，是产学研合作日渐规范化发展的标志。经过多年探索我国高校产学研合作发展日趋完善，由政府主导转向市场主导，企业和高校通过技术开发、技术服务、技术咨询、技术转让等多种合作形式，实现了互利互惠、优势互补、共同发展。

（一）技术转让模式

技术转让模式是产学研参与主体签订契约，通过经济法律的行为对专利技术、实施许可和技术秘密等无形资产进行使用权转让。高校和科研院所出让技

---

① 韩启飞，朱小健. 高校产学研合作的主要模式与思考［J］. 中国多媒体与网络教学学报（上旬刊），2021（11）：108-111.

术，企业接受技术为最常见的形式。

技术的原始创新者和持有者拥有丰富的科研成果和专利技术。在技术转让模式中，他们扮演的是技术供应方的角色，负责提供成熟、可行的技术方案。市场经济的主体和技术应用的主要场所对技术创新和产品开发有着迫切的需求。在技术转让模式中，企业是技术的需求方和受让方，他们通过支付技术转让费用，获得使用相关无形资产的权利。产学研双方签订的契约是技术转让模式的核心文件，它详细规定了技术转让的具体内容、范围、期限、费用支付方式以及双方的权利和义务等。这份契约具有法律效力，能够保护双方的合法权益。技术转让涉及资金流动和权益变更，因此必须通过合法的经济法律行为来完成。这包括但不限于技术转让费用的支付、技术使用权的移交以及可能涉及的税务处理等。包括已授权的专利和专利申请权，这些技术是高校和科研院所的重要研发成果，具有较高的市场价值和应用前景。指允许企业在特定范围内使用某项技术的权利，这通常涉及特定的产品、地域或时间限制。包括未公开的配方、工艺、设计方法等关键技术信息，这些技术秘密的转让需要严格的保密措施和法律保护。

（二）委托研究模式

韩启飞和朱小健（2021）[①] 认为委托研究模式是委托方将需求研发项目对受托方进行委托的法律经济行为。企业委托高校和科研院所的专家对新产品、新工艺和新技术等进行研发；企业提出自身需求、提供研发资金，高校和科研院所负责项目研发。

企业是研发项目的发起者和资金提供者。他们根据自身的发展战略和市场需求，提出明确的研发需求，包括研发目标、技术指标、时间节点等。企业需要提供必要的研发资金，以支持项目的顺利进行。高校和科研院所是研发项目的执行者。他们接受企业的委托，利用其丰富的科研资源和专业知识，进行新产品、新工艺和新技术的研发。受托方需要按照约定的时间和质量要求，完成研发任务，并提交相应的研发成果。企业根据自身需求和市场分析，确定需要

---

① 韩启飞，朱小健. 高校产学研合作的主要模式与思考［J］. 中国多媒体与网络教学学报（上旬刊），2021（11）：108-111.

委托的研发项目。这些项目可能涉及新产品开发、工艺改进、技术创新等。在确定项目时，企业需要充分考虑项目的可行性、市场前景以及技术风险等因素。受托方在接受委托后，会组织专业的研发团队进行项目研发。这个过程包括实验设计、数据采集与分析、技术难题攻克等。同时，受托方还需要与企业保持密切的沟通与合作，确保研发方向符合企业的实际需求。

企业需要按照约定的方式和时间节点，向受托方提供研发资金。这些资金用于支持受托方的研发活动，包括设备购置、材料采购、人员薪酬等。受托方在完成研发任务后，需要向企业提交相应的研发成果。这些成果可能包括新产品原型、新工艺流程、新技术方案等。企业需要按照约定的标准对成果进行验收，并确保其符合自身的需求和期望。

（三）联合攻关模式

韩启飞和朱小健（2021）[①] 认为联合攻关模式是产学研各方参与主体针对具体项目，联合攻关寻求解决方案的一种合作模式。一般以科研项目为载体，以联合课题组为依托，产学研各方主体选派人员组建临时性科研团队进行项目攻关。

产学研各方根据市场需求、技术发展趋势以及自身资源优势，共同选定具有战略意义或市场潜力的科研项目。项目选择过程中，各方会进行充分的沟通与协商，确保选定的项目符合共同利益和发展目标。一旦项目确定，产学研各方会依据自身的专业领域和技术实力，选派合适的人员参与联合课题组。这些人员通常具备较高的专业素养和丰富的实践经验，能够共同承担起项目攻关的重任。

在联合课题组中，各方成员会根据自身的专业特长和项目需求进行合理分工。通过定期的会议、讨论和协作，团队成员共同推进项目的进展，并及时解决遇到的问题。产学研各方在联合攻关过程中，会充分共享各自的资源，包括实验设备、技术资料、专家经验等。通过资源共享和优势互补，可以提高研发效率，降低研发成本，加速科研成果的产出。在项目攻关完成后，产学研各方

---

① 韩启飞，朱小健. 高校产学研合作的主要模式与思考 [J]. 中国多媒体与网络教学学报（上旬刊），2021（11）：108-111.

会根据事先约定的协议，对科研成果进行合理分配。这通常涉及知识产权的归属、技术转让、收益分配等问题，需要各方在合作之初就进行充分的协商和明确。联合攻关模式也意味着风险的共担。在项目进行过程中，可能会遇到技术难题、市场变化等不确定因素。产学研各方需要共同面对这些风险，明确各自的责任和义务，确保项目的顺利进行。

（四）共建科研基地模式

韩启飞和朱小健（2021）[1] 认为共建科研基地是指企业、高校和科研院所分别投入一定比例经费、人员和设备共同组建联合实验室、联合研发机构和工程技术中心等科研基地。

企业、高校和科研院所共同参与，形成产学研紧密结合的合作模式。各方分别投入一定比例的资金、人员和设备，共同组建科研基地。投入比例根据各方的实力、需求和合作协议来确定。侧重于基础研究和应用基础研究，旨在解决行业共性和关键性技术问题。专注于特定领域的技术研发和创新，推动相关产业的发展和升级。致力于工程技术的研发、推广和应用，促进科技成果的转化和产业化。各方可以共享彼此的设备、技术资料和专家经验，提高资源利用效率。企业、高校和科研院所在各自领域具有独特优势，通过合作可以实现优势互补，共同提升研发能力和创新水平。共建科研基地意味着各方共同承担研发风险，降低了单一主体承担的风险压力。其研究成果可以更快地转化为实际产品或服务，推动相关产业的发展和进步。各方必须具有强烈的合作意向和共同的合作目标，否则合作难以持久和深入。共建科研基地需要在合作组织与合作制度方面达成意向，确保合作的顺利进行。也需要持续的资金投入，以确保基地的正常运转和持续发展。因此，合作各方需要具备一定的经济实力和长期投入的准备。

（五）建立研发实体[2]模式

企业、高校和科研院所共同出资建立研发实体，形成产学研联合体。这种

---

① 韩启飞，朱小健. 高校产学研合作的主要模式与思考 [J]. 中国多媒体与网络教学学报（上旬刊），2021（11）：108-111.
② 研发实体是指产学研各方主体以出资或技术入股的形式建立研发实体，进行技术经营，建立产学研联合体和技术入股为主要形式。

联合体通常具有独立的法人地位，能够自主开展研发活动，并对研发成果进行商业化运营。联合体能够集中各方的资源优势，共同进行科技研发和创新，加速科技成果的转化。通过商业化运营，实现科技成果的市场化和产业化，为合作各方带来经济收益。

高校或科研院所将科技成果或专利技术作价入股，与企业共同建立研发实体。这种方式下，高校和科研院所成为研发实体的股东，与企业共享未来的收益和风险。技术入股能够激发科技人员的创新热情，促进科技成果的转化。它也有助于企业获取先进的技术和资源，提升企业的核心竞争力。在技术入股过程中，需要对科技成果进行准确的评估作价，并明确各方的权益和责任。此外，还需要建立完善的公司治理结构和运营机制，确保研发实体的稳健发展。

（六）大学科技园模式

韩启飞和朱小健（2021）[①]认为大学科技园模式是以研究型大学为依托，通过在其周边创办科技企业或者新公司，通过研发、开发和生产互相结合，以促进科研成果向商品和产业转化的产学研合作发展模式。

大学科技园通常建立在研究型大学周边，利用大学丰富的科研资源、人才优势和技术储备。大学为科技园提供持续的创新源泉，包括前沿的科研成果和专业的技术支持。大学科技园鼓励师生、研究人员以及外部投资者在大学周边创办科技企业或新公司。这些企业通常聚焦于高新技术领域，致力于将大学的科研成果转化为具有市场竞争力的产品或服务。大学科技园内的企业紧密围绕研发、开发和生产进行活动，以加速科研成果的转化和应用。通过与大学的深度合作，企业能够获取最新的科研成果，并快速将其转化为实际产品或解决方案。大学科技园的核心目标是促进科研成果向商品和产业转化。通过提供创业支持、资金扶持、技术咨询等服务，科技园帮助企业克服市场和技术障碍，推动创新成果的商业化进程。大学科技园是产学研合作的重要平台，促进了企业、大学和研究机构之间的紧密合作。这种合作模式有助于加速技术创新和产业升级，推动区域经济的可持续发展。

---

① 韩启飞，朱小健. 高校产学研合作的主要模式与思考［J］. 中国多媒体与网络教学学报（上旬刊），2021（11）：108-111.

二、各种合作模式的优劣势

韩启飞和朱小健（2021）[①] 认为技术转让模式：优点是以契约为依托，权责分明；缺点是多为一次性行为，缺乏可持续发展，而且我国知识产权保护法律化和规范化不足，存在影响产学研合作效果。委托研究模式：优点是委托方有获得具有市场价值的科技成果的可能，受托方可利用科研经费深入研究；局限性则表现在受制于双方实力、具体任务情况、资金和合作周期等。联合攻关模式：优点是充分发挥产学研各方主体的优势和利用各方主体的资源；缺点是合作目标过于单一，难以形成持续的创新动力。

共建科研基地模式：优点是可以储备技术和人才，缩短成果产业化进程；局限性是受制于合作各方的合作意愿及需要雄厚经济实力做支撑。建立研发实体模式：优势在于企业可以拥有核心专利技术，高校可以获得长期经济效益；局限性表现为以公司的理念进行经营和管理可能与高校和科研机构的发展目标不一致。大学科技园模式：优点是有利于高科技成果从高校向工业园的扩散，可以实现科学设置专业、更新教学内容、提高教学质量的良性循环，同时可以孵化出高新技术企业；缺点在于投入经费相对不足，协同度低、协同效益不显著，导致产权制度、经营理念均滞后于发展需要。

三、合作模式的选择因素

孔逸萍（2010）[②] 通过问卷调研得出以下结论，大学、科研机构和企业是不同类型的组织，基于各异的组织目标和组织特征，其选择合作模式的态度迥然各异，对合作创新的模式有不同的偏好，而只有当大学、科研机构和企业做出一致的模式选择的情况下，双方的合作才能达成。国内外学者对合作模式选择影响因素进行了理论和实证方面的探讨，虽然没有得出统一的标准，但是在企业自身方面几乎都认为企业的研发能力、企业规模和技术特性是企业选择产

[①]　韩启飞，朱小健.高校产学研合作的主要模式与思考 [J].中国多媒体与网络教学学报（上旬刊），2021（11）：108-111.
[②]　孔逸萍.产学研合作模式选择的影响因素 [J].中国新技术新产品，2010（07）：244-245. DOI：10.13612/j.cnki.cntp.2010.07.239.

学研合作模式的重要影响因素。并通过问卷调查得出：企业研发能力越高，企业越倾向于选择紧密度越高的产学研合作模式。企业规模越大，越倾向于选择紧密度越高的产学研合作模式。产学研合作的技术知识隐性（缄默性）程度越高，企业越倾向于选择紧密度高的合作模式。政府政策对合作支持性越强，企业越倾向于选择紧密度越高的产学研合作模式。

谢园园等（2011）① 认为，选择合作模式时，需要考虑以下因素：

（一）企业 R&D 投入能力

在企业 R&D 能力中，R&D 投入能力被广泛认为是与企业产学研合作行为及模式选择有较强相关性的影响因素。企业 R&D 能力与合作创新的频度呈倒"U"形二次曲线关系，那些拥有中等 R&D 能力的企业是最易发生合作创新行为的企业类型，因为企业已有的 R&D 能力越强，技术储备越多，研发设施越好，人员素质越高，则它从外部获取创新想法、技术和知识的需求就会越少，就会更多地进行内部研发，而当企业 R&D 能力较弱时，则会采用技术授权或契约研究的方式来取得技术。Fritsch 和 Lukas 的研究发现，研发强度对企业与科研机构建立合作关系会产生积极影响。国内学者郭晓川的实证研究结果表明，产学研合作行为的发生及模式选择是由技术能力指向的（这里主要考察了技术投入能力）：技术投入能力越高的企业，其合作的倾向性越强，而且技术投入能力强的企业往往会选择交互性强的合作模式。

（二）企业 R&D 吸收能力

企业 R&D 吸收能力是企业识别评价、吸收内化和利用新的外部知识完成企业目标的综合能力。很多研究表明，企业 R&D 投入可以看作企业在吸收能力上投入的替代性投入，企业吸收能力在很大程度上是与企业自身研发能力相关的。因此，由于企业 R&D 投入能力对产学研合作行为发生有显著影响，可以认为企业 R&D 吸收能力也会影响产学研合作行为的发生。国内有实证研究结果表明，企业 R&D 吸收能力对合作模式的选择影响更大。吸收能力越强的企业，在产学研合作中越倾向于选择稳定的产学合作模式。国外学者主要从研

① 谢园园，梅姝娥，仲伟俊. 产学研合作行为及模式选择影响因素的实证研究 [J]. 科学学与科学技术管理，2011（03）：35-43.

究人员发表论文、申请专利水平的角度来评价参与合作的组织在 R&D 方面的吸收能力，研究结果也表明，研究者的技术研发水平是显著的影响因素。

（三）产学研合作程度

产学研合作程度的高低可以从横向的广泛度和纵向的深入度两个方面来考量。横向的广泛度主要体现在企业的开放程度或产学研合作行为的频繁发生，而纵向的深入度主要体现在合作关系的持续性或合作形式的制度化上。Fontana 等对欧盟国家企业的实证研究结果表明，企业的开放程度也会影响企业与大学进行合作的可能性，越是开放性强的企业越会积极进行产学研合作，但对合作的水平却没有影响。Laursen 和 Salter 的研究结果也表明，采用开放搜寻策略企业比其他企业更可能从产学研合作中有所收获。另一方面，通过长期合作，合作双方信任感和默契感日益增强，合作效率不断提高，则合作关系会趋于正式化和制度化，合作关系会更加密切，但当超过某一最佳限度时，就会呈现出一体化趋势，产学研合作模式也趋于稳定。

（四）政策环境的支持程度

政策环境的支持主要包括政府和科技中介服务机构提供的科技公共服务，这在企业产学研合作过程中也发挥着重要作用。政府通过财政补贴、税收优惠等政策引导和支持企业与大学科研机构之间的合作。政府相关政策的支持程度也会影响企业产学研合作行为的发生以及合作模式的选择。国内有研究表明，政府对有合作行为的企业更侧重给予直接拨款和专项贷款的支持，而对无合作行为的企业则更倾向于采用税收等优惠政策引导，可见资金支持是政府促进企业进行产学研合作的主要手段。在现实中，我国各地方政府对企业产学研合作的直接资金支持往往以某种长期稳定的合作形式为手段，比如建立某一级别的长期重大科研项目，以促进技术成果向生产力的持续转化。

（五）企业规模、行业类型

规模、行业这些企业的基本属性特征对产学研合作行为的发生及合作模式选择也有着显著的影响。Fritsch 和 Lukas 的研究发现，企业规模对产学研合作的形成具有重要影响，但一旦合作关系建立起来其作用将大大降低。Cohen 等人的研究结果表明，大企业更多地通过产学研合作应用了公共研究的成果，小企业相对应用得比较少；此外生物和制药等行业更多地从大学和科研机构获取最新的技术知识和成果。Santoro 和 Chakrabart 研究发现，较大的企业尤其是资源密集型企业常使用知识转移和建立研究机构的方式联合来形成或增强自身非核心技术的能力，而中小型公司尤其是高技术公司则选择通过技术转移和建立合作研究关系的方式在自己的核心技术上寻求能够"解决问题"类型的研发机构的帮助。郭晓川的实证研究结果表明，高技术企业更加偏向于发生产学研合作创新行为。可见，学者们对于企业规模、行业类型等因素的影响模式的研究结论并不一致，但大部分研究结果还是表明了企业规模、行业类型等影响因素的重要性。

四、合作模式的适应性与变革

（一）适应性

合作模式能够迅速调整以适应市场变化。当市场环境发生变化时，合作伙伴之间可以迅速重新分配资源、调整策略，以应对新的挑战和机遇。通过合作模式，企业可以共享资源、技术和经验，从而实现优势互补。这种共享不仅降低了单个企业的运营成本，还提高了整体竞争力。在合作模式中，风险和收益通常由合作伙伴共同承担。这种风险共担机制减轻了单个企业面临的市场风险，增强了整体的抗风险能力。

（二）变革

随着市场环境的变化，合作模式可能需要进行战略调整。这包括重新评估市场机会、调整产品定位、优化营销策略等。通过战略调整，合作模式可以更好地适应市场趋势，抓住新的发展机遇。为了适应市场变化和业务需求，合作模式可能需要进行组织重构。这可能涉及调整组织架构、优化管理流程、提升运营效率等方面。组织重构有助于合作模式更加高效、灵活地应对市场挑战。技术创新是合作模式变革的重要驱动力。通过引入新技术、新设备和新方法，合作模式可以实现产品升级、服务优化和效率提升。技术创新有助于合作模式在竞争中保持领先地位，满足客户需求。

合作模式的适应性与变革是企业在不断变化的市场环境中保持稳定和发展的关键。通过不断调整和优化合作模式，企业可以更好地应对市场挑战，实现可持续发展。大学与企业的合作模式多种多样，每种模式都有其独特的优劣势和适用场景。选择合适的合作模式是实现产学研有效结合的关键，也是推动科技创新和产业升级的重要途径。

第二节 科研机构的角色与功能

科研机构是产学研合作中的关键环节，扮演着举足轻重的角色。它们不仅是科学研究的殿堂，更是技术创新的摇篮，源源不断地为社会提供着新的科技成果和解决方案。科研机构的功能与任务多样化，它们不仅致力于基础科学研究，还积极参与技术研发、成果转化等多个环节，为社会经济的持续发展注入了强大的创新活力。同时，科研机构与大学、企业之间保持着紧密的互动关系，共同构建了一个开放、协同的创新生态系统。这种合作模式不仅加速了科研成果的转化应用，也为大学和企业提供了更多的创新资源和合作机会。

一、科研机构在产学研合作中的角色

（一）科技创新引领者与源头

科研机构在科技创新体系中扮演着至关重要的角色，它们是科技创新的引领者和源头。科研机构通过原始创新推动、知识创造与积累以及创新氛围的营造，为整个科技创新生态系统注入了源源不断的动力。

科研机构深知原始创新的重要性，因此投入大量资源和精力进行深入的基础研究。它们聚焦于探索未知领域，挑战现有的科学边界，旨在发现新的科学原理和技术途径。这种对基础科学的深入研究，不仅拓展了人类对自然界的认知，更产生了大量原创性的科研成果。这些成果具有高度的独创性和前瞻性，为后续的科技创新提供了坚实的理论基础和实践指导。科研机构不仅是知识的使用者，更是知识的创造者和积累者。它们通过系统的研究和实践，不断产生新的知识和技术，这些知识不仅具有学术价值，更具有实际应用潜力。科研机构通过发表论文、申请专利、开发新技术和产品等方式，将最新的科研成果公之于众，从而丰富了整个社会的知识库。这种知识的创造和积累，为产学研合作提供了丰富的素材和灵感来源。

科研机构内部通常倡导自由、开放和包容的学术氛围。这种氛围鼓励研究人员进行跨学科、跨领域的交流和合作，敢于挑战传统观念，勇于进行大胆的探索和尝试。在这样的环境中，科研人员的创新思维和想象力得到了充分的激发和释放，从而产生了大量具有突破性的科研成果。这种创新氛围也吸引了更多优秀的科研人才加入，进一步增强了科研机构的创新能力和竞争力。

（二）技术转移与产业化的桥梁

科研机构在技术转移与产业化过程中发挥着至关重要的桥梁作用。它们不仅产出科研成果，还负责这些成果的孵化和验证，积极与产业界对接，提供必要的技术支持与服务，从而确保科技成果能够顺利转化为实际生产力。

科研机构在科研成果产出后，会进行一系列的技术孵化和验证工作。这一过程旨在评估科研成果的实际应用价值和市场潜力，确保其具备转化为实际产品或服务的可能性。科研机构会利用自身的实验设施和专业知识，对科研成果进行初步的测试和验证，以确保其技术可行性和性能稳定性。科研机构还会与市场部门紧密合作，对科研成果进行市场调研和需求分析，以确保其符合市场需求和具有商业前景。科研机构积极寻求与产业界的合作，以实现技术成果的有效转移和应用。它们会与相关企业建立紧密的合作关系，共同推动科研成果的产业化进程。在这一过程中，科研机构会向企业详细介绍科研成果的技术特点、应用前景和市场优势，以激发企业的合作兴趣。同时，科研机构还会根据企业的实际需求和市场情况，对科研成果进行进一步的优化和改进，以提高其市场竞争力和产业化成功率。

科研机构在与企业合作过程中，会提供全方位的技术支持与服务。这包括为企业提供技术咨询、解决方案设计以及后续的技术支持等。科研机构会派遣专业的技术团队深入企业，了解企业的实际需求和问题，为其提供针对性的技术解决方案。同时，科研机构还会为企业提供持续的技术支持，确保其能够顺利应用科研成果并解决实际生产过程中遇到的技术难题。这种全方位的技术支持与服务，不仅有助于科技成果的顺利转化和应用，还能提升企业的技术水平和市场竞争力。科研机构在技术转移与产业化过程中发挥着不可或缺的桥梁作用。它们通过技术孵化与验证、产业对接与合作以及技术支持与服务等环节，推动科技成果从实验室走向市场，为经济社会发展注入强大的创新动力。

（三）科技人才的培养基地

科研机构不仅是科技创新的摇篮，更是科技人才的培养基地。它们通过系统的教育与培训、提供实践机会以及持续的人才输送，为科技领域输送了一批又一批高素质的专业人才。

科研机构对于研究生、博士生以及年轻科研人员来说，是一个宝贵的学习平台。这里，学生们可以接受系统的专业教育和科研培训，从基础知识到专业技能，每一环节都得到了精心的设计和安排。科研机构拥有资深的科研团队和丰富的教学资源，能够为学生提供最前沿的科学知识和技术动态。通过这种方式，科研机构帮助学生建立起坚实的学术基础，培养他们的科研能力和创新思维，为他们的学术生涯和职业发展打下坚实的基础。理论与实践相结合是科研机构培养学生的重要理念。科研机构会为学生提供大量参与真实科研项目的机会。在这些项目中，学生们可以亲身实践，将所学知识应用到实际问题中去，锻炼他们的动手能力和解决问题的能力。同时，通过与导师和团队成员的紧密合作，学生们还可以学习到团队协作的技巧和沟通的艺术。这种实践经历不仅提升了学生的专业素养，更为他们未来在职场上的发展奠定了坚实的基础。

科研机构是高质量科技人才的摇篮，不断向产业界和学术界输送新鲜血液。这些经过科研机构精心培养的科技人才，具备扎实的学术基础、丰富的实践经验和卓越的创新能力。他们能够快速适应各种工作环境和挑战，为科技创新和社会发展贡献力量。科研机构的这种人才输送机制，不仅满足了社会对高素质科技人才的需求，更为整个社会的科技创新和发展注入了源源不断的活力。科研机构是科技人才的培养基地，通过系统的教育与培训、提供实践机会以及持续的人才输送，为科技领域培养了大批高素质的专业人才。这些人才在推动科技创新和社会发展中发挥着举足轻重的作用，是现代社会不可或缺的宝

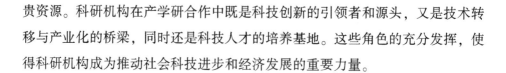

贵资源。科研机构在产学研合作中既是科技创新的引领者和源头，又是技术转移与产业化的桥梁，同时还是科技人才的培养基地。这些角色的充分发挥，使得科研机构成为推动社会科技进步和经济发展的重要力量。

二、科研机构的功能与任务

（一）科研机构的功能

科研机构在现代科技发展中扮演着重要角色，它们承载着推动科学进步、技术创新和经济社会发展的关键任务。

科研机构的首要任务是进行基础科学研究。这包括深入探索自然界的基本规律和科学原理，致力于解决科学领域中的根本性问题。科研机构通过实验设计、数据观测和深入的理论分析，旨在揭示自然界的奥秘，不断推动人类对自然界的认知向更深层次发展。这种基础性的探索不仅扩展了科学知识的边界，而且为科技进步提供了坚实的理论基础。除了基础科学研究外，科研机构还针对社会经济发展中的实际问题和需求，积极开展应用技术研究。这包括研发新技术、新工艺和新产品，旨在提高生产效率，降低生产成本，同时增强产品的市场竞争力。科研机构与企业和行业紧密合作，为其提供切实可行的技术解决方案，从而推动产业升级和经济转型。这种以问题为导向的研究，不仅加速了科技成果的转化，也促进了科技与经济的深度融合。

科研机构还承担着将科研成果转化为具有市场竞争力的产品或服务的重任。通过与产业界的紧密合作，科研机构推动科技成果的商业化应用，使科研成果能够真正服务于社会和经济发展。这包括通过技术转让、许可、合作开发等多种方式，实现科技成果的有效转化和推广。科研机构在这一过程中发挥着桥梁和纽带的作用，促进了科技与产业的深度融合，推动了经济社会的持续健康发展。科研机构的功能涵盖了从基础科学研究到应用技术研究与开发，再到科技成果的转化与推广的全过程。它们在推动科技进步、促进经济社会发展方面发挥着不可替代的重要作用。

（二）科研机构的任务

科研机构是科技创新的核心力量，它承载着多项重要任务。

科研机构需要密切关注全球科技发展的最新动态和趋势。这包括及时捕捉各科技领域的创新点、突破口以及可能带来的产业变革。通过对科技前沿的深入跟踪和精准分析，科研机构能够为自身的研究方向提供科学的决策支持，确保研究工作始终保持在行业前沿。为了实现这一目标，科研机构需要加强与全球科技情报机构的紧密合作，获取最新的科技信息和数据资源。这些宝贵的信息将为科研机构提供有力的研究支撑和发展方向指引。围绕国家战略需求和产业发展方向开展科研活动，科研机构需要深入了解国家战略需求和产业发展方向，以此为基础确定自身的研究重点和目标。围绕国家重大科技专项、重点研发计划等，科研机构应开展具有针对性和前瞻性的科研活动，以期在解决国家重大科技问题、推动产业升级和转型中发挥关键作用。同时，科研机构还应积极探索产学研合作的新模式和新路径，推动科研成果的转化和应用。通过与产业界的紧密合作，科研机构可以将科研成果更快地转化为实际生产力，服务于国家经济和社会发展的大局。

　　科研机构应积极寻求和建立与国内外同行的合作关系，共同开展科研项目和研究活动。通过学术交流、人员互访等方式，还可以促进科研资源的共享和优势互补，从而提升自身的研究水平和影响力。参与国际科技合作项目也是科研机构的重要任务之一。通过与国际同行的深度合作，科研机构可以提升自身的国际影响力和竞争力，为推动全球科技进步作出更大的贡献。其次还应加强科技成果转化机制建设，完善科技成果转化服务体系。通过建立有效的成果转化渠道和合作机制，科研机构可以推动科技成果更快地转化为实际产品和服务，从而服务于社会和经济的发展。还应积极推动与企业之间的紧密合作，促进科技成果的商业化应用。这种合作模式不仅可以加速科技成果的转化进程，还可以为科研机构提供更多的研发资金和资源支持。为了激发科研人员参与科技成果转化和产业化的积极性，科研机构还应通过政策引导、资金支持等方式提供必要的保障和激励。加强知识产权保护和管理也是科研机构的重要任务之一，以确保科技成果转化过程中的合法权益得到有效保障。

三、科研机构与大学、企业的互动关系

(一) 科研机构与大学的互动关系

科研机构与大学的互动关系也体现在科技成果转化方面。萧建秀和王晓辉 (2018)① 指出，我国大力推动科技成果转化经历了 20 多年，大学和科研机构科学技术创新管理制度逐渐形成，绝大多数大学也都建立起了科技成果专项管理办公室或科技成果转化平台等专门从事科技成果转化的服务机构。高校、科研机构科技成果转化的基本模式有以下几种。

1. "一项目一公司"模式：高校和科研机构把研究团队的科技成果与企业技术需求进行对接后，对已有科技成果进行行业应用型开发，待产品开发稳定后，随即根据项目设立公司进行成果转化，即由龙头企业、研究院、科研团队三方依据"责任明确""利益共享""风险共担"的原则和市场化法则，共同参与组建一家成果转化公司协同推动科技成果的产业化。我国的长三角（嘉兴）纳米科技产业发展研究院就是在这种模式下，通过裂变和产业融合再生创新的方式，目前已组建了十五家科技成果转化公司，与近五十家行业龙头企业、行业典型创新型企业进行技术和科技成果转化合作，为纳米产业集群的崛起奠定了基础。

2. 与创新创业联动孵化的成果转化模式：该模式是把科技成果与中小企业结合起来的最佳途径。孵化器模式适用于尚未成熟而暂时不被大企业接受或无法立刻投入生产的，但具备开发潜力的科技成果。而孵化器正是这些科技成果产业化进程中理想的试验田。孵化器中的研究开发场地，良好的基础设施，全面的法律援助、融资支持等服务大大提高了小型科技企业的成活率和成功率，同时大幅降低了企业发展初期的风险与成本。例如，浙江清华研究院就运用这一模式取得了不小的成功。其凭借独特的"政产学研金介用"的"七位一体"发展模式，与嘉兴市政府合作，在全球布局建设了八大"嘉兴·海纳孵化器"，围绕嘉兴经济发展需求，以"人才+项目+资本"的新型引才方式，

① 萧建秀，王晓辉．高校、科研机构科技成果转化中存在的问题和对策 ［J］．中国经贸导刊（中），2018 (32)：86-88.

吸引国内外大批高层次人才带团队、带技术、带成果到嘉兴转移转化、创业创新，建立起创新创业孵化与成果转化联动的相互支撑相互促进的生态系统。截至 2017 年 7 月，已累计入孵 95 个项目，"带土移植" 19 个项目。

3. 直接许可转让给企业的成果转化模式：充分利用政府搭建的科技成果竞价（拍卖）会或者各类科技成果对接平台，将专利出售或许可给企业进行成果转化。除此之外，为了强化企业与科研机构、高校的对接合作，政府和高校、科研机构可以共同推进研究人员深入到企业兼职从事技术攻关和合作开发工作，建立起"企业出题、政府立题、协同解题"的产学研合作创新机制，这样不但健全了以企业为主导技术研发创新的体制，而且高校、科研机构通过与企业需求的无缝对接，把科技成果直接转让给企业进行转化。

（二）科研机构与企业的互动关系

科研机构与企业的互动关系是现代科技创新体系中不可或缺的一环。这种关系主要体现在技术转移与产业化、资金支持与市场反馈，以及合作研发与共建实验室等方面，共同推动着科技与经济的融合发展。

1. 在技术转移与产业化方面，高超和刘灿雷（2022）认为，[①] 科研机构向企业的技术转让，实现基础研究的科研成果与企业研发的有效对接，能够为企业研发提供强大的技术支持，帮助企业补足基础研究的短板、克服前期技术障碍和难题，使企业研发和创新建立在坚实的科学基础之上，从而提升企业的研发创新能力以及创新成果的质量。科研机构还根据企业的具体需求，进行定制化的技术研发。这种定制研发能够更精准地解决企业面临的实际问题，提升企业的核心竞争力。

2. 在资金支持与市场反馈方面，企业为科研机构提供研发资金支持，助力科研机构开展更深入的研究和开发工作。这种资金支持不仅增强了科研机构的研发能力，还促进了科技创新的持续发展。同时，企业通过市场反馈为科研机构提供实际的应用场景和市场需求信息。这些信息对于科研机构调整研发方向、优化技术成果具有重要意义，确保了科研成果更加符合市场需求。

① 高超，刘灿雷. 企业创新的外在动力：公共科研机构技术转让的驱动效应 [J]. 世界经济，2022，45（11）：201-224. DOI: 10.19985/j. cnki. cassjwe. 2022.11.004.

3. 在合作研发与共建实验室方面，科研机构与企业可以共同承担研发项目，结合双方的优势资源，加速技术的研发和应用进程。这种合作方式有助于打破科技与产业之间的壁垒，推动科技创新与产业发展的深度融合。双方还可以共同投资建立实验室或研发中心，进行长期稳定的合作研究。这种共建模式不仅提升了双方的研发实力，还为科技创新提供了更为广阔的平台。

科研机构与企业的互动关系在推动科技创新和产业发展中发挥着重要作用。通过技术转移与产业化、资金支持与市场反馈、合作研发与共建实验室等多方面的深入合作，科研机构与企业共同构建了一个互利共赢、协同创新的良好生态，为经济社会的高质量发展注入了强大的动力。科研机构与大学、企业之间的互动关系是产学研合作中不可或缺的部分。这种互动不仅促进了科研成果的转化和应用，还推动了人才培养和学术交流的发展。

第三节　构建多方参与的组织框架

在科技创新的进程中，单一的组织或机构往往难以覆盖研发、教育、市场推广等所有环节。因此，构建一个多方参与的产学研合作组织框架显得尤为重要。这种框架旨在汇聚科研机构、大学、企业等各方优势，通过明确的运行机制与协调方式，实现信息共享、决策高效，从而推动科技创新的全面发展。下面将详细探讨如何构建这样一个多方参与的产学研合作组织框架，深入分析其运行机制与协调方式，以及在这一框架中如何实现信息的有效共享和决策的高效流程。

一、构建多方参与的产学研合作组织框架

为了更有效地推动科技创新与产业发展，我们致力于构建一个多方参与的产学研合作组织框架。这个框架的核心在于深度整合科研机构、高等院校、企业以及政府机构等各方资源与能力，确保每一方都能在科技创新的全过程中发挥其独特的作用。

（一）科研机构

科研机构在产学研合作组织框架中发挥着至关重要的作用。他们拥有一支由资深科学家、研究员和工程师组成的强大团队，这些专家在其研究的领域内具有深厚的学术背景和丰富的实践经验。正是这支团队，凭借对科学的无限热爱和对技术的深入探索，不断为组织提供前沿的科研成果。科研机构不仅进行基础研究，更致力于应用研究和技术开发。他们通过对市场需求的敏锐洞察，结合自身的科研实力，为企业和产业发展提供切实可行的创新思路。这些创新思路往往能够打破传统技术的束缚，引领行业发展的新方向。此外，科研机构还承担着技术转移和成果转化的重要任务。他们积极与企业合作，将科研成果转化为实际的生产力，推动相关产业的发展。这种转化不仅提升了企业的核心竞争力，也为科研机构提供了更多的实践机会和资金支持，形成了良性循环。

科研机构以其深厚的科研实力和专业知识，不断探索未知领域、开发新技术，为产学研合作组织注入源源不断的创新活力。他们是推动科技创新和产业发展的关键力量，为整个社会的进步与发展做出了巨大贡献。

（二）高等院校

高等院校是教育的殿堂，始终以培养高质量的人才为己任。唐娇美（2021）① 提出构建多方参与线上线下相结合的创新人才培养模式：数字人才的培养应充分利用新科技，采用线上线下相结合的创新模式。借助"互联网+""智能+"等数字化教学模式打造"智慧数字化"教学课堂，建设优质的数字经济在线开放课程，并依托慕课平台等进行推广和传播，让学生学习突破场地的限制。积极与国内外知名大学开展深入的双边、多边合作，突破时空限制，建立如学分互换系统、学分互认系统等"云大学"机制，提升商科专业数字化人才培养的国际化水平。开设数字经济论坛，邀请国内外知名数字经济企业、高校和科研院所的专家学者进入论坛分享最新的行业动态和最前沿的研究成果，突破领域限制，为学生创造条件接触数字经济的潮流浪尖。结合既有基础和区域特色，搭建数字实验室，打造虚拟直播基地，让学生直接参与项目

---

① 唐姣美．数字经济时代商科人才培养产学研融合模式创新探讨［J］．科技与创新，2021（19）：31-32. DOI：10.15913/j.cnki.kjycx.2021.19.013.

的建设中，真切感受数字经济的魅力。

高等院校的这种双重角色——既是人才培养的基地，又是科研项目的参与者——使其在产学研合作组织中占据了举足轻重的地位。他们通过输送人才和参与科研项目，为科技创新和产业发展提供了源源不断的动力和支持。

（三）企业

在产学研合作的组织框架中，企业担任着至关重要的角色，尤其是当涉及将科研成果从理论转化为实际应用时。企业不仅拥有对市场的敏锐洞察力，能够准确捕捉消费者的需求和行业趋势，还具备强大的生产能力，可以将科研成果迅速转化为高品质的产品或服务。具体来说，企业通过与科研机构和高等院校的紧密合作，获取最新的科研成果和创新技术。他们的市场团队会深入分析这些技术如何满足现有或潜在的市场需求，并据此进行产品规划和设计。这种市场导向的研发策略确保了科研成果的商业化和实用化，使得新产品或服务能够紧密贴合市场需求。企业的生产部门拥有先进的生产设备和熟练的技术人员，能够高效地将科研成果转化为实际的产品。他们注重产品的质量控制和生产效率，确保新产品在投放市场时具有竞争力。企业还承担着市场推广和销售的任务。他们通过广泛的营销网络和销售策略，将新产品或服务推向市场，满足广大消费者的需求。这种市场化的推广活动不仅提升了产品的知名度，也进一步拉动了相关产业的发展。

企业在产学研合作组织框架中发挥着桥梁和纽带的作用，他们凭借对市场的敏锐洞察和强大的生产能力，成功地将科研成果转化为具有市场竞争力的产品，从而满足市场需求，推动科技创新和产业发展的深度融合。

（四）政府机构

政府机构在产学研合作过程中起着举足轻重的角色，主要体现在政策引导、法律保障和监管等方面。

政府机构根据国家发展战略和市场需求，制定一系列科技创新政策，以鼓励和支持产学研合作。关志民等人（2015）[①] 认为政府需加大对企业的政策性

① 关志民，曹忠鹏，陶瑾. 产学研合作中政府支持作用与成功因素的实证研究 [J]. 东北大学学报（社会科学版），2015（03）：268-275. DOI：10.15936/j.cnki.1008-3758.2015.03.008.

支持力度，对高校/科研机构应着重加大引导性支持力度。在对政府支持因素和产学研合作目标达成率进行回归分析时发现，政府的支持作用对产学研合作效果产生显著的正向促进作用。对于高校/科研机构和企业两方来说，政府的引导性支持对高校/科研机构的产学研合作目标达成率影响较大，而企业产学研合作目标达成率受政府政策性支持的影响较大。因此，为了进一步提高联盟成员产学研合作的效果，政府应当注重加强对高校/科研机构的引导性支持，以及对企业方面的政策性支持。

政府机构负责制定和完善与产学研合作相关的法律法规，明确各方的权利义务，保护知识产权，为产学研合作提供法律保障。政府机构通过加强知识产权的申请、审查和保护工作，确保科研成果的合法权益得到有效维护，激发科研人员的创新活力。政府机构对产学研合作项目的实施过程进行监督，确保项目按照既定的目标和计划进行，防止资源浪费和科研不端行为的发生。政府机构会组织专家对产学研合作项目的科研成果进行评估和验收，确保科研成果的质量和效益符合预期要求。政府机构通过制定和执行相关法规，规范市场行为，防止不正当竞争和侵权行为的发生，为产学研合作创造一个良好的市场环境。

二、组织框架的运行机制与协调方式

在多方参与的产学研合作组织框架中，建立有效的运行机制和协调方式是至关重要的。

（一）产学研合作委员会的具体职责与工作流程

产学研合作委员会是整个合作框架中的权威决策机构，它的设置旨在确保产学研合作的高效、顺利进行。为了确保决策的全面性和公平性，委员会成员由科研机构、高等院校、企业和政府机构等各方代表均衡组成。这样的构成能够确保每一方都有发声的机会，同时也使得决策更加符合各方的共同利益。为了制定符合市场和技术发展趋势的合作规划，产学研合作委员会将定期召开会议。在会议中，各方代表将分享最新的市场信息、技术动态以及各自的资源情况。基于这些信息，委员会将综合评估当前和未来的市场需求，预测技术发展趋势，并结合各方的资源和优势，来制定产学研合作的长期和短期规划。这样的规划不仅具有前瞻性，还能够确保各方资源的有效利用和合作目标的顺利实现。

为了确保合作项目能够按计划推进，产学研合作委员会特别设立项目管理小组。这个小组的任务是对每个合作项目的进展情况进行实时的跟踪和监督。他们会定期收集项目进展报告，与项目团队进行沟通，了解项目执行过程中的问题和挑战，并及时向委员会反馈。通过这样的监督机制，委员会可以确保项目团队始终保持高效的工作状态，同时也能够及时发现并解决潜在的问题。在产学研合作过程中，难免会出现分歧或问题。为了确保合作的顺利进行，产学研合作委员会将为中立机构进行调解和裁决。当出现问题时，各方可以向委员会提出申诉或建议。委员会将组织相关方进行协商和讨论，寻求最佳的解决方案。如果需要，委员会还可以邀请外部专家或顾问提供意见和建议。通过这样的问题解决机制，委员会可以确保合作过程中的任何障碍都能够得到及时、公正的处理。

（二）定期沟通机制的实施细节

为了保持产学研合作各方之间的紧密沟通和协作，我们将设立月度或季度的定期会议。这些会议将为各方代表提供一个面对面交流的平台，让他们能够汇聚一堂，分享各自在项目中的最新进展，交流在实施过程中积累的经验和遇到的问题。通过这样的会议，各方不仅可以及时了解合作伙伴的工作情况，还能够共同探讨解决方案，进一步推动项目的顺利进行。在会议中，各方代表还将有机会提出自己在项目中遇到的困难和需要的支持。这种开放、坦诚的交流氛围将有助于增进彼此之间的理解和信任，同时也能够促使合作各方更加积极地投入到项目中，共同推动产学研合作的深入发展。

我们将建立一个在线的信息共享平台。这个平台将构建产学研合作各方之间信息传递和交流的桥梁，各方可以随时上传项目进展报告、技术文档等重要资料。通过这样的平台，各方可以随时随地获取最新的项目信息，确保信息的实时更新和共享，从而避免因为信息传递不畅而导致的合作障碍。信息共享平台还将提供强大的搜索和筛选功能，方便各方快速找到自己需要的信息。平台也将对上传的资料进行分类和整理，以便各方能够更加清晰地了解项目的整体进展和各个部分的具体情况。为了应对可能出现的突发情况，我们将建立多种紧急沟通渠道，如微信群、电话热线等。这些渠道将确保各方在面临紧急情况时能够迅速取得联系，及时响应和解决问题。通过这样的紧急沟通渠道，各方可以更加灵活地应对各种突发状况，减少因沟通不畅而造成的损失。我们还将定期测试这些紧急沟通渠道的有效性和可靠性，以确保它们在关键时刻能够正常发挥作用。

（三）责任分工和利益分配机制的明确

在产学研合作项目中，明确责任分工是确保项目顺利进行的关键。在项目开始之前，我们会组织各方进行详细的讨论和协商，以明确每个环节的责任主体和执行团队。科研机构将负责技术研发和创新，提供先进的技术支持和解决方案；高等院校将贡献其教育资源和研究能力，为项目培养专业人才和提供学术支持；企业将发挥其市场洞察力和生产能力，负责将科研成果转化为实际产品或服务，并进行市场推广；政府机构则将在政策引导和监管方面发挥作用，为合作提供有力的政策支持和法律保障。通过明确各方的责任和任务分工，我们可以确保每个环节都有专门的团队负责，从而提高项目执行的效率和质量。这种分工模式还有助于形成各方之间的互补优势，共同推动项目的成功实施。

利益分配是产学研合作中非常关键的一环，它直接关系到各方参与合作的积极性和合作关系的稳定性。为了制定合理的利益分配原则，我们会综合考虑各方在项目中的贡献、投入资源和风险承担情况。具体来说，科研机构和技术研发团队将根据其在技术研发和创新方面的贡献来获得相应的利益份额；高等院校将通过知识产权转化、人才培养等方式获得回报；企业将根据其生产、市场推广等方面的投入和成果来分享利益；政府机构则通过推动产业发展和科技创新来实现其利益。在制定利益分配原则时，我们会充分听取各方的意见和建议，确保分配方案公平、合理且能够激励各方积极参与合作。我们也会在合作协议中明确利益分配的具体条款和方式，以避免后续出现纠纷或争议。

为了确保产学研合作的持续动力和高效运作，我们会定期对各方的工作绩效进行评估。评估过程将基于预设的绩效指标和合作目标进行，包括项目进展、技术创新、市场推广、成果转化等方面。通过绩效评估，我们可以及时发现合作中存在的问题和不足，并采取相应的改进措施。我们将根据绩效评估结果给予各方相应的奖励或激励措施。对于表现优秀的团队或个人，我们将提供物质奖励、荣誉证书、合作机会等多种形式的激励，以激发其继续努力和创新的动力。这种绩效评估与激励机制将有助于形成积极向上的合作氛围，推动产学研合作项目取得更好的成果。

三、组织框架中的信息共享与决策流程

（一）信息共享

王福等（2020）[①] 认为产学研深度融合有两层含义，其一是成员如何将合适的信息在合适的时间和合适的空间共享给其他成员，使产学研共同体成为利益共同体；其二是如何将产学研共同体不同成员的信息优势以共享的方式实现价值的协同创造，进而使产学研共同体成为价值共同体。随着企业、高校和科研机构所处信息环境、技术环境、经济环境和社会环境的变化，他们各自收集信息、整理信息、组织信息、处理信息、分享信息、接收信息和利用信息的能力不断提升，激发着信息共享创新效用的形成，使产学研共同体成为有效连接市场需求的关系纽带，创造着一种全新的信息流动方式，成为一个充满信息流动的智慧化有机体。然而，现有产学研共同体联系较为松散，成员间信息共享的针对性不强，信息共享效率低下，特别是产学研共同体在特定时间和特定空间的信息期望不能被很好地满足，这违背了产学研共同体构建的初衷。为解决信息共享与直接促进经济发展的各类信息之间在时间和空间不匹配的问题，将信息共享场景和信息共享情境纳入产学研共同体信息共享研究之中，以平衡信息共享的供求关系，进而有助于实现三方信息的优势互补，提高信息共享的效率，使新思想和新观念的扩散速度加快，成就产学研共同体的创新能力。

产学研共同体信息共享是通过企业、高校和科研机构三者之间的信息交互，使成员间有效地感知彼此的信息共享需求、信息共享习惯和信息共享偏

---

① 王福，刘俊华，王建国. 产学研共同体信息共享的形成机理及实现路径 [J]. 现代情报，2020，40（12）：74-83.

好，并通过成员间信息共享的不断磨合，实现产学研共同体信息共享的价值增值。产学研共同体成员各自的信息需求期望和价值目标追求，是构成信息共享的真正诱因，它决定着不同创新主体参与产学研协作的目的和意愿，并直接影响产学研共同体成员间信息共享的广度和深度。产学研共同体以企业需求为导向，以科研为途径，以高校培养人才为目标，通过三者之间的团结协作满足着加快科技成果转化、促进高等教育发展、促进知识创新、形成协同创新网络和推动经济高质量发展等产学研共同体的各方需求。在这期间，产学研共同体各方都要向其他成员共享信息，以促进整个共同体所有成员目标的达成。产学研共同体成员各自的信息期望和价值目标追求，是构成信息共享的真正诱因，它决定着不同创新主体参与产学研协作的目的和意愿，并直接影响产学研共同体成员间信息共享的广度和深度。在此情形下，分析产学研共同体信息共享内涵，构建信息共享机理，设计信息共享路径，提炼信息共享策略，这不仅有助于增强产学研共同体成员对于信息共享的认知，也有助于信息共享方式的优化和信息共享渠道的建设，以提高产学研共同体成员间信息共享的针对性、有效性和价值性。

在信息共享的过程中，信息的保密性和完整性是至关重要的。我们将在信息平台上设置不同的访问权限，确保只有具有相应权限的用户才能访问敏感信息和数据。我们还将采用先进的加密技术，对传输和存储的数据进行加密处理，防止数据泄露和非法访问。为了降低用户使用难度，信息平台将提供友好的用户界面和便捷的操作流程。我们将采用直观易用的图形化界面设计，让用户能够轻松上手。平台还将提供详细的操作指南和帮助文档，帮助用户更好地使用平台功能。通过建立统一的信息平台，我们可以实现产学研合作组织框架内的信息共享目标。这一平台将具备强大的数据处理能力、灵活的数据展示和查询功能、严格的权限管理和加密措施以及友好的用户界面和便捷的操作流程等特点，为产学研合作各方提供高效、安全、便捷的信息共享服务。

（二）决策流程

在产学研合作的过程中，任何合作方都有权在信息共享平台上提出问题或议题。这些问题和议题可以涉及项目进展的延误、资源配置的不合理、技术难题的解决等各个方面。为了确保问题的明确性和针对性，提出问题的合作方需要同时提供详细的背景信息和数据支持。如果某个环节出现了进度滞后，提出问题的合作方应当附上当前的工作进度报告、已完成的工作量统计以及遇到的问题描述。这样的详细信息不仅能够帮助其他合作方快速了解问题的来龙去脉，还能够为后续的方案讨论提供有力的数据支撑。

问题提出后，各方代表会在信息共享平台上就如何解决该问题进行深入的讨论。这一环节的关键是充分利用各方的专业知识和经验，共同探讨可行的解决方案。为了确保讨论的高效性和针对性，可以设定一个讨论的时间限制，如48小时内必须提出至少一个初步的解决方案。在讨论过程中，如果合作方认为有必要，可以邀请外部专家或顾问参与。这些外部专家或顾问往往能够提供更为专业和中立的意见和建议，从而确保解决方案的全面性和可行性。他们的参与也能够增加决策过程的透明度和公信力。经过充分的方案讨论后，产学研合作委员会将负责进行最终的决策。在决策过程中，委员会将充分考虑各方的利益和诉求，确保所做出的决策既公正又科学。为了达到这一目标，委员会可以采取投票或者协商一致的方式进行决策。决策结果一旦确定，将在信息共享平台上进行公示，以便各方都能够及时了解并遵照执行。同时，平台也接受各方的监督和反馈。如果合作方对决策结果有异议，可以在规定的时间内提出复议申请。复议申请需要附带详细的理由和数据支持，以确保复议过程的公正性和有效性。这样的决策流程不仅能够确保产学研合作中各方利益的均衡和决策的公正性，还能够通过信息共享平台提高决策的透明度和效率。

为了确保每一项重要决策都能够得到有效执行，我们将专门设立一个决策执行机构。这个机构将由经验丰富的团队成员组成，他们不仅了解产学研合作的各个环节，还具备强大的项目管理和资源协调能力。该机构的核心职责是根据已制定的决策，规划出详细的执行计划。这包括但不限于确定关键的时间节点、分配必要的资源以及明确各方的具体任务和责任。决策执行机构还将负责与各方进行沟通，确保大家都明确自己的角色和期望，从而形成一个协同工作的环境。

第三章　创新联合体的形成与管理

面对复杂多变的市场环境和日益激烈的市场竞争，单一的组织或个体往往难以独自承担创新的风险和成本。创新联合体的概念应运而生，它是一种新型的组织模式，通过整合多方资源，实现优势互补，共同应对创新挑战。创新联合体不仅具有独特的组织结构和特征，还在推动科技创新、加速成果转化等方面发挥着重要作用。它的出现，为不同领域、不同背景的组织和个人提供了一个共同的平台，使他们能够携手并进，共同探索创新的无限可能。

第一节　创新联合体的定义与结构

一、创新联合体的提出

在当今知识经济时代，创新成为推动社会进步和经济发展的核心动力。然而，随着经济全球化的发展和全球化竞争的加剧，单一组织或个体往往难以独自应对复杂多变的创新需求。因此，政府推动企业和大学合作，创新联合体应运而生。创新联合体是一种新型的产学研合作组织形式，能够汇聚多方资源，实现优势互补，共同应对创新挑战。创新联合体不仅是一个简单的合作框架，更是一套高效的创新生态系统。创新联合体是由企业、高校、科研院所或合作组织机构利用各自的资源优势，以企业的发展需求和各方的共同利益为基础，以提升产业技术创新能力为目标，以具有法律约束力的契约为保障，形成的联合开发、优势互补、利益共享、风险共担的技术创新合作组织。在这个系统中，每个成员都能发挥自己的专长，共同推动创新项目的实施和科技成果的转化。

20 世纪 20 年代，英国最早成立了联合体，随后欧美国家借鉴了这种模式。20 世纪 60 年代，日本依据欧洲联合体模式，成立了"工矿业技术联合组合"，其中以"超大规模集成电路技术研究组合（VISI）"为例，通过四年时间，VLSI 取得巨大成功，迅速提升了企业在半导体领域的竞争能力，带动了日本半导体产业的迅速崛起，1986 年日本半导体设备的世界市场份额达到50%，处于世界领先地位。20 世纪 80 年代，美国成立了多种产业技术创新联合体，企业和高校相互协同创新，推动新技术、新思想落地，开拓新市场。

我国借鉴国外经验，创新联合体迅速发展。特别是改革开放以来，我国经济的高速发展为创新联合体的建设注入新的动力。1982 年《中共中央关于科学技术体制改革的决定》中指出"促进研究机构、设计机构、高等学校、企业之间的协作和联合，并使各方面的科学技术力量形成合理的纵深配置"。1992 年，国家为促进科技成果转化和传统产业改造步伐，由经贸委、教育部和中国科学院共同实施了"产学研联合开发工程"。2006 年召开的全国科学技术大会把产学研合作提升到国家创新战略高度，产学研发展进入新的阶段。随着合作的深化，产学研合作的内容、形式和效果都逐渐发生深刻的变化，传统产学研合作逐渐向产学研战略技术联盟转变。但是随着美国对我国技术封锁的范围和力度越来越大，"中兴事件""华为断供"等事件揭示了我国自主创新能力弱，核心技术仍受制于人的事实，迫切需要各方整合创新资源，开展联合创新。党的十九届五中全会《建议》中明确指出：强化企业创新主体地位，促进各类创新要素向企业集聚。推进产学研深度融合，支持企业牵头组建创新联合体，承担国家重大科技项目。2018 年，习近平总书记明确指出，支持龙头企业整合科研院所、高等院校力量，建立创新联合体。"十四五"规划文件也明确支持以企业为主体组建创新联合体，攻克"卡脖子"技术。2024 年 3 月 21 日，习近平总书记在湖南省长沙市主持召开新时代推动中部地区崛起座谈会上强调"构建上下游紧密合作的创新联合体，促进产学研融通创新"，彰显了新时代推动创新联合体高质量发展的重要性。由此可见，对创新联合体建设的研究和实践比以往任何时候都要强烈。

二、创新联合体的概念和特点

（一）创新联合体的概念

创新联合体是由政府部门支持引导，龙头企业牵头组建，高校院所有效支撑，各创新主体相互协同的技术创新联盟。[①] 企业牵头组建创新联合体，成为新型举国体制的战略支点，是构建产学研融合创新体系，破解关键核心技术"卡脖子"问题，培育和发展新质生产力的重要载体[②]。

白京羽（2020）[③] 认为创新联合体不同于之前的战略联盟、产学研合作等形式，而是一种实体组织或有股权关联的新联盟，各个参与主体以资金、人才、技术、基础设施等方式都要有一定的投入，通过股权分配和共享机制形成互利共赢的合作机制。王炜（2021）[④] 认为创新联合体是龙头企业、大学以及科研院所多方投入资源建立起的产业创新联盟、技术研究中心等，以期实现重大科研项目和关键共性技术的突破，它是一种便于跨组织合作、知识扩散以及创新成果转化的一种有效组织形式。邹亚光（2022）[⑤] 认为创新联合体从狭义上来看是企业、高校和科研机构在政府的引导下，以共性技术创新为纽带建立起来的产学研利益共同体。广义上来看创新联合体具有极强的包容性，主体扩展是其必然趋势，它是产学研的深度融合的结果，也是在市场失灵条件下快速集结各方资源进行任务型创新的战略联盟，更是一种互利共赢的新型合作机制。

本书认为，创新联合体是由多个组织、企业、研究机构或个人等，基于共

---

①　王滋，张树满．产学研创新联合体提升企业自主创新能力的路径——以国家先进功能纤维创新中心为例［J］．科技管理研究，2024．

②　企业牵头组建创新联合体的三阶段动态模型［J］．叶伟巍；黄淑芳．科学学研究，2023（09）

③　白京羽，刘中全，王颖婕．基于博弈论的创新联合体动力机制研究［J］．科研管理，2020，41（10）：105-113．

④　王炜．科技成果全生命周期管理研究——基于创新联合体的视角［J］．今日科技，2021（09）：45-47．

⑤　邹亚光．东北地区创新联合体促进工业转型升级对策研究［D］．中共黑龙江省委党校硕士学位论文，2022．

同的创新目标和利益，通过协议或合同等方式自愿组成的一种合作创新组织。它旨在整合各方资源，共同进行技术研发、产品开发、市场推广等创新活动，以实现资源共享、风险共担和利益共享。企业牵头组建联合体可以促进不同领域之间的交流与协作，加速技术进步和科技成果的更新迭代。

（二）创新联合体的特点

一是创新联合体具有企业主导性。创新联合体中龙头企业处于主导性地位，其他主体是参与和补充的力量，龙头企业在参与主体的选择以及组织架构上具有主导性，这和产业技术联盟以及研究联合体都具有很大不同，创新联合体具有更加明确的目标导向，各主体进行创新活动的目标是为了提高企业技术创新能力，因此创新效率与成果转化都比一般的产学研合作更高效。

二是创新联合体具有自组织性。创新联合体是一个开放式的创新系统，参与创新的主体并不是静态不变的，随着企业创新阶段不同而处于动态变化过程中，这有助于创新联合体更好的应对环境因素的干扰，能够随着环境的变化不断分解重构，从而快速形成一种新的合作。

三是创新联合体具有开放性。创新联合体是产学研深度融合的结果，知识的共享、共性技术的开放、主体的自由准入是其最基本的要求。这能够充分发挥市场在资源配置中的作用，让各个参与主体充分投入创新资源，共享基础技术，短时间内加强各方信息沟通，减少交易成本，形成互利共赢的合作机制。

四是创新联合体具有共享性。创新联合体的提出就是为了集中优势力量攻克国家重大科研项目，在基因里就刻下了明显的共有属性。并且创新联合体在重点科研项目中需要冲破国外的技术封锁，这些基础技术的研究如果光由市场调节，是完不成的，这就需要创新联合体兼顾政府调控与市场激励，两者缺一不可。政府有效监管可以使创新合作不流于形式，有更大的压力和急迫感去攻克技术难关，这也将是后发区域的赶超策略。创新联合体在政策引导下与市场竞争相平衡，有效地将企业技术能力红利扩散在整个产业技术能力上去。

三、创新联合体的组织结构

创新联合体的组织结构通常包括以下几个层次：

（一）决策层

决策层的成员通常由各个联合体成员的高级代表组成，这些成员在各自的领域内具有深厚的专业知识和丰富的管理经验。他们可能是企业的高管，如首席执行官、首席技术官或副总裁，也可能是研究机构或大学的负责人，如研究所所长或学院院长。这些成员不仅了解各自组织的需求和资源，还能从更宏观的角度思考创新联合体的发展方向。这些高级代表通常是通过联合体成员的推荐或选举产生的，他们代表着各自组织的利益和声音。由于他们的地位和经验，决策层的成员能够为联合体提供有力的战略指导和政策支持。

决策层需要根据市场环境、技术发展趋势以及联合体成员的需求和能力，制定创新联合体的整体战略方向。这包括确定短期和长期的发展目标，明确主要的研究和开发领域，以及制定实现这些目标的策略和行动计划。同时，随着外部环境的变化和联合体内部能力的提升，决策层还需要及时调整战略方向，以确保联合体的持续发展和竞争优势。对于创新联合体而言，重大的投资项目和技术发展路径选择往往决定着其未来的成败。决策层需要对这些关键决策进行审慎的评估和审批。这包括评估项目的可行性、风险和收益，以及确定技术发展的优先级和资源配置。通过严格的审批流程，决策层可以确保联合体的资金和技术资源被有效地利用在最有前景的项目上。在创新联合体的运营过程中，由于成员间利益诉求、文化背景和工作方式的差异，可能会出现一些重大争议。决策层需要承担起调解和解决这些争议的责任。通过公开、公正和公平的讨论和协商，决策层可以促进成员间的相互理解和合作，维护联合体的稳定和团结。

创新联合体的发展离不开外部环境的支持和资源。决策层需要与政府部门、行业协会等外部实体建立良好的沟通和协调机制，争取政策扶持、资金支持和行业认可。

（二）管理层

管理层的成员通常由经验丰富的项目管理人员、技术专家和财务规划师等组成。这些成员在项目管理、技术研发和财务规划等领域拥有深厚的专业知识和实践经验。他们不仅具备出色的组织和协调能力，还能够根据联合体的战略目标，高效地推进各项工作的实施。项目管理人员负责项目的整体规划和执行，他们精通项目管理流程和方法，能够确保项目按计划推进并达到预期目标。技术专家则在技术研发和创新方面发挥着关键作用，他们具备深厚的专业知识和技能，能够为项目的实施提供有力的技术支持。财务规划师则负责联合体的财务规划和资金管理，确保资金的合理使用和风险控制。

管理层需要将决策层制定的战略意图具体化为可执行的计划和项目。这包括对项目目标、预算、时间表、资源需求等进行详细规划，确保各项工作有序开展。同时，管理层还需要与执行层紧密合作，明确各项任务的具体要求和实施步骤，确保项目能够顺利推进。在项目执行过程中，管理层需要密切关注项目进度，及时掌握项目实施的最新情况。通过与执行层的定期沟通和协调，管理层能够确保各项任务按照既定的时间表推进，并及时解决项目实施过程中遇到的问题和挑战。如果项目进度出现偏差，管理层需要迅速采取措施进行调整和优化，确保项目能够按期完成。联合体内部的沟通和信息流是确保项目顺利实施的关键因素。管理层需要建立完善的沟通机制和信息管理系统，确保各部门和成员之间能够及时、准确地传递信息。

（三）执行层

执行层是创新联合体的核心工作力量，主要由技术研发人员、产品开发工程师、市场营销专员等实际操作人员组成。技术研发人员专注于技术创新和研发工作，他们拥有丰富的技术知识和实践经验，能够解决复杂的技术问题。产品开发工程师则负责产品的设计和优化，他们将技术转化为实际的产品，并确保产品的性能和质量。市场营销专员则负责市场调研和品牌推广，他们了解市场需求和消费者偏好，为产品的研发和推广提供有力的市场支持。执行层的技术研发人员和产品开发工程师需要根据管理层的计划和项目要求，进行具体的技术研发和产品开发工作。这包括设计实验方案、进行实验操作、分析实验数据等，以确保研发工作的科学性和有效性。同时，他们还需要不断优化产品设计，提高产品的性能和用户体验。

市场营销专员需要进行深入的市场调研，了解市场需求、竞争对手和消费者偏好等信息。同时，他们还需要积极收集用户反馈，包括对产品或服务的评价、建议和投诉等，以便及时发现问题并进行改进。这些信息对于优化产品研发和推广策略具有重要意义。执行层需要与支持层紧密合作，确保获得所需的资源和支持。这包括实验设备、技术资料、资金支持等方面。通过与支持层的有效沟通，执行层可以更加高效地开展工作，提高研发效率和质量。

（四）支持层

支持层主要由财务、人力资源、行政管理等后勤支持人员组成。他们各自在其专业领域内拥有深厚的专业知识和丰富的实践经验。财务人员精通财务管理和资金运作，能够确保联合体的资金流动和使用合规、高效。人力资源专员则负责人才的招聘、培训和发展，为联合体提供合适的人力资源。行政管理人员则负责日常行政事务的处理和后勤保障工作，确保联合体的日常运营顺畅。提供联合体运营所需的资金、设备和人力资源：支持层的首要职责是为联合体提供运营所需的资金、设备和人力资源。财务人员需要制定合理的预算和资金使用计划，确保联合体的各项运营活动有足够的资金支持。同时，他们还需要与设备供应商和人力资源机构等外部合作伙伴建立良好的合作关系，为联合体提供必要的设备和人才资源。负责联合体内部的行政管理和后勤保障工作：行政管理人员需要负责联合体内部的各项行政管理工作，包括文件管理、会议组织、办公环境维护等。同时，他们还需要提供后勤保障服务，如物业管理、安全保障等，确保联合体的日常运营顺畅。

支持层需要积极协助执行层进行资源调配和问题解决。当执行层在项目实施过程中遇到资源不足或问题时，支持层需要及时响应并提供必要的支持和协助财务人员可以协助解决资金问题，人力资源专员可以提供人才招聘和培训支持，行政管理人员可以提供物资调配和后勤保障等。

（五）专门委员会或工作小组

专门委员会或工作小组的设立，主要是为了针对特定领域或复杂任务提供更为专业和集中的支持和指导。在创新联合体的运营过程中，会遇到一些需要高度专业知识和集中力量攻克的难题或项目，这时候就需要从各个层次中抽调专家，组成一个高效、专业的工作小组，以提供更为精准和专业的解决方案。

专门委员会或工作小组是根据项目需求，从联合体各层次（决策层、管理层、执行层、支持层）中抽调相关领域的专家形成的。这些专家在其专业领域内有深厚的理论基础和实践经验，能够针对特定问题提供高质量的解决方案。小组可以是临时性的，也可以是长期性的，具体根据项目的性质和持续时间来确定。专门委员会或工作小组会针对特定的技术领域进行深入的研究和开发工作。这可能涉及新技术的探索、现有技术的优化或市场推广策略的制定等。他们的工作成果将直接影响到联合体在该领域的竞争力。当联合体面临复杂或专业性极强的问题时，专门委员会或工作小组将负责深入研究并提出切实可行的解决方案。他们利用自己的专业知识和经验，对问题进行深入分析，提出具有针对性的解决策略。专门委员会或工作小组还会向决策层和管理层提供专业建议。这些建议可能涉及技术发展方向、市场策略调整、资源配置优化等方面，对于联合体的战略决策和日常运营具有重要的参考价值。为了确保专业领域内的工作顺利进行，专门委员会或工作小组需要与其他层次（如管理层、执行层等）保持紧密的沟通和合作。他们不仅要提供专业的技术支持和建议，还需要确保自己的工作成果能够顺利地融入联合体的整体运营中去。专门委员会或工作小组在创新联合体中扮演着非常重要的角色。他们利用自己的专业知识和经验，为联合体提供专业、集中的支持和指导，帮助联合体更好地应对复杂和专业的挑战。

四、创新联合体的形成条件和运行机制

（一）形成条件

创新联合体的形成首先基于各成员之间存在共同的创新需求和目标。这种需求可能源于市场竞争的压力、技术革新的追求或是产业升级的必然趋势。共同的创新需求是联合体凝聚力的源泉，它促使不同成员走到一起，共同为解决问题和创造新的价值而努力。只有当联合体成员意识到通过集体智慧和资源共享可以更高效地实现创新目标时，他们才会积极参与并投入资源。资源互补是创新联合体形成的另一重要条件。联合体中的每个成员都在资源、技术、市场等方面拥有独特的优势。这些优势可能是特定的技术专长、独特的市场渠道、丰富的行业经验或是雄厚的资金基础。通过合作，各成员可以相互借鉴、取长

补短，从而实现资源的优化配置和高效利用。这种互补性不仅有助于提升联合体的整体竞争力，还能够加速创新过程，降低创新风险。

信任是创新联合体稳定运行的基石。联合体成员之间必须建立起深厚的信任关系，相信彼此的能力和诚信，这样才能在合作过程中放心地分享信息、资源和经验。成员们还需要有强烈的合作意愿，愿意为了共同的目标而携手努力。这种信任和合作意愿是联合体能够克服困难、持续发展的重要保障。为了确保合作的顺利进行，创新联合体的成员之间需要签订明确的合作协议。这份协议应详细规定各方的权利和义务，包括资金投入、技术贡献、利润分配、风险承担等方面。通过协议，可以确保每个成员都能在合作过程中得到应有的回报，同时也能有效避免可能的纠纷和冲突。明确的合作协议是联合体稳定、高效运行的法律保障。

（二）运行机制

1. 组建机制

创新联合体是一种在政府、企业和高校院所之间建立的协作关系，旨在促进技术创新和经济发展。创新联合体通常以科研成果转化、技术开发等为目标，通过吸纳外部资源来提升自身研发能力和市场竞争力。创新联合体一般采取谁牵头谁主导的原则，即由牵头方来确定创新联合体的研究方向、工作任务、管理体制和运行机制等，并拟定共建协议，征集共建单位，在创新联合体成立后负责其日常运营等工作。例如，"中国石油—西南石油大学创新联合体"是由中国石油集团公司牵头成立，多所高校、科研机构和企业参与。这种企业主导、多方参与的创新联合体，可以充分发挥各方的优势和资源，实现协同创新，促进科技成果转化和产业升级。同时，也需要做好管理机制、知识产权保护等方面的工作，确保各方利益得到平衡和保障。

2. 激励机制

创新联合体的最低层次需求就是要实现合作增值，这是从参与约束中得出的结论。如果合作创新所带来的价值收益不能超过不合作的收益，那么创新联合体就没有生存的根基和可能。因此，创新联合体成员之间必须相互协作、共同创新，以实现更大的价值增长。只有通过有效的合作机制和优秀的团队协作激励，才能为创新联合体带来更多的商业机会和利润空间。因此，成熟的创新联合体需要政府在产业链的协调和激励上下功夫。由于创新需要跨越不同领域的知识和资源，政府在其中可以发挥宏观激励作用，整合各方面资源，促进创新成果的转化和应用。同时，政府还能配套激励体制，包括知识产权保护、技术转移、投融资等方面，为创新提供有力支持。除了政府的支持外，创新联合体还需要注重品牌声誉和社会价值的激励，这可以通过新闻媒体宣传、设立相关科技奖项表彰等形式来满足。这有利于激发创新主体的积极性，增强其信心和动力，推动更多高水平、高质量的创新成果涌现出来。

3. 联合研发机制

创新联合体的联合研发机制具有"集思广益、协同创新"的内化属性，能够促进产学研深度融合，推动科技进步和社会经济发展。例如，中国石油-西南石油大学创新联合体依托国家重点实验室组建而成，该模式中，企业和学校不再是传统的"企业出题，学校答题"的关系，而是共同出题、共同解答。该创新联合体第一期重点针对四川盆地页岩油气/深层超深层天然气和鄂尔多斯盆地海陆过渡相页岩气勘探开发重大难题，优选确立了5个科技合作项目，15个课题，科研经费共计2亿元。在联合研发过程中，"中国石油—西南石油大学创新联合体"摒弃了传统的"科研"为主，"应用"为辅的简单形式，其合作过程将应用模式摆在首位，提出"有实际成果转化"的科学设想，并首次将行业会议、论坛及技术协作作为成果转化的关键要素，实现了产学研的和谐统一设计。在此基础上，双方深入推进产、学、研、用一体化，持续攻关"卡脖子"关键核心技术，着力打造油气科技创新高地、企校合作共赢的新典范，实现油气勘探开发领域技术创新、助推能源行业高质量发展。

4. 科技成果转化机制

科技成果转化是创新联合体实现价值创造的核心部分。在当今快速发展的社会中，企业需要不断推陈出新，不断创新才能立足市场。而创新联合体作为一种多方参与的创新模式，能够有效促进科技成果的转化和应用。首先，企业主导多方参与的创新联合体，通过将科技成果转化为场景和需求驱动融合模式，更加注重需求驱动和场景落地，实现了科技与市场的深度融合，能够更好地满足市场需求。其次，通过多方参与的方式，可以汇聚各方优势资源，在人才、技术、资金等方面形成互补优势。无论采取哪种形式，高校和企业之间都需要建立起互信、互利、互惠的关系，才能够共同推动科技创新事业的发展。另外，多方之间的科技创新合作具有广阔的前景。通过企业、高校和科研机构的密切协作，遵循事先约定好的规则开展成果和收益的共享，可以更好地促进科技与市场深度融合，推动科技成果的转化和应用。

第二节　治理机制、面临挑战与应对策略

创新联合体是一种高效的合作形式，正日益受到各行业的青睐。如何确保这样一个多元化的团队能够协同工作，高效地实现共同的创新目标，是摆在每一个创新联合体面前的重要课题。这就涉及创新联合体治理机制的建立与完善。治理机制是创新联合体的骨架，它支撑着创新联合体的日常运作和长远发展。一个良好的治理机制能够确保资源的合理分配，促进成员间的有效沟通，以及维护联合体的稳定和持续发展。在实际操作中，创新联合体的治理也面临着诸多挑战，如成员间的文化差异、利益分配问题、决策权分配等。这些问题若处理不当，可能会影响到联合体的稳定性和创新效率。

一、创新联合体治理机制的主要内容

创新联合体的治理机制是确保各成员单位协同工作、实现共同目标的关键。这一机制涵盖了组织结构、权责分配、沟通协调、激励约束、决策机制等多个方面。

（一）组织结构

李廉水（1997）[1]认为产学研创新联合体由几个不同的利益团体组成，因此需要有能够进行协调的代表大家共同利益的领导机构。该领导机构可采取董

---

① 李廉水. 我国产学研合作创新的途径 [J]. 科学学研究，1997（03）：41-44.

事会形式，董事由各方按股份比例合理分配名额。采取董事会领导方式，有利于兼顾各方利益，集思广益、科学决策，及时消减矛盾和不断深化联合。现在不少产学研联合体是一方说了算，不利于各方坦诚相待和长久合作。

（二）权责分配

李廉水（1997）[①] 认为在产学研创新联合体的生产经营中，各方应当各负其责、发挥优势：科研方应不断推出市场需要的、企业能生产的科技成果，并以此当成自己对联合体的投资并尽量投入资金参股，以真正把自己的利益与联合体的发展紧密相连；生产企业应当努力提高生产经营管理水平，并以自己的设备、资金、劳动力对联合体进行投资，并尽力参与技术研制和产品创新，这样切实形成共同投资、利益一体的局面。为了真正做到风险同担、利益共享，科研方一般不宜采取一次性结算的办法分享利润，最好采用按比例分成的方式共享盈利，企业则应在财务账目上接受有关部门的监督，注意节支降耗。只有坦诚相待才能使科研方和生产方都能为共同利益而奋斗，从而挖掘各方的优势潜力，推动产学研合作创新的健康发展。

（三）沟通协调

设立定期的创新联合体成员会议，如季度会议或年度会议，以评估合作进展和解决问题。会议应包含所有成员单位的代表，确保信息的全面和准确传递。建立联合体内部的信息共享平台，如内部网站或数据库。确保所有成员单位都能及时获取最新的项目信息、技术资料和合作动态。设立多种沟通渠道，如电子邮件、即时通讯工具等，以便成员间进行日常沟通和协调。鼓励成员单位之间的非正式交流，以促进知识共享和经验交流。

（四）激励约束

根据创新联合体各成员单位的贡献和投入，制定合理的利益分配方案。利益分配应体现公平原则，同时兼顾各成员单位的实际需求和期望。建立科学的绩效评估体系，定期对各成员单位的工作进行评估。评估结果应是利益分配和奖惩措施的依据。对于不履行职责或违反合作协议的行为，应采取相应的约束措施。约束措施可以包括警告、罚款、取消合作资格等，具体应根据合作协议

---

① 李廉水．我国产学研合作创新的途径［J］．科学学研究，1997（03）：41-44.

和相关法律法规来制定。

（五）决策机制

创新联合体的决策机制是确保联合体内部重大决策能够科学、民主、有效地进行的关键。提前发布会议通知，明确会议议程和需要讨论的重大议题。在会议上，各成员单位就重大议题进行讨论，按照预定的投票规则进行表决。通过会议形成的决议，由项目管理团队负责执行，并定期向理事会报告执行情况。成员单位可以向技术委员会提交技术评审申请，委员会决定是否受理。技术委员会组织专家对申请进行评审，提出评审意见和建议。将评审结果反馈给申请单位，申请单位根据评审意见进行调整和实施。理事会会议的决策结果应在联合体内部进行公示，确保所有成员单位知晓。成员单位对决策结果有异议的，可以在规定时间内提出，由理事会或技术委员会进行审查。对提出的异议进行审查后，给出处理意见并反馈给提出异议的单位。

二、治理机制面临的挑战与应对策略

（一）文化差异挑战与应对策略

联合体成员可能来自不同的地区或企业文化，导致沟通方式、工作习惯和价值观的差异。文化差异可能引发误解、不信任甚至冲突，影响合作效率和团队凝聚力。民营企业受小农意识影响，缺乏科技创新与做大做强的愿望。

定期组织文化交流活动，如文化节、文化分享会等，让成员了解并尊重彼此的文化。为成员提供跨文化沟通的培训，增强他们的文化敏感性和适应性。通过共同的目标和愿景，以及合作过程中的相互学习和借鉴，逐渐塑造共同的价值观和合作理念。游文明等（2004）①建议可以大力营造产学研联合体的良好环境。各级政府及相关职能部门应为产学研联合工作创造良好的环境，制定和完善激励企业自主创新的一系列政策，有效提高企业开展产学研联合工作的主动性和积极性。一是积极引导市场，整顿市场秩序，打击不法的市场行为，营造运行良好的市场环境。二是加强对知识产权的保护，加大打击侵犯知识产

---

① 游文明，周胜，冷得彤，等．产学研合作动力机制优化研究［J］．科学学与科学技术管理，2004（10）：9-12.

权犯罪的力度，维护权利人的合法权益，使整个社会形成保护知识产权的良好环境，提高和保护企业开展产学研联合开发和创新的积极性。三是实施减免税优惠政策和财政扶持政策，营造有利于产学研联合体发展的政策环境。当前，对联合体的研发费用投入方面，已有了一定的减免税优惠政策和财政扶持政策，如研发费用加计扣除政策和科研项目拨款政策。但对组建联合体的大量资本性投入，税收优惠政策和财政扶持政策则比较少，这方面政策还应抓紧制定。四是建立科研成果转化的激励机制，促进高校、科研院所重视科研成果的经济效益与社会效益。五是营造良好的融资环境，拓宽产学研联合的融资渠道。建立多元化的投融资体系，不断完善风险投资的运行机制，积极吸引社会资金参与科技成果转化和产业化。政府职能部门应在产品开发、科技攻关、技术推广等环节提供支持和服务，在市场经济的法则下，积极与银行进行业务沟通和项目推介，协调银企关系，多渠道、多形式地解决产学研联合中投入不足的问题，使科技成果尽快实现产业化。

（二）利益分配挑战与应对策略

李梅等（2016）[①] 认为技术创新联合体是高校与企业本着互惠互利的原则而建立的一种契约关系的载体，因此校企双方应本着信任、兼容、互补、平等、双赢、灵活的原则组建专门机构，促进双方的协调力度，建立合作的长效机制。技术创新联合体在运行管理时首先要有一个合理的组织架构，明确高校和企业双方的责任与义务，制定一系列的包括人事、财务、项目等管理制度，使得双方的合作在有理有据的背景下进行。技术创新联合体在管理时的另一个重要作用就是完善利益机制，充分挖掘高校和企业双方合作的潜力，在互惠互利的基础上，通过成果转让、共同研发、协商让利、风险补偿等机制合理分配双方利益，促进双方合作的积极性。健全的产学研联合体利益分配机制应该从产权制度、薪酬制度、风险制度、财务制度等方面作出合理的安排。

1. 产权制度是构建利益分配机制的核心

产学研联合体的利益结构受制于产权制度安排。其产权结构、利益结构的

---

① 李梅，蔡建轩，张舜标. 校企共建技术创新联合体的研究与实践——以广东农工商职业技术学院为例 [J]. 高等职业教育（天津职业大学学报），2016（01）：4-7+59.

制度安排又制约联合体创新收益的分配方式。产学研联合体的学研方是通过投入专利技术进行联合体投资，其本质是其人力资本的投入。根据前述马克思劳动创造价值理论和公司治理理论，人力资本应当和物质资本一样参与剩余收益的分配。在产学研联合体创立之初，初始契约需要对科研成果的产权归属问题、产学研各方的投资比例与利益分配问题作出明确规定。众所周知，非人力资本与其所有者是可以分离的，非人力资本在不同的所有者之间相对容易地转移，而人力资本却做不到这一点。人力资本，包括人的健康、容貌、体力、干劲、技能、知识、才能和其他一切有经济含义的精神能量，天然归属于自然的个人。人力资本所有权的天然私有性是人力资本产权最基本的特征，也是人力资本产权不同于非人力资本的一个重要特征。因此产学研的学研方其人力资本天然属于自己，其创新研究成果的产权归属也应该属于他自己。值得注意的是，在产学研联合体内部，参与创新的经营管理者同样也是投入其人力资本，其对市场机会的发现和战略规划对于产学研联合体的成功是至关重要的，其作用是不可替代的。因此，对参与创新的经营管理者同样需要参与剩余收益的分配。

2. 科研成果的定价制度是构建利益分配机制的前提

构建产学研联合体的产权制度需要确定产学研各方投资比例，这就需要对产学研各方投入的物质资本和人力资本进行估价，以明确各方的参与剩余收益分配的比例。物质资本估价相对容易，对于人力资本的估价我们认为应该以学研方的科研成果入股作价，这是因为学研方的科研成果反映了学研方对产学研联合体的贡献大小。由于科研成果往往是创新成果，没有现成的市场价格作参考。因此对科研成果的定价应该以该科研成果商业化投产后所产生的预期现金流量折现成现有的价值为基础确定。这时需要两个方面的预测和估计：一是预期现金流量的预测，主要是根据投产后的市场行情以及历史经验来预测；二是折现率的估计，折现率反映了资本最低要求报酬率，可以根据同期市场一般利率和人力资本要求的必要报酬率共同确定。

3. 薪酬制度是构建利益分配机制的基础

薪酬制度的建立要体现公平与效率相结合的原则。一方面不能搞平均主义。在产学研联合体内，相关人员包括经营管理者、科技人员和普通员工，每一个员工都对企业作出自己的贡献，但贡献大小有差异。因此，在薪酬制度的设计上应该体现公平而不是平均的原则，即多劳多得的原则。另一方面也要能够体现效率原则。为了调动各方的积极性，联合体要在建立产权清晰、产权主体多元、法人治理结构比较完善的现代企业制度的基础上，建立有效的、具有长期激励作用的薪酬分配制度。具体来讲，普通员工可以通过其出资持股的方式将其与联合体的利益紧密结合起来调动其积极性；对于学研方中的科技骨干，主要以其科研成果入股的方式参与剩余收益的分配；而对于参与创新的经营管理者，应该以股票期权的方式来激励他们，充分发挥他们在经营管理方面的特殊才能。

4. 风险制度是构建利益分配机制的关键

产学研合作中的风险主要来自两方面：一是因为技术成果成熟度的不确定性而带来的技术风险；二是因为产品市场预测不准确而带来的营销风险。在产学研联合体模式下，企业、高校和科研院所成为多元投资主体，各方应该通过协商共同分担风险责任，形成利益与风险共担的产学研合作机制。科技成果转化既具有高风险性，又具有高收益性，高风险和高收益同时并存。要建立起产学研合作创新利益与风险共担的责任制度，实现分层次、分阶段的风险责任。如大多数企业认为产学研合作创新的市场研究应该以自己为主，那么创新成果的市场适应性风险就应该由企业承担，但企业可以把高校和科研机构向生产领域和市场方向推进，鼓励他们与自己长期合作，在分配中减少先期技术转让费预付的金额，采取提成、技术入股、技术持股的分配办法，将高校和科研机构应得的报酬与企业的经济效益挂钩，减少企业的风险压力。又如，技术创新项目的技术可实现性的判断及实现的过程掌握在高校和科研机构的手中，就应由高校、科研机构承担这一部分风险，但高校和科研机构也可以把企业向研究开发的源头方向推进，让企业尽早参与研究开发，分担研究开发费用和风险。因此，企业、高校和科研机构在产学研合作创新中不仅要有获取利益的意识，同时也要有风险责任分担的意识。

5. 财务制度是构建利益分配机制的保证

产学研联合体要按照现代企业制度的要求，建立完善的法人治理结构，以防止一方侵害其他各方的利益。产学研各方在追求自身经济利益的过程中要受到其他各方的制约，不能无限度地任意扩展而侵犯其他各方的利益，否则合约所约定的条款就会遭到破坏，联合体就很难持续稳定地发展。一般在产学研联合体中产方与学研方之间对财务信息的了解是不对称的，信息的不对称可能会导致产方机会主义的产生，从而会损害学研方的利益而获取更多的自身利益。所以产学研联合体应该建立独立的财务核算制度。在财务管理中，财务账目要对投资主体公开，要自觉遵守有关部门的监督，精打细算，节支降耗。科研方所得报酬应与联合体的经济效益挂钩，不得采取一次性结算的办法分享剩余收益，这样避免追求短期利益而有利于产学研联合体的可持续发展。

6. 定期沟通是构建利益分配机制的润滑剂

学校、科研机构和企业的合作主要是以项目为依托，学校负责产品研发与改进，企业则负责产品的工艺设计及生产。尽管双方的合作从大的角度讲都是为了国家的科技创新实现资源的优势互补，但有一点是不可回避的，那就是双方的利益出发点有所不同：高等院校与科研机构参与项目更看重的是项目完成后所发表的论文数量、质量及项目对职称评审所发挥的作用；而企业则把焦点集中在项目的创新能否带来良好的市场利益或是否有着可观的市场前景，所以双方在价值认同和价值取向上存在差异。而且，由于现实情况的原因在产学研合作中，合作初期双方可能比较容易达成一致，但随着合作项目的进行，看得见的利益越来越明显时，常常会由于这种价值取向的不同而分道扬镳，或某一方独自干，或另寻其他合作者，许多项目失败的原因都来源于此。引用华东理工大学副校长于建国教授的比喻：项目产业化的最初合作阶段，产学双方处于"蜜月期"，往往为了将科技成果转化达成共识，双方合作顺利；而取得初步产业化效果后，双方关系会出现矛盾甚至分裂。企业对技术拥有者缺乏诚信，不遵守事先订立的利益分配原则，而大学对企业承诺太多也导致企业期望过高。由于各方对利益认同的差异，使产学研联合体能够带来的利益对产学研各方产生动力的大小、方向都不一致。这便需要存在产学研联合体制定规则、契约，建立健全产学研联合体利益分配机制，加强产学研各方的定期沟通，从而最大限度地调和这些利益差异，放弃一些相对次要的利益，通过协商、协调，获得更重大的共同利益，最终使各方利益得到平衡，进而保证产学研联合体能够持续稳定发展。

（三）决策权和知识产权挑战与应对策略

决策权的分配可能受到成员单位地位、资源等因素的影响，导致不公平。决策权分配不当可能引发成员间的权力斗争和信任危机。制定详细的决策程序和规则，确保每个成员单位都有参与决策的机会和权利。可以采用轮值主席或代表制度，确保每个成员单位都有机会主导决策过程。提高决策的透明度，确保所有成员都能了解并接受决策过程和结果。

在创新过程中，知识产权的归属和使用往往涉及复杂的法律和技术问题。知识产权纠纷可能导致合作破裂和法律诉讼。在合作协议中明确知识产权的归属、使用、转让等条款。对项目实施过程中产生的知识产权进行及时评估和登记，确保权属清晰。设立专门的知识产权争议解决机制，并提供法律支持，以应对潜在的知识产权纠纷。可以引入第三方机构进行知识产权评估和调解。

创新联合体的治理机制是确保创新联合体高效运作、实现共同创新目标的重要保障。面对各种挑战，联合体应制定相应的应对策略，以促进成员间的紧密合作和共同发展。

第三节　成员间的协调与冲突解决

在创新联合体的运作过程中，成员间的协调与冲突解决是确保合作项目顺利进行和团队和谐的关键环节。由于联合体成员来自不同的背景，拥有各异的利益诉求和工作方式，成员间的协调变得尤为重要。有效的沟通协调不仅能提升团队的工作效率，还能增强团队的凝聚力和向心力。合作中难免会出现冲突和矛盾，这些问题若不及时解决，可能会影响项目的进展和团队的稳定。建立合理的利益协调与分配机制，以及制定有效的冲突管理与解决策略，对于创新联合体的长远发展具有至关重要的意义。

一、成员间的协调机制

在创新联合体中，成员间的协调机制是确保团队协作顺畅、项目高效推进的基石。

（一）常规沟通协调：林静等人（2021）[①]认为针对我国创新主体之间存在的信息不对称问题，从加强高校与政府和其他高校之间的沟通合作角度提出以下对策。

1. 高校之间的沟通合作：如今存在的促进高校之间相互交流合作的项目数目已不在少数，比如：交换生项目、各国的留学生、访问学者交流、教师互访等。然而，部分高校由于资金和生源所限，未开办此类项目，从而导致学校缺少与其他地区或国家高校的交流合作。随着互联网技术水平的不断提高，社交媒体和在线平台的数量日渐增加，并且国家提出"停课不停学"在线教学的倡议，我国的在线授课平台技术得到了加强和改善。因此，资金和生源能力不足的高校可以借助社交媒体和在线平台开展与其他地区或国家高校的沟通合作，从而增加学生对其他地区和国家的了解，扩展学生的知识范围，从沟通交流中迸发新思路，增强创造能力。

2. 高校与政府的沟通合作：加强高校与政府的沟通合作，不仅为了使学校师生更好地了解政府当前的政策和规划，还为了使师生掌握国内外的方针、法律法规，了解政府推出的项目，以便更好、更准确地选择研究方向。了解政府的政策和规划，就要做好思政教育，通过线上和线下相结合的知识传授方式，使学生了解最新政策和方向，在此基础上进一步解放思想，不断探索创新发展的新模式，以更加积极的行动投身于创新实践中。

（二）利益协调与分配机制

在创新联合体中，为确保各成员单位能够公平、合理地分享利益，以下是

---

① 林静，杨蓉蓉，刘凤鸣. 创新联合体中高校的作用机制［J］. 现代职业教育，2021（27）：208-209.

对利益协调与分配机制的描述：

1. 公平原则：建立一个客观、量化的评估体系，定期对每个成员单位的贡献进行评估。评估可以包括技术投入、资源共享、风险承担、市场推广等多个方面。根据各成员单位的贡献评估结果，按比例分配利益，确保每个成员单位根据其实际贡献获得相应回报。制定详细的利益分配标准和程序，并通过内部平台或会议向所有成员公开。确保每个成员都能清楚地了解利益分配的依据和具体过程。设立独立的审计机构或委托第三方进行定期审计，以确保利益分配的公正性和透明度。

2. 合同约束：在合作协议中详细列明各方的权利、责任和利益分配的具体条款，包括但不限于分配比例、分配时间、分配方式等。合同应具有法律效力，一旦签订，各方应严格遵守。如有违约行为，应按照合同约定承担相应的法律责任。根据项目进展和成员的实际贡献变化，定期（如每季度或每年）对利益分配方案进行评估和调整。这可以确保分配的公平性和持续的激励效果。在项目执行过程中，可能会遇到各种预期之外的情况，如市场变化、技术突破等。利益分配机制应具备足够的灵活性，以便根据实际情况进行适时调整。通过以上细化的利益协调与分配机制，创新联合体可以更加公平、合理地分配利益，激励各成员单位积极投入和贡献，从而推动项目的成功实施和团队的长期发展。

3. 利益分配机制：孙俊华和汪霞（2009）[①] 认为经济利益是产学研合作创新各方合作的动力和目的，合理的利益分配机制是有效保障各方收益的关键。建立该机制的直接目的是调动成员的积极性和主动性，最终目的是实现合作成员的利益最大化。利益分配机制能够引导各成员努力的方向，使整体利益和成员个体利益趋于一致。政产学研合作从本质上讲，就是为了利益而建立的合作系统，合理、科学的利益分配机制是合作的根本驱动力和有效的激励机制。

为了加强政产学研合作的长期稳定性，具体的利益分配必须遵循如下原则：一是互惠互利原则。即分配方案可以使产学研合作各方的基本利益得到保

---

① 孙俊华，汪霞.促进技术转移和应用的政产学研合作机制研究［J］.大学（研究与评价），2009（09）：52-58.

障，不会影响任何一方的合作积极性，否则就容易导致合作的失败或中止。二是协商让利原则。在利益分配过程中，最容易产生分歧。当出现协议中无规定的或规定不明确的新利益，比如在合作创新过程，顺带研制出了某种新附属品，而这些附属品并不是可以忽略的。这时，应本着实事求是、充分协商的原则解决，因为任何一方如果对利益分配产生抵触都会导致合作体的低效或不稳定，必须通过合作方之间高层的谈判及协商来解决新出现的利益分配问题。三是风险补偿原则。产学研合作过程中，一般来说，企业承担的风险比大学或科研机构的大，所以在实际的分配过程中应该充分考虑到这点，利益分配应该与其所承担的风险相称，否则也会打击企业合作的积极性。四是个体与集体合理性原则。产学研合作过程中，利益分配首先要遵循的就是要在考虑集体利益最大化原则的情况下分配，不能为了使个体利益最大化而损害集体利益，只有集体利益做大了，个体利益才能分得更多；但必须保证合作各方在合作过程中所得利益大于单独行动所获得利益，否则合作也会破裂。

二、可能出现的冲突和矛盾

在创新联合体的合作过程中，多种因素可能导致冲突和矛盾的出现。

(一) 技术路线分歧

在创新联合体中，由于各成员单位的专业背景、技术积累和市场定位的差异，它们对于项目的研发方向、采用的技术标准或具体实施方案往往持有不同观点。这种分歧不仅体现在宏观的技术路线上，也涉及具体的技术细节。有的成员可能主张采用新兴技术进行探索性研发，以期在未来的技术竞争中占据先机。这些成员通常对新技术有着浓厚的兴趣，并认为新技术能够带来突破性的创新。然而，其他成员可能更倾向于使用经过验证的、成熟稳定的技术方案，以确保项目的可靠性和稳定性。这些成员可能担心新技术带来的不确定性和潜在风险，因此更愿意选择保守但稳妥的技术路线。

技术的更新换代速度日新月异，这对创新联合体的技术选择带来了挑战。一些成员可能希望紧跟技术潮流，及时采纳最新的技术成果，以保持项目的先进性和竞争力。这些成员认为，只有不断引入新技术，才能确保项目在市场上的领先地位。然而，其他成员可能出于稳定性的考虑而反对频繁的技术更新。他们担心新技术的引入可能会带来未知的问题和风险，影响项目的进度和稳定性。这些成员更倾向于在技术成熟后再进行应用，以确保项目的顺利进行。在进行技术决策时，各成员间对于技术投入的多少和技术风险的承担也可能存在分歧。一些成员可能愿意投入更多的资源进行技术创新和研发，以期获得更大的技术突破和市场回报。这些成员通常具有较高的风险承受能力，并认为高风险可能带来高回报。然而，其他成员可能对高风险的技术投入持谨慎态度。他们可能更倾向于将资源投入到风险较小、回报稳定的项目中，以确保项目的成功率和收益的稳定性。这些成员可能担心高风险的技术投入可能导致资源的浪费和项目的失败。

在涉及高成本或高风险的技术决策时，这种分歧可能尤为明显。各成员单位需要根据自身的实际情况和风险承受能力来权衡利弊，做出最适合自己的决策。

（二）资源分配不均

在分配项目资金时，成员间常常会因为对各自贡献的认知差异而产生争执。每个成员单位都可能认为自己在项目中扮演了至关重要的角色，理应获得更多的资金支持。特别是在资金有限的情况下，这种争执可能变得更加激烈。一些成员可能强调自己在技术研发、市场开拓或项目管理等方面的重要贡献，认为应该获得更多的资金支持以推动项目的进展。而另一些成员则可能关注自己在资源共享、风险承担或后勤支持等方面的付出，同样希望得到相应的资金回报。这种资金分配上的分歧不仅影响团队成员之间的关系，还可能对项目的进度和成果产生负面影响。创新联合体需要在项目开始前就明确资金分配的原则和方法，并在项目执行过程中根据实际情况进行动态调整，以确保资金的合理分配和高效利用。

在创新联合体中，共享设备或设施的使用权、使用时间和优先级往往也是成员间争议的焦点。不同成员单位可能对设备的使用需求和期望存在差异，特别是在设备资源有限的情况下。一些成员可能需要长时间使用某些关键设备来完成特定的研发任务，而其他成员则可能需要在不同时间段使用这些设备以满足其项目进度要求。如果缺乏明确的使用规划和调度机制，就可能导致设备使用上的冲突和矛盾。为了避免这种情况的发生，创新联合体需要建立设备使用的预约和管理制度，明确设备的使用规则和时间安排。还可以考虑引入先进的设备管理系统，以提高设备的使用效率和共享程度。

各成员单位在人力资源的投入上也可能存在差异。一些成员单位可能拥有更多的专业人才和技术骨干，能够提供更强大的人力支持。而其他成员单位可能在人力资源方面相对薄弱，需要更多的外部支持和协助。这种人力资源投入的差异可能导致某些成员感觉承担了过多的工作压力。他们可能需要加班加点以完成任务，或者面临人力资源不足的问题。长期下来，这种情况可能会影响团队成员的工作积极性和项目执行效果。为了解决这一问题，创新联合体需要进行合理的人力资源规划和配置。可以通过人才交流、技能培训和外部招聘等方式来平衡各成员单位的人力资源需求。还可以建立激励机制和绩效评估体系，以激发团队成员的积极性和创造力。

（三）利益分配纠纷

王文华等（2008）[①] 认为当前产学研联合体利益分配机制存在的问题有以下几个方面。

1. 产学研结合的利益分配机制不够健全

产学研联合过程中出现利益纠纷是正常现象，关键在于联合之前必须要严格签订协议，明确各自的责任、权利和义务，联合过程中要严格履行协议，出现问题要按照协议和有关规定进行处理。但在我国的产学研联合中合作协议对责、权、利界定不清，为日后利益分配留下隐患；对知识产权、成果转化收益等合作成果的分享缺乏明确可操作的规定，处理利益纠纷问题依据不足；对协议的履行缺乏有效的监管，社会信用体系有待完善，人们的履约守约意识需要加强。

2. 利益分配与风险承担难以公平

以中关村产学研联合为例，利益的分配与风险的承担如何公平，是中关村

---

① 王文华，丁恒龙，余兴无. 产学研联合体利益分配机制研究 [J]. 现代经济（现代物业下半月刊），2008（09）：4-6.

产学研联合中最普遍又最难解决的问题。北京安泰科技有限公司市场部副部长詹冬巧说道："目前，我们公司和浙江大学在北京科委的牵引下，成立了一个研发战略联盟，共同完成一个 863 项目。在合作之初，我们把所有将来可能会遇到的各种问题都写在合同里，其中最有争议的就是利益的分配问题。由于产品上市后的销售情况目前无法预知，所以校方提出的对于销售收入的提成比例，我们不能答应，最后在合同里签订根据市场状况另行商议。"

3. 产学研各方对技术价值评价标准不一

在产学研联合中，经常会碰到企业的积极性很高，研究机构提供的技术也很好，但由于产学研联合中各方对技术价值的看法不同，各方的利益不能得到很好的处理，从而影响了合作的进程，有些甚至因此中止了合作。出现这个问题的根源在于各方对技术价值评价的标准不一样。企业认为高校或研究所对其成果定价偏高，报出的价格有时是企业方预期的几倍甚至几十倍。研究单位则认为企业"太精"，过于斤斤计较，舍不得投入。

4、缺乏良好的利益监督机制

在协议签订过程中，根据联合初期各方谈判地位的不同，前期研发投入一般不会太大，各方可能还比较容易达成一致的协议，许多企业因此认为利益分配不是问题。但随着看得见的利益越来越大时，常常会发生协议履行的困难，从而产生利益分配问题，成为产学研联合的又一大障碍。例如，一位北大科技园的专业人士说道："缺乏良好的监督机制，在一定程度上阻碍着中关村产学研联合的进程。因为在合作过程中对双方的约束难实现，由此引发的信任问题便随之凸显，比如，研发方跟企业合作，企业投资了，但产品没有研发出来，这时还要风险共担，企业就可能怀疑研发方的投入是不是尽力了；当产品研发出来进入市场化企业与研发方由于信息的不对称导致研发方对企业利益分配不公，研发方也可能会要求更多的利益分配。"

（四）文化差异冲突

在创新联合体中，成员可能来自不同的地区，拥有多样的文化背景。这种多样性带来了丰富的观点和想法，但同时也可能带来沟通上的挑战。对沟通方式的不同理解，很容易引发误解或沟通障碍。例如，某些文化可能更倾向于直接回答，而其他文化可能更加委婉。当一个直接的"是"或"否"回答被误解为冒犯或缺乏尊重时，就可能导致沟通上的冲突。为了解决这些问题，创新联合体可以建立明确的沟通规范和渠道，确保信息能够准确、及时地传递。

工作习惯的差异也是文化差异的一个重要体现。各成员可能习惯了不同的工作节奏、工作方法和决策过程。有的文化可能更倾向于集体讨论和共识决策，而有的文化则可能更加推崇个人主义和快速决策。这些差异在日常合作中可能会产生摩擦。一个成员可能认为其他成员工作节奏太慢或决策过程太过烦琐，而另一方则可能觉得对方过于急躁或不够细致。为了解决这类冲突，创新联合体需要明确工作规范和期望，同时鼓励成员之间进行开放、诚实的沟通，以便更好地理解并尊重彼此的工作习惯。文化差异还可能导致成员在价值观、信仰和职业道德方面的分歧。不同的文化背景塑造了不同的价值观和信仰体系，这些体系和差异可能会影响成员对联合体目标、工作方式以及个人与团队关系的看法。有的文化可能更强调个人责任和自主性，而有的文化则可能更注重集体主义和团队精神。当这些不同的价值观在创新联合体中相遇时，就可能导致冲突和误解。

三、成员间的冲突解决策略

(一) 建立冲突预警机制

为了及时识别项目执行过程中可能引发冲突的问题，需要定期评估项目进展。这种评估不仅关注项目的整体进度和成果，还要深入挖掘可能隐藏的问题和难点。(1) 设立定期的项目审查会议。这些会议应该成为项目管理中的固定环节，如每月或每季度召开一次。会议的目的是审查项目的当前进度，对照项目计划检查已完成的任务，明确下一步的行动计划。会议还应该讨论项目中遇到的难题和可能的解决方案。(2) 利用关键绩效指标 (KPI) 进行监控。KPI 是衡量项目成功与否的量化指标。通过持续监控这些指标，可以及时发现项目执行的偏差，比如进度滞后、成本超支或质量不达标等，这些都是可能引发冲突的潜在因素。(3) 项目管理软件的应用。现代项目管理软件能够提供实时的任务追踪和资源分配情况。这类软件不仅可以帮助团队成员更好地协作，还能让项目管理者清晰地看到各项任务的进展和资源的利用情况。通过数据分析，可以预测可能出现的问题，并提前制定应对策略。

团队成员之间的关系和谐与否，直接关系到项目的顺利进行。定期评估成员间的关系至关重要。（1）开展成员满意度调查。通过定期进行满意度调查，可以了解成员对于当前工作环境、团队合作、项目管理等方面的感受。这种调查应该包括匿名和开放性问题，以鼓励成员提供真实的反馈。（2）建立匿名反馈机制。除了满意度调查外，还应建立一个持续的匿名反馈机制，让成员能够随时提出对项目管理和团队协作的意见和建议。这种机制有助于及时发现并解决团队合作中的小问题，防止它们升级为更大的冲突。鼓励团队成员之间的开放沟通，确保每个人的声音都能被听到和重视。这不仅可以增强团队成员的归属感，还能及时发现并解决潜在的问题和误解。

通过项目进展评估和成员关系评估识别到潜在冲突点时，需要有一个明确的预警响应流程来快速应对。一旦识别到潜在冲突，应立即启动预警机制，并迅速通知所有相关方，包括直接受影响的团队成员、项目管理层以及可能需要的外部支持人员。根据潜在冲突的性质和严重程度，制定紧急应对措施。这可能包括召开紧急会议、调整资源分配、提供额外的支持或调解等。设立一个专门的预警小组，负责持续监控项目中的潜在风险，并制定和执行风险缓解计划。这个小组应该由具有丰富经验和专业知识的成员组成，他们能够迅速应对各种突发情况，并确保项目的稳定进行。

（二）明确决策程序和规则

为了确保决策的有效性、及时性和准确性，首先需要构建一个清晰、明确的决策框架。要明确哪些人或团队是决策的主体。是项目管理层、技术专家团队，还是所有成员共同参与？不同的决策可能需要不同的主体来执行。关于技术路线的选择可能需要技术专家团队来主导，而关于资源分配的问题则可能需要项目管理层来决定。决策不是一时兴起或随意而为，它需要遵循一定的流程和规范。从提出问题、收集信息、分析选项，到最终作出决策，每一个环节都需要有明确的步骤和方法。这样可以确保决策的严谨性和科学性。在决策过程中，每个人或团队都应该明确自己的职责。谁负责收集信息？谁负责分析数据？谁有权作出最终决策？明确的责任分配可以避免决策过程中的混乱和推诿。为了确保决策的迅速和有效，还需要设立明确的决策时间表。对于每一个决策环节，都应该设定明确的时间限制。这样不仅可以确保决策的效率和响应速度，还可以避免因为拖延而导致的项目滞后或其他不良后果。

决策的公正性是确保团队成员信任和支持的关键。在决策过程中，应该尽量避免利益冲突的情况。如果某个成员或团队与决策结果有直接或间接的利益关系，他们应该主动声明并回避相关的决策过程。为了确保决策的公正性和准确性，可以设立一个决策复审机制。允许成员对已经作出的决策结果提出异议，并由一个独立的团队或专家进行复审。这样可以及时发现并纠正可能存在的错误或不公。总的来说，构建一套明确、透明和公正的决策机制是确保项目顺利进行和团队成员和谐合作的关键。

（三）设立调解机构

在冲突双方无法自行和解时，一个经验丰富且中立的调解人将起到至关重要的作用。调解人应当是公认的公正、中立人士，他/她不应与冲突任何一方有直接的利益关系，以确保其能公正地履行职责。这个调解人应具备丰富的冲突解决和谈判经验，以及高超的沟通技巧，能够在紧张的气氛中缓和双方情绪，引导双方理性表达诉求。除了冲突解决技巧，调解人还应具备相关的项目管理和技术背景知识。这样，他/她才能更深入地理解冲突产生的技术或管理上的根源，从而提出更具针对性的解决方案。调解人不仅是冲突的调和者，也是沟通的桥梁。他/她需要仔细聆听双方的观点，准确识别不同的利益和目标之间的冲突点，并帮助双方寻找可能的共同点，以推动冲突的解决。

一个明确、规范的调解流程对于冲突的有效解决至关重要。（1）明确调解的启动条件。首先，需要明确在什么情况下可以启动调解程序。这可能包括双方无法自行达成共识、冲突已经影响到项目的正常进行等。一旦调解程序启动，调解人将引导双方进行一系列的沟通和协商。这可能包括分别听取双方的陈述、识别和分析冲突点、提出可能的解决方案等。整个流程应当确保双方都有充分表达的机会，并且所有的提议和解决方案都是基于双方的共同理解和同意。调解过程的保密性对于鼓励成员开放交流至关重要。双方应能在一个安全、私密的环境中表达自己的观点和诉求，而不必担心信息泄露或被误解。（2）定期的后续跟进。调解结束后，为了确保调解结果得到有效落实，需要进行定期的后续跟进。调解人应与双方共同制定一个跟进计划，明确各项决议的执行时间和责任人。这样可以确保双方都能按照既定的时间表推进解决方案的实施。（3）执行情况监控。在跟进过程中，调解人需要定期了解各项决议的执行情况，确保双方都能按照计划行动。如果遇到任何执行上的困难或问题，调解人应及时介入，提供必要的支持和协助。跟进过程不仅是对执行情况的监控，也是对调解结果的有效性的检验。如果在实际执行中发现某些决议无法实施或效果不佳，调解人应及时与双方沟通，对原方案进行调整和优化。

（四）文化融合培训

在全球化的背景下，跨文化交流与团队合作能力显得尤为重要。通过文化融合培训，能够确保团队成员能够更好地理解和接纳不同的文化背景，提高团队整体的协作效能。如，开设专门的跨文化培训课程，内容涵盖世界各地的文化背景、价值观、信仰和习俗等。邀请具有丰富跨文化经验的讲师或专家，分享他们在不同文化背景下的工作经历和感悟。定期组织文化分享会，鼓励团队成员分享自己的文化背景、经验和故事。通过分享，使其他成员更加了解不同文化背景下的思维方式、行为习惯以及沟通方式。为团队成员提供跨文化沟通的基础技巧培训，如倾听、表达、反馈等。强调非语言交流的重要性，包括肢体语言、面部表情以及眼神交流等。设计跨文化沟通的模拟场景，如商务谈判、团队协作等。让成员在这些模拟场景中实践沟通技巧，之后进行反思和总结，以便更好地掌握跨文化沟通的要领。定期组织团队建设活动，如户外拓展、趣味运动会等。通过这些活动，加强团队成员之间的联系和信任，培养团队协作精神。设定需要团队成员共同完成的任务和目标。在完成任务的过程中，促进团队成员之间的合作与默契，加深彼此之间的了解和信任。

第四章　技术转移与知识共享

技术转移①与知识共享是推动社会进步和经济发展的重要动力。随着全球化和信息化的不断深入，知识已成为最具价值的资源之一，而技术的有效转移和知识的广泛共享，正是释放这种价值的关键。技术转移与知识共享的重要性及其实际操作方式，将揭示从研究到市场的有效路径，解析知识产权的管理与保护策略，阐述开放创新与共享实验室在现代科研和产业发展中的独特作用。通过对这些议题的全面剖析，我们希望能够为相关从业者提供有益的指导和启示，共同推动科技创新的蓬勃发展。

第一节　从研究到市场的路径

技术转移是科技创新活动中的关键环节，是将科研成果转化为实际应用和市场价值的桥梁。在这个过程中，各种要素相互交织，形成了一个复杂而精细的机制。在技术转移的道路上，我们往往会遭遇到一系列问题和挑战，这些难题可能会阻碍科技成果的顺利转化。为了克服这些障碍，

---

① 技术转移出自英文的"technology transfer"，是指技术从一个地方以某种形式转移到另一个地方。技术转移包括国家与国家之间、地区与地区之间的技术转移，同时包括技术生成部门（高校、科研机构）向使用部门（企业等生产部门）的转移，也包括企业等使用者间的技术转移，具体包括技术成果、信息、能力的转让、移植、引进、交流和推广普及等，这种活动是一个动态的过程，其实质是技术能力的转移。

一、技术转移的模式和机制

邹小伟（2013）[①] 认为产学研一体化的技术转移模式是指大学、科研院所、企业各方自发组织进行的技术转移活动。主要包括通过联合开发、共建研究实体、共建产业实体等形式实现技术转移。

（一）产业联盟模式

所谓产业技术联盟模式，是指为促进产业技术的发展，由行业内多个技术创新主体共同组建形成的共同合作致力于产业技术创新的联盟组织。根据产业联盟内企业间合作的环节，一般可以将产业联盟的实践形式分为技术联合研发产业联盟、产业技术标准联盟、产业合作联盟、市场合作产业联盟、社会规则合作产业联盟等五大类。本书所指的产业技术联盟，特指以企业为核心，大学、科研机构参与，以契约关系为纽带，通过科技创新资源的共享和科技创新资源的配置，围绕产业发展所需的关键共性技术共同合作创新的利益共同体，其目标是提高联盟内企业的创新能力。联盟可以通过协同把企业的建议、科研机构的预测与实际需求结合到一起，充分利用企业和科研院校的各种资源，为技术转移的研究提出可操作性的研究方案，降低企业进行技术开发的高成本和高风险。参与产学研合作的各方可以发挥各方优势在技术上达到相互交流、借鉴，形成各自的发展优势。

其运行机制是联盟内成员通过签订相关协议，遵循协议中所规定的责任和权利。联盟没有执行机构，联盟内成员根据成员的相应情况选出理事会成员并委托理事会代表全体成员定期或不定期召开协商会议，成员各自执行协商会议的决定。联盟理事成员往往是产业发展的各领域的引领者，具有一定的权威性。

产业联盟模式的优点在于加快科技成果产业化，实现成果在产业联盟内部之间的共享，降低共性技术的外溢效应，提高产业竞争水平。产业联盟模式不足的地方主要体现在其是基于契约关系基础之上，成员之间由于信息不对称，导致技术转移行为存在缺陷，转移的效率比较低。

---

① 邹小伟. 产学研结合技术转移模式与机制研究［D］. 华中师范大学，2013.

我国产业联盟起步比较晚，与发达国家存在一定差距，2002年之后才进入快速发展期，虽然已建有的产业联盟数量很多，但从实际产生的效果来看还不够理想，大多联盟还处于探索阶段，产业联盟的技术转移机制和模式还有待完善，联盟内部所涉及的知识产权、利益分配等重要问题需要进一步明确。

　　（二）联合研发模式

　　联合研发模式是指高校、科研机构、企业、政府、中介组织等组织机构围绕科技创新组成合作关系进行技术研发活动的一种技术转移模式。该模式分成项目式联合研发模式和共建实体式联合研发模式。该模式以项目为支撑进行共同合作开发，主要体现是高校、科研院所与企业之间共同进行技术、项目合作开发，当技术、项目研究开发完成之后，合作也即结束。共同建立开发型实验室、联合经济实体等的合作研发则定义为共建实体式联合研发模式，表现为合作各方为了达到共同的研发目标，共同出资，建立可独立运作的、由合作各方共有的实体进行研发，共建实体式研发通常是一种长期的研发合作关系。当前，该模式是企业进行技术研发的主要手段，很大程度上增强了企业市场竞争力，企业开展产学研合作在很大程度上弥补了企业在研发能力和资源上的不足。

　　联合研发模式的运行机制是：企业根据自身技术发展需求，依托高校、科研院所科技、人才优势，与高校、科研院所签订项目委托合作协议，或者企业与高校、科研院所合作建立联合研发机构，高校在科技成果转化的过程中，对内通过高校科技开发公司统一协调管理其校内成果，对外则通过知识产权入股、技术入股和管理入股等方式，与企业共同创建新的组织机构来提高对科技成果的掌控，通过采用企业化运作、自主经营和独立核算的方式，双方在国际交流合作、人才培养、产品开发与试验验证等方面进行深入合作。

　　（三）衍生企业模式

　　衍生企业模式是指通过学校的教师或学生连同科技成果一同转移，创办自主的企业，继续推动技术创新或科技成果转化与产业化，实现大学成为"高校科技企业孵化器"的功能。企业衍生模式实际上就是将大学所创造的知识与技术转移到社会与商业上，把知识转化为财富，涉及大学知识的流通与应用即大学技术转移问题。衍生企业模式包括分化拓展模式、风险资金支持模式、孵化器孵化模式、战略联盟模式等四种。分化拓展模式是指高校、科研院所相关创业者以员工身份加入高校、科研机构已有的企业当中，以个人的技术水平，成为科研项目或关键技术研发的负责人，在取得成果之后，新建企业使成果商业化运作，实现创业理想的行为。风险资金支持模式的典型特征是创业者利用自己掌握的科技成果或发明专利，通过商业途径吸引风险资金，并最终创建企业使科技成果商业化。战略联盟模式是指企业通过相关协议与相关的联盟方实现信息技术、资金等的优势互补的合作方式，促使企业在市场拓展、产品开发等方面的竞争力，提升企业在市场的竞争水平。

衍生企业模式的优点：衍生企业的创业者或技术人员，本身就是技术的创新者，而充分应用与开发技术，将其转化为现实的生产力，就是他们创立企业的主要目的，从而使得科技成果转化链条中，技术的研发、商品化与产品的营销处在完全的沟通状态，那种在技术许可的技术转移模式中难以有效传递隐含性知识的问题在本质上得以解决。产业技术授权的复杂过程将不会使科技成果停滞不前或束之高阁。该模式将促进大学所衍生的企业同高校继续保持直接和间接的联系，将利于企业借助高校的人才、平台优势。企业可基于向高校提供大量的回报，而成为高校技术转移的重要合作伙伴。

其运行机制如下：衍生企业可看作大学以其所拥有的技术或人力，借助来自内部或外部的风险资金所成立的新企业。衍生企业通常在高校附近成立，主要进行着与高校技术研发相关的工作，并同高校保持着紧密的联系；衍生企业由技术生产者，创业家，R&D 组织和风险投资者组成。技术生产者获得一些创意或者概念，经过技术创新的各个阶段，直到这项技术可以进行转移。创业家或者创业家团队从技术发明者手中获得技术并且创立新的企业，创业家个人或者团体在创造衍生企业过程中起到一个非常重要的作用。在衍生企业过程中，代表 R&D 组织的经常是其技术授权办公室。一般的方式就是把技术授权给公司、创立衍生企业，或者将技术出版。风险投资者经常是一个风险资本组织，为新企业提供资金，并且在新公司中占有股份。

二、技术转移中的问题和挑战

在技术转移的过程中，尽管有着巨大的潜力和机会，但也存在着一系列问题和挑战，肖龙翔（2019）[①] 提出以下问题和挑战策略。

（一）技术转移服务整体效率有待提升

国外成功经验表明，专业高效完善的技术转移服务体系是科技成果转化和产业化的重要条件。企业需求的多样性和技术供给的不确定性，要求服务机构拓展和延伸传统的信息服务、中介服务、科技会展服务等功能，构建技术集成、中介集成、信息集成和资源集成的服务平台，建立技术转移市场化机制，提升技术转移效率。而我国技术转移机构市场化程度较低，专业化服务能力欠缺，盈利能力不强，民间资本参与不活跃，国际化链接不畅，信息资源与服务的交流共享不足，在一定程度上影响了技术转移服务体系效能的发挥。究其原因，一是部分服务机构隶属于政府职能部门，事业性质独立法人机构居多，对政府的依赖度较高，技术转移内生动力不足，亟需建立以市场需求为导向的技术转移服务机制；二是高校院所技术转移职能分散，内设机构寄生现象严重，科研人员技术转移积极性不高，亟需细化并落实"三权"改革政策，提升政策可操作性；三是社会化的民营技术转移机构虽逐年增加，但相对于全社会不断增长的技术转移需求仍显不足，亟需探索技术转移模式创新，提升专业化服务能力；四是技术转移开放协同不够，对接国内外技术转移需求渠道有限、手段单一，亟需建立开放共享的技术转移公共服务平台；五是技术转移行业规范和标准尚未出台，违规操作和交易纠纷时有发生，亟需规范技术转移服务行为，引导形成良好的技术转移服务业态。

进一步发展技术转移服务机构，整合国家技术转移管理机构的职能，加强对全国技术市场、技术转移服务机构发展的统筹、指导、协调，面向全社会组织开展财政资助产生的科技成果信息收集、评估、转移服务。引导技术转移机构向市场化、规范化发展，提升服务能力和水平，培育一批具有示范带动作用

① 肖龙翔. 我国技术转移体系发展现状、问题及对策［J］. 科技创业月刊, 2019, 32（07）：7-10.

的技术转移机构。引导各类创新主体和技术转移服务机构联合组建技术转移联盟，强化信息共享与业务合作。鼓励有条件的地方结合服务绩效支持相关技术转移机构。

(二) 职业技术转移人才队伍缺失

技术转移要求从业人员要具备营销、技术、法律、商务等专业知识以及广泛的人脉和行业联系，具备较强的市场分析能力、职业判断能力和项目管理能力，能够开展跨行业、跨区域、跨国别技术转移。而我国技术转移专业化服务队伍不足和专业服务能力不强同时存在，对项目的前景、先进性的评价、价格的判定、风险的评估、投资融资管理、企业经营策略的谋划等缺乏经验，很难满足行业快速发展的要求。技术转移机构普遍缺乏复合型、职业化、国际化领军人才，亟需打破制度障碍，引进和任用技术转移高端人才，建立技术经理人制度，探索技术转移人才培养的多元路径，为促进我国技术转移服务业发展提供扎实专业的人才储备。

壮大专业化技术转移人才队伍，加强技术转移管理人员、技术经纪人、技术经理人等队伍建设，畅通职业发展和职称晋升通道。创新高校、科研院所技术转移管理和运营机制，建立职务发明披露制度，实行技术经理人聘用制，明确利益分配机制，引导专业人员从事技术转移服务。发挥企业、高校、科研院所作用，通过项目、基地、教学合作等多种形式吸引海外高层次技术转移人才和团队。鼓励有条件的高校设立技术转移相关学科或专业，与企业、科研院所、科技社团等建立联合培养机制。将技术转移人才纳入国家和地方高层次人才特殊支持计划。

(三) 全国性技术转移服务平台有待建立

部分技术转移机构功能定位不明确，服务业务不稳定，服务资源较为分散，各机构间未形成合力，缺乏统一的行业规范、服务标准和自律管理，需借助现代信息技术，加强对技术转移的顶层设计，建立全国技术转移服务平台，连接市场要素、整合服务资源、集聚服务能力、拓展服务内容、丰富服务手段、统一服务流程和服务标准，为技术转移机构建立协同发展、互利共赢的全国技术转移服务大平台。

加强信息共享和精准对接，建立国家科技成果信息服务平台，整合现有科技成果信息资源，推动财政科技计划、科技奖励成果信息统一汇交、开放、共享和利用。以需求为导向，鼓励各类机构通过技术交易市场等渠道发布科技成果供需信息，利用大数据、云计算等技术开展科技成果信息深度挖掘。建立重点领域科技成果包发布机制，开展科技成果展示与路演活动，促进技术、专家和企业精准对接。

（四）创新创业企业服务结构仍需优化

创业与创新并没有实现完全意义上的耦合。从创新创业企业服务业务结构上看，更加注重优质企业培养和企业成长环境的营造，而对通过技术创新实现技术和服务增值的能力稍显不足。一是由于企业寻求优质技术与有效需求精准对接的渠道不通畅；二是由于信息不对称和技术自身的复杂性使企业对新技术价值的认知并不充分；三是由于企业集成应用新技术产生溢出效应和价值增值的能力不突出。

强化创新创业载体技术转移功能，聚焦实体经济和优势产业，引导企业、高校、科研院所发展专业化众创空间，依托开源软硬件、3D 打印、网络制造等工具建立开放共享的创新平台，为技术概念验证、商业化开发等技术转移活动提供服务支撑。鼓励龙头骨干企业开放创新资源，支持内部员工创业，吸引集聚外部创业，推动大中小企业跨界融合，引导研发、制造、服务各环节协同创新。优化孵化器、加速器、大学科技园等各类孵化载体功能，构建涵盖技术发现、企业孵化、产业化开发的全链条孵化体系。加强农村创新创业载体建设，发挥科技特派员引导科技成果向农村农业转移的重要作用。针对国家、行业、企业技术创新需求，通过"揭榜比拼""技术难题招标"等形式面向社会公开征集解决方案。

（五）科技信贷融资成本偏高

技术转移和创新创业需要借助资本的作用实现服务增值和价值转换，助力中小企业成长。然而，传统投融资体制中企业融资程序繁多，各种费用高昂，间接融资成本约为 8%～12%，民间信贷约为 15%～77%。融资成本依然偏高，中小企业申请科技贷款难上加难。例如，中关村高新技术企业中年营业收入在

2000 万元以下的获得银行贷款的比例只有 3%，年收入在 2000 万元至 1 亿元的约为 7%，90%左右的科技型企业对申请银行贷款望尘莫及。虽然目前出台政策解决企业融资难问题，但与科技型中小企业的实际资金需求相比，仍有较大缺口。

完善多元化投融资服务，国家和地方科技成果转化引导基金通过设立创业投资子基金、贷款风险补偿等方式，引导社会资本加大对技术转移早期项目和科技型中小微企业的投融资支持。开展知识产权证券化融资试点，鼓励商业银行开展知识产权质押贷款业务。按照国务院统一部署，鼓励银行业金融机构积极稳妥开展内部投贷联动试点和外部投贷联动试点。落实创业投资企业和天使投资个人投向种子期、初创期科技型企业按投资额 70%抵扣应纳税所得额的试点优惠政策。

（六）政策落地存在"最后一公里"问题

近年科研经费改革有效回应了科研人员关切的重点问题，但同时存在各地政策落实情况参差不齐的问题，主要症结在于改革政策宣讲不到位、理解存在偏差、部分地方和单位落实不力等。企业对研发费用加计扣除政策获得感不强，一些企业反映申请税收优惠成本高、周期长，政策门槛过高、普惠性不强等问题。

增强科研人员获得感，针对不同地方开展改革政策集中宣讲，深入高校、科研院所，向基层一线科研人员讲清楚政策内涵要求、实施程序等。及时响应基层呼声，进一步细化任务，出台配套政策，有针对性指导和推动其制定完善相关政策实施细则。进一步建立完善科研经费管理监督和评估机制。深化"放管服"改革，进一步加强企业研发费用加计扣除政策落实，减少企业研发费用加计扣除申报的中间环节，简化研发费用的归集和核算管理，减轻企业办税负担。

三、促进技术转移的策略和措施

任蓉（2019）[①] 认为技术转移需要标准化、专业化的运作。

---

① 任蓉. 促进科技成果转化和技术转移的对策研究——以北京市为例 [J]. 创新科技，2019（02）：39-44. DOI：10.19345/j. cxkj. 1671-0037. 2019. 02. 007.

（一）完善政策和法律法规体系

完善的政策与法律法规体系是保证技术转移服务健康发展的制度条件和技术市场发展的基础。从 20 世纪 80 年代中期开始，在技术商业化过程中大学的作用显著增加。这首先是因为政府制定了相关法律法规，有利于知识产权的保护和技术转型。原国家科委于 1978 年 11 月颁布的《科学技术研究成果的管理办法》中重申了各级部门推广和交流科技成果的工作职责；1985 年开始围绕技术转移展开系统的创新体制改革；1996 年，《关于"九五"期间深化科学技术体制改革的决定》经国务院批准下发并再次强调 1985 年开始主张的改革思路；随后中共中央于 1999 年联合国务院共同研究通过了《关于加强技术创新，发展高技术，实现产业化的决定》，同时针对技术创新在北京召开了全国性的会议，提出了建设国家知识创新体系、加速技术转移的"科教兴国"战略；2006 年，由科技部主导通过的《国家中长期科学和技术发展规划纲要（2006—2020 年）》正式出台，促进技术转移和实施创新驱动发展成了重要内容；2015 年 8 月全国人民代表大会常务委员会修订《中华人民共和国促进科技成果转化法》，明确了科技成果市场化定价的方式、程序和合法性，加大了对成果完成人和转化工作做出重要贡献的人员的激励力度，完善了科研成果的评价体系；2017 年 9 月《国家技术转移体系建设方案》开始正式实施，对建立健全技术转移工作机制、科技成果实现产业化和资本化、增强国家创新体系整体效能、活化社会整体创新创业生机等意义重大；2018 年 5 月 28 日颁发的《关于技术市场发展的若干意见》提出，技术市场是支撑创新体系和现代市场体系的关键部分，是进行与技术商品相关的生产、流通、交换以及服务的总和。与此同时，要以政策为指引和保障，借助资金这一联络纽带，依托于专业化服务，形成现代技术市场，促进科技成果快速高效地实现转移转化，驱动科技与经济深化融通、快速发展。2018 年，《关于技术市场发展的若干意见》得以细化实施，政府设立了专项基金，为技术市场的发展提供了有力的资金支持。同时，加强了对技术市场的监管，建立了诚信体系，确保了技术交易的公平、公正和透明。2019 年，我国颁布了《技术转移服务促进条例》，明确了技术转移服务机构的资质要求、服务标准及监管机制，规范了技术转移服务市场。同时，条例还鼓励产学研用协同创新，加大了对技术转移人才的培养和引进力度，为技术转移提供了更多的人才保障。2020 年，我国对《科技成果评价与管理办法》进行了修订，完善了科技成果评价体系，强化了市场导向，使得科技成果的评价更加科学、公正。同时，明确了科技成果的权属，简化了登记审批流程，为科技成果的转化提供了便利。2021 年，政府出台了《技术转移税收优惠政策》，减免了相关技术转移的税收，降低了技术转移的成本，鼓励企业加大研发投入，推动技术创新。2022 年，我国制定了《国际技术转移合作条例》，促进了国际技术转移合作，建立了国际技术转移信息平台，保障了知识产权的安全。2023 至 2024 年，我国继续完善技术转移的激励机制，评估并改进法律法规体系，加强宣传和培训，为科技成果的转化提供了有力的保障。

这些政策、法律为技术转移服务奠定了稳固坚实的制度基础。北京市应该进一步制定适合本地区发展实际的技术转移细则，加快践行体制改革，促进政府尽快实现职能回归和转变，对技术市场中需要承担的职能与关系进行界定，借助政府导向支持完善技术转移体系；为技术转移机构提供发展支持和鼓励，制定相关管理规范，从条件设立、资金、税收等方面为技术转移提供优惠和便利，促进其快速发展。围绕公益性质的技术转移服务全面实施深化改革，个别依托于政府支撑以中小企业为对象的非营利技术服务机构可继续保留，同时推动民间资本参与技术转移服务。技术转移机构应立足于自身特点，致力于向专业化、规模化方向发展。同时，技术转移机构可组织国内及国际技术交流会，推动北京各个技术转移服务机构相互合作交流，组织形式多样的交流会、展示会、论坛，甚至可以创办网络平台以及刊物，为技术转移交流提供固定平台。总结起来为七个方面：（1）体制运行市场化；（2）服务功能社会化；（3）机构设置专业化；（4）人才准入综合化；（5）服务方式产业化；（6）组织架构网络化；（7）市场行为国际化。

（二）制定技术交易的标准化步骤

一系列政策的确立将给技术转移相关机构更多的机会，使技术顺利从研发机构转移到企业。技术转移既可以依据具体的程序实现，也可以通过研发机构与企业之间的直接接触实现，最终使科技成果得到市场化应用。同时，为避免一些尚不适合转移转化的科技成果进入市场，需要有效的评估手段和规范化的工作流程。

1. 创新项目的应用研究。从技术转让的角度出发，这一阶段我们重点考量研究成果的发表程度、是否受限于某些知识产权保护的材料、潜在的资助者、协议咨询等。

2. 初步认定。这个阶段将发生研究人员与技术转让实体间的第一次接触，研究人员介绍自己的发明，来自技术转让实体的专家将对其进行评估和建议，各自的权利和义务也将在考虑当中。

3. 技术认定。研究机构需要印发一份正式的文件交给技术转让实体，附带对研发成果的详细说明。技术认定的关键信息应包括：研究成果的主题、研发人员的名单、研究成果的详细描述、通过赞助获得的数据、设计数据及数据的适用性说明、已出版的数据、现有的或计划的出版学术成果等。

4. 评估。研究成果的创新性将被审查，并将该成果与相关竞争性技术进行比较，分析保护研究成果的方式等。研究成果的功用和商业潜力也应该得到充分的分析，技术转让实体将重点分析以下方面：该成果的实现前景（用于新产品、一般产品还是高质量产品）；如果存在竞争性技术，那么该成果的优势在哪儿；该成果是否具有开拓新市场的潜力；该产品推向市场所需要的资金和时间；如果产品上市后，研发机构是否能够继续提供技术支持。通过以上分析评估出该成果带给企业的利润。

5. 知识产权保护。这个阶段主要分析知识产权的类型（专利、版权等）和覆盖范围（地区、国家、国际）。而且，无论最后实现技术转移的手段是什么，都必须符合知识产权的规定。

6. 技术营销，这一阶段包括将技术推广进入市场而采取的所有行动。

7. 分析创新成果的商业发展模式。

8. 签订合同。

美国的"硅谷"能够成为全世界高新技术创新和发展的中心，得益于云集在周边的科研能力突出的大学；企业具有强烈的技术商业化热情，大学也注重与企业之间的合作。我们国家有关技术转移的一系列政策正在建立和完善，也兴建了许多高校科技工业园区，但在整个流程中的技术认定环节往往缺乏权威专家和机构的评判。在高校科研评价机制中往往只注重科技成果的数量而忽略科技成果的质量，在技术转移后未能明确研究人员的权益，在知识产权保护上做得也不够。因而，严格按照体制运行市场化、服务功能社会化、机构设置专业化、人才准入综合化、服务方式产业化、组织架构网络化和市场行为国际化的要求，增强我国企业对技术转移的重视程度并增强其技术商业化精神，改革高校技术转移体制和明确技术转移后的利益归属，让有效的评估手段和规范化的工作流程为技术市场的繁荣发展奠定基础。

（三）建立分类、分级制度

优质的服务是快速实现技术转移和成果转化的重要保障。技术转移服务必须以健全的主市场为依托实现发展，接受市场竞争、法律约束和行业自律三方面的共同制约。因而，技术转移服务机构的标准化、制度化运作不仅仅需要政府健全相关法律法规和设立技术交易的标准化步骤，而且需要褒奖专业服务能力较强和信誉良好的机构，以帮助客户节约选择的成本，帮助决策投资经营者降低和规避成本及风险。为促进技术转移服务机构发展壮大，引导技术转移服务机构向规模化、专业化、规范化发展，监督技术转移服务机构守信誉、重质量，从而持续地提升技术转移服务的质量水平，政府有必要协同相关机构为技术转移服务机构建立资格认定制度。可根据注册资金、技术力量、业绩与经验、人员数量、交集水平、基础条件等，建立 AAA、AA 和 A 级等分级制度，而且可以组织年度绩效考核，奖励表现优异的技术转移服务机构，对于非营利性且表现优异的技术转移服务机构可加大扶持和资助。

技术转移服务机构要拥有高度的专业性。致力于"合理布局、扶持重点对象、采取分类管理、强化能力、培育市场、彰显特色"，围绕政府服务职能转变、农村科技推广、技术成果转化，建立完善的技术转移服务机制，以产业化技术创新和科技成果转移服务机构为重点对象提供发展扶持，大力推动科技产权交易中介机构的发展，重视科技咨询、评估等活动的公正性，培育一批优质的以科技风险投融资为主营业务的技术转移服务机构，建立与我国科技发展相适应的技术转移服务机制。创办技术转移服务机构基金。从当前的科技条件专项基金里分流出一些资金用于建设技术转移服务机构，扶持非营利性技术转移服务机构，以改善其基础设施条件、培养人才、组织和开展学术交流、开发和深化市场、搭建转移支付机制。借助规划、项目以及委托等途径，为技术转移服务机构提供更大的技术转移支持。围绕三项科技经费，进行支持方式的调整，慢慢降低对企业的直接拨款，从中导出部分转作咨询经费用于技术转移服务机构对技术创新活动的服务。关于技术转移服务机构为企业提供中介服务与科技咨询的情况，政府应发放一定经费当作支持，促使其达成转移支付。涉及科技成果鉴定、科技项目计划申请、科技项目验收以及对实施的科技政策进行效果评价等，可借助计划和项目的名义，交给技术转移机构负责。

（四）标准化、专业化运作吸引国内外资源

综合竞争力、经济活力、社会发展力以及国际影响力不断扩大的一个现代化都市的科技资源十分丰富，应对自身的科技优势进行充分发掘，集合国际资源，致力于"科技创新中心""国际交往中心"新战略定位的顺利实现。立足于金融创新、项目推荐、培育人才等，从多角度、多方位为国际创新合作提供支持，借助技术转移和国际科技合作，使城市在科技创新领域形成领先于全国甚至国际的优势，持续不停地产生创新成果，同时进行科技成果转化，以商品的形态流通，从而获得直接的、大规模的经济收益，打造国际领先水平的科技创新产业。要想实现技术突破主要取决于人才。为解决技术突破的人才问题，可从两方面同时着手：其一加快培养科技人才，打造高层次科技创新国际化人才队伍；其二从国际上吸引科技高端人才。技术的创新研究一般依托于项目，因此，科委要主动地与国家资源对接，指导创新主体积极参与各类科技合作项目，并推荐优秀创新主体参与国际性科技合作，为研究机构、高校等参与全球研发项目、推行技术引进等提供导向服务和支持。

要想实现技术创新还取决于资金的支持。资金是开展创新和研发的基础条件，优质项目的筛选和金融支持如何进行？联合金融机构是获得金融支持和实现科技创新的最佳选择。政府相关部门需要对创新合作项目进行筛选，找出前景良好的创新项目进行推荐，同时银行应依托于自身的金融知识，综合考虑政府的推荐信息，确定支持的项目。我们可以与全国甚至国际上的科研机构或者高校开展有效合作，并不断寻求合作模式的创新。例如，构建"研究团队+专家"的协作方式，组成联合团队、科研中心；采取技术外包、并购的模式，精心布局全球技术产业链，按照"引进—学习消化—创新"的思路推进，掌握自主开发产品的能力，同时布局海外市场；围绕"风险投资结合双向孵化"这一中心，形成技术成果孵化创新模式。另外，对于表现优秀的研究机构，可推荐其参与国际化的科技合作项目，同时从财政上支持国际合作科技项目。实施"人才+项目+金融"的全方位支持，促进科技创新实现国际化发展。当前，国际上各个国家都面临着不同的挑战，同时也存在着相应的合作机会。北京市必须具备国际性的发展眼光，继续加快资源整合，促进科技创新发展，致力于国际性科技创新中心的建设，力求建设全球性的原始创新策源地，加快实现我国创新型国家建设的目标。

第二节　知识产权的管理与保护

随着科技进步和全球化的深入发展，知识产权的重要性日益凸显。在这个以知识为基础的经济时代，知识产权不仅是企业竞争力的核心，更是国家创新能力和经济实力的重要体现。对知识产权进行有效的管理与保护，就显得尤为关键。知识产权的管理，旨在确保创新成果的合法权益得到充分维护，同时促进技术的合理传播与应用。而知识产权的保护，则是通过法律、行政、技术等多种手段，防止知识产权被侵犯，保障创新者和权利人的合法权益。在实际操作中，知识产权纠纷时有发生，这既损害了权利人的利益，也影响了科技创新的积极性和市场的公平竞争。探索知识产权纠纷的解决方式，建立高效、公正、合理的纠纷解决机制，同样是我们面临的重要课题。

一、知识产权的重要性

知识产权在现代社会中占据着举足轻重的地位，它是推动创新和科技发展的关键要素。

（一）创新成果的产权归属

知识产权制度在创新成果的产权归属方面发挥着至关重要的作用。它通过专利、商标、著作权等法律手段，为创新成果提供了明确的产权归属。这意味着创新者可以依法对其创新成果享有专有权，包括使用权、转让权、收益权等。产权归属的明确性使得创新者的创意和发明得到了法律的保护。他人未经授权不得擅自使用、复制、传播或以其他方式侵犯创新者的知识产权。这有助于防止创意和发明被盗版或滥用，从而维护了创新者的合法权益。

知识产权制度为创新成果提供了法律上的认可和保障。当创新成果受到侵犯时，创新者可以依法维权，要求侵权者承担法律责任。这不仅为创新者提供了强有力的法律支持，也增强了社会对创新成果的尊重和保护意识。明确的产权归属和法律保护使得创新者能够更加放心地投入时间、金钱和精力进行创新活动。他们知道自己的努力会得到应有的回报，从而更加积极地投入到创新中去。当创新成果有了明确的产权归属，企业和其他机构会更加愿意投入资源进行后续的研发和商业化应用。因为他们知道这些成果是受法律保护的，可以降低投资风险。在全球化的背景下，拥有自主知识产权的企业和国家在国际市场上更具竞争力。明确的产权归属有助于提升企业和国家的形象和实力，吸引更多的国际合作和投资。

（二）激发创新热情

激发创新热情是推动社会进步和科技发展的关键要素之一。创新者是社会中的探索者和先驱者，他们的积极性和热情对于推动创新至关重要。以下是对这一观点的详细阐述：当创新者知道他们的创新成果能够得到法律的保护时，这意味着他们的努力不会被轻易窃取或滥用。知识产权保护制度，如专利法、版权法等，为创新者提供了法律层面的保障，确保他们的创意和成果不会被他人非法复制或盗用。这种法律保护为创新者创造了一个安全的环境，使他们能够放心地投入时间和精力进行创新活动，而不必担心自己的成果被侵犯。经济回报是激发创新热情的另一重要动力。当创新者看到自己的创新成果能够转化为经济收益时，他们会更加积极地投入到创新过程中。这种经济回报不仅是对

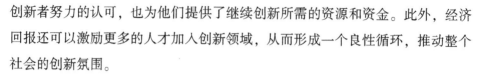

创新者努力的认可，也为他们提供了继续创新所需的资源和资金。此外，经济回报还可以激励更多的人才加入创新领域，从而形成一个良性循环，推动整个社会的创新氛围。

创新热情被激发后，创新者会更加专注于探索新的领域和创造新的价值。他们的积极性和创造力会得到极大的提升，从而推动社会的进步和科技的发展。例如，在科技领域，创新者的热情可以催生出更多的科研成果和先进技术，为社会的快速发展提供源源不断的动力。法律保护和经济回报是激发创新热情的两大关键因素。它们共同为创新者创造了一个良好的创新环境，推动了社会的进步和科技的发展。因此，我们应该继续加强知识产权保护制度，提高创新者的经济回报，从而进一步激发整个社会的创新活力。

（三）保障创新投入得到合理回报

创新是一个需要巨大投入的过程，这包括研发时间、金钱以及个人的心血和精力。每一项创新成果的背后，都隐藏着创新者们无数次的试验、修正和再试验的艰辛历程。正因为此，确保这些投入能够得到合理的经济回报，是维持创新动力和保证创新持续性的关键。知识产权制度在这里起到了至关重要的作用。它首先通过法律手段，明确了创新成果的归属权，即谁是这项成果的原始创造者或拥有者。这一制度不仅保护了创新者的权益，防止其成果被非法复制、盗用或传播，还赋予了创新者对其成果进行商业化利用的权利。

这种保护机制实际上为创新者构建了一个能够从中获得经济利益的框架。当创新者的成果受到市场欢迎并产生经济效益时，他们有权从中获得相应的回报。这种回报不仅是对创新者投入的时间、金钱和精力的补偿，更是对他们创新能力和努力的认可。当创新者看到他们的投入能够得到合理的经济回报时，这也会进一步激发他们的创新热情。他们会更愿意继续投入资源进行创新，因为他们知道，自己的努力最终会得到应有的回报。这种正向的激励机制，有助于形成一个良性的创新循环，推动更多的创新活动涌现。知识产权制度还为创新者提供了一个合作与交流的平台。在这个平台上，不同的创新者可以共享彼此的成果，通过技术许可、转让等方式进行合作，从而实现技术的更快推广和应用。这种合作模式也为创新者提供了更多的经济回报渠道。

（四）企业的核心竞争力

在现今日益激烈的商业竞争中，企业的核心竞争力显得尤为重要，而自主知识产权的产品和技术则是构成这一竞争力的核心要素。

自主知识产权的产品和技术是企业创新能力的直接体现。通过自主研发和技术创新，企业能够推出独特的产品或服务，从而在市场上获得独占优势。这种优势不仅表现在产品或服务的新颖性、实用性和独特性上，还体现在企业对核心技术的掌握和控制上。拥有自主知识产权意味着企业在相关领域内具有更高的技术门槛和更强大的技术实力，这使得企业在竞争中处于更有利的地位。自主知识产权对于提升企业的品牌价值具有显著作用。品牌是企业形象和信誉的象征，而自主知识产权的产品和技术则是品牌价值的重要组成部分。通过持续的创新和研发，企业能够不断提升其产品或服务的质量和性能，从而树立起良好的品牌形象。这种品牌价值不仅能够帮助企业在消费者心中建立起信任和忠诚度，还能够提升企业的整体形象和知名度。自主知识产权也是企业提高市场竞争力的关键。在市场竞争日益激烈的今天，企业需要不断推出新产品、新技术来保持其竞争优势。而自主知识产权的产品和技术则是企业不断创新和进步的基础。通过拥有独特的技术和知识产权，企业能够在市场上获得更大的话语权和定价权，从而提高其市场竞争力。自主知识产权还能够为企业带来长期的经济效益。通过技术转让、技术许可等方式，企业可以将自己的技术成果转化为实际的经济收益。同时，随着技术的不断升级和迭代，企业还可以持续推出新产品和服务，从而不断拓宽其市场份额和盈利空间。

自主知识产权的产品和技术对于提升企业的核心竞争力具有至关重要的作用。它们不仅是企业创新能力的体现，更是品牌价值、市场竞争力和长期经济效益的源泉。企业应该高度重视自主知识产权的研发和保护工作，以不断提升其核心竞争力并实现可持续发展。

（五）国家的创新能力和经济实力

一个国家的知识产权保护和管理水平，是衡量其创新能力和经济实力的重要标志。知识产权不仅关乎企业和个人的利益，更在宏观层面上体现了国家的创新环境和经济实力。

完善的知识产权制度能够显著提升国家的创新能力。当创新者知道自己的创意和发明能够得到充分的法律保护时，他们更愿意投入时间和资源进行研发和创新。这种制度保障能够吸引更多的创新人才和企业来到这个国家，因为他们相信在这里，他们的创新成果会得到应有的尊重和回报。这种集聚效应会推动国家的科技进步，形成良好的创新生态。知识产权对于提升国家的经济实力也至关重要。一方面，强大的知识产权保护能够吸引外部投资，特别是那些依赖知识产权保护的产业，如高新技术产业、文化创意产业等。这些产业的繁荣发展会直接推动国家的经济增长。另一方面，完善的知识产权制度也有助于本国企业"走出去"，将其产品和服务推向国际市场，从而增强国家的经济影响力。知识产权还是国家软实力的重要组成部分。一个国家的知识产权保护和管理水平，体现了该国对创新和创造的重视程度，也反映了其法治环境和市场秩序的状况。这些都是衡量一个国家综合实力和国际竞争力的重要指标。在全球化日益加深的今天，知识产权已经成为国际贸易和合作的重要议题，拥有完善的知识产权制度的国家在国际舞台上会更具话语权和影响力。

（六）促进国际贸易和投资

知识产权的保护在促进国际贸易和投资方面起着至关重要的作用。在全球化的经济背景下，外国投资者在选择投资地点时，除了考虑市场潜力、劳动力成本、基础设施等因素外，知识产权的保护力度也是他们非常关注的一个方面。

当一个国家能够有效地保护知识产权时，外国投资者会感到更加安心。他们知道，在这个国家，他们的技术、品牌和创意等核心资产不会被轻易侵权或盗用。这种安全感是吸引外国投资的重要因素之一。知识产权保护也直接影响到国际贸易的开展。在知识产权得到充分保护的国家，企业更愿意出口其高科技产品或文化创意产品，因为这些产品的核心价值往往在于其独特的知识产权。相反，如果知识产权得不到有效保护，企业可能会因为担心技术泄露或品牌被滥用而选择减少出口，这无疑会阻碍国际贸易的发展。强大的知识产权保护还能提升一个国家的国际形象，使其在国际市场上获得更多信任。这种信任不仅来自潜在的外国投资者，也来自与该国有贸易往来的其他国家。一个国家如果能够展示出对知识产权的尊重和保护，就会在国际上树立起负责任、可信赖的形象，这对于促进国际贸易和投资是非常有利的。知识产权保护还有助于促进技术的跨国传播和合作。当外国企业看到他们的知识产权在一个国家能够得到很好的保护时，他们会更愿意与当地企业进行技术合作和分享。这种技术交流和合作不仅能够提升当地企业的技术水平，也有助于推动整个国家的产业升级和创新发展。

知识产权保护是促进国际贸易和投资的关键因素之一。通过加强知识产权保护，一个国家不仅能够吸引更多的外国投资，还能推动国际贸易的发展，提升国家在国际市场上的形象和地位。各国都应该重视知识产权保护工作，将其当成国家发展战略的重要组成部分。知识产权对于推动创新和科技发展、保护创新者的合法权益、提高企业的核心竞争力以及促进国家的创新能力和经济实力都具有重要意义。

二、知识产权的管理原则

知识产权管理在现代社会中占据着举足轻重的地位，它不仅关乎创新者的权益保护，更与国家的科技进步、经济发展紧密相连。尊重和保护原则是知识产权管理的基础。这一原则强调，任何形式的创新成果——无论是艺术作品、科技发明还是商业标识——都应获得应有的尊重和法律保护。这种保护确保了创新者的智慧劳动成果不被他人非法利用或抄袭，从而维护了创新者的合法权益。当创新者的成果得到充分的法律保障时，他们更有动力继续投身于创造性活动和研发活动，进而推动社会的进步和发展。合理利用原则是指在保护知识产权的同时，也要促进其合理流通和利用。知识产权并非仅仅是为了保护而保护，更重要的是通过合理的利用和传播，推动科技知识的共享和整个社会的进步。这一原则鼓励在尊重原创性和所有权的前提下，通过合法途径对知识产权进行使用、转让或许可，以实现知识价值的最大化。这种平衡既保护了创新者的权益，也促进了知识和技术的广泛传播与应用。

公平和公正原则是知识产权管理不可或缺的一部分。它要求在处理知识产权问题时，既要充分保护权利人的合法权益，也要考虑社会公众的整体利益。这意味着，在维护个体权益的同时，不能忽视社会对知识和技术的需求以及公共利益。公平和公正原则旨在找到一个平衡点，使得知识产权的保护和利用能够惠及整个社会，而非仅仅服务于个别人或群体的利益。激励创新原则是知识产权管理的核心目标之一。通过建立合理、有效的知识产权保护制度，可以极大地激发人们的创新热情和动力。当创新者知道自己的成果将得到充分的法律保护和合理的经济回报时，他们更有可能投入时间和精力进行研发活动。这种正向的激励机制有助于推动科技的持续进步和社会经济的长远发展。激励创新原则不仅是保护创新者权益的重要手段，也是推动整个社会向前发展的关键驱动力。

三、知识产权的保护策略和手段

韦嘉等（2009）[1] 认为由于计划经济的影响，一直以来，我国科研倾向于以荣誉和地位为导向，没有直接来自市场竞争的压力，形成了追求是否达到国际水平，而不管科技优势能否通过自主知识产权转化为市场竞争优势的局面。面对全球激烈的经济竞争带来的科技竞争，我国高校要积极转变认识，积极融入市场经济，针对目前存在的问题，参考国外高校的成功经验，探寻一条产、学、研协调、快速发展的途径。结合我国的实际情况，本书提出如下建议，希望有助于加强高校的知识产权管理与保护：

（一）建立科技交流信息平台，成立技术转移中介机构，培育完善的技术市场

我国高校科研实力参差不齐，绝大多数高校很难独立完成科技成果转化的全部工作。所以，需要拓宽多种渠道，通过政府引导，依托市场，大力建设科技信息交流平台和知识产权转化中介机构，架起沟通高校与企业的桥梁，使技术能够成为一大生产要素在市场流通，为知识产权市场化提供服务。

（二）提高高校师生员工的知识产权意识，调整科技工作的科研导向

高校要进行知识产权保护，加快产、学、研的发展，观念要先行，不仅科

---

① 韦嘉，姜锦红，廖萍．中西方知识产权管理与保护比较研究［J］．商场现代化，2009（06）：277-278.

技人员要有知识产权意识，学校领导和管理人员更应该重视知识产权的管理和保护。不但要注重专利权的取得和运用，也要给予著作权、技术秘密、商标、学校名称等知识产权相当的关注，尤其是学校名称，高校应该制定相应的规章制度，规范它的使用，保护学校的无形资产，维护学校的社会声誉。高校要扭转知识产权管理和保护意识淡薄的现象，关键是注重科研成果的实用性和科研的市场导向。知识产权意识的产生和提升是与智力成果的商业化密不可分的。对于应用技术类项目，高校要从科研选题出发，引导科技人员关注市场需要，尽一切可能实现科研成果的转化，在知识产权的运用中提高高校师生员工的知识产权意识，在加强知识产权保护中促进知识产权的商业化运作。

(三) 建立统一高效的知识产权管理机构

知识产权的产生、保护和运用牵涉到学校的科研管理部门、人事部门、校产业办公室、校出版社、情报档案部门等多个机构，需要这些职能部门的通力合作。因此，非常有必要设置独立的知识产权管理机构，从学校的整体利益出发，协调各部门工作，加强与企业界的联系，优化学校的资源配置。知识产权管理工作具有综合性、专业性、日常性等特点，学科涉及法律、管理、经济等多个领域，对管理人员要求较高，让学校其他部门人员兼管难以完成。并且，随着我国高校科研实力不断壮大，高校面临的知识产权问题也不断增加。这些都要求高校应加强对知识产权工作的组织和领导，设立一个高效管理机构，专人专职，保护和运用好学校的知识产权。

(四) 健全知识产权管理制度

科研人员的创新热情直接关系到知识产权的产生，为此，高校应该采取多种措施，激发师生员工的创新积极性。如在兼顾学校和院系利益的基础上，使知识产权创造者从成果转让或运用中最大限度地得到合法经济收益等。高校还要注重知识产权保护制度的建立，如完善项目过程管理办法，项目要单独立项，独立核算，要保留研制过程的完整记录，以证明知识产权的归属；签订知识产权保护保证协议书，明确师生员工创造的职务成果的归属，对于留学、对外学术交流、离休、退休、调离、辞职等人员要求其保守技术秘密；制定成果转化、校名使用及相关的规章制度；制定知识产权纠纷解决办法等。通过切实有效的管理，规范高校师生员工与知识产权相关的各种行为，防止高校知识产权的流失，促进高校产、学、研的发展。

（五） 加强知识产权教育

知识产权管理和运用都依靠专业知识和专业人员。高校是人才培养的基地，有责任使培养出来的学生既掌握坚实的专业知识，具备知识创新的能力，又要有知识产权保护意识，能够灵活运用知识产权。高校有必要加强知识产权教育，在有条件的大学招收知识产权方面的研究生，还可以对本科生开设知识产权方面的课程，将知识产权教育与专业学习结合起来，针对不同学科重点讲授不同的知识产权内容。高校还需要对教职员工开展知识产权培训，尤其是知识产权管理人员。同时，高校要加强对高新技术环境下知识产权问题的研究，以适应科技发展的趋势，提高高校的竞争力。

要做好高校的知识产权管理与保护工作，并不是高校自己的事情，它与国家的政策法律、经济社会的发展进步都有紧密联系。当前，我国正在积极实施知识产权战略，这为高校的发展提供了大好良机。高校应该抓住这一机会，面向市场，调整学校的科研定位，充分发挥高校为社会服务的职能，通过有效的知识产权管理和保护工作，使学校走上产、学、研和谐发展之路。

四、知识产权纠纷的解决方式

知识产权纠纷的解决是知识产权保护的重要环节，针对不同类型的纠纷和情况，有多种解决方式可供选择。

协商和解是解决知识产权纠纷的首选方式。当双方发生争议时，可以在双方自愿的基础上，坐下来进行协商。通过充分的沟通与交流，双方可以寻找共同点和解决方案，最终达成和解协议。这种方式的好处在于其灵活性、高效性和低成本。双方可以根据自身需求和利益诉求，灵活地调整和解方案，从而快速解决纠纷，避免长时间的法律纠纷和高昂的诉讼费用。

当协商和解无法达成一致时，可以考虑请求第三方机构或专业人士进行调解。调解员会秉持中立原则，协助双方进行沟通和协商，以达成双方都能接受的解决方案。调解的好处在于其能够平衡双方的利益诉求，避免纠纷进一步升级。同时，调解过程相对灵活，可以根据双方的需求和实际情况进行调整。如果协商和调解都无法解决问题，双方可以选择将纠纷提交给仲裁机构进行裁决。仲裁裁决具有法律效力且一裁终局，这意味着一旦仲裁结果出来，双方都必须遵守。仲裁的好处在于其快速性和法律效力。仲裁程序相对简单且时间较短，能够快速解决纠纷并保障双方的合法权益。当协商、调解和仲裁等方式都无法解决问题时，双方可以选择向法院提起诉讼来解决知识产权纠纷。诉讼解决具有强制执行力，即法院判决后，双方必须执行。然而，诉讼解决的成本较高且耗时较长，因此通常是在其他方式无法解决纠纷时的最后选择。

知识产权纠纷的解决方式多种多样，双方应根据实际情况选择合适的方式来解决纠纷。同时，政府、企业和社会各界也应共同努力，加强知识产权制度建设、完善保护策略、提高纠纷解决效率等措施，为科技创新和经济社会的可持续发展提供有力的支撑和保障。

第三节　开放创新与共享实验室

随着科技发展的加速和全球化竞争的日益激烈，传统的封闭式创新模式已难以满足快速变化的市场需求和技术革新的挑战。开放创新与共享实验室是新时代的创新模式，正逐渐受到广泛关注和实践。开放创新强调跨越组织边界，通过整合内外部资源，实现知识与技术的共享和协同创新。而共享实验室是开放创新的一种具体实践形式，通过提供共享的实验设施和资源，促进了科研资源的优化配置和创新能力的提升。

一、开放创新的概念和实践

开放创新代表的是一种全新的创新理念和策略，它突破了传统的、以组织内部为中心的封闭式创新模式。在开放创新的理念下，企业或研究机构不再局限于自身的资源和能力，而是积极向外拓展，寻找并整合外部的创新资源和知识。这种模式的核心目的是提升创新效率，缩短从概念到市场的研发周期，以及降低创新过程中的不确定性和风险。开放创新的理念强调跨组织、跨领域的合作与知识共享。它认为，创新不再是一个组织内部的孤立活动，而是一个涉及多个利益相关者、需要多方参与的复杂过程。通过开放创新，组织能够接触到更广泛的知识和技术，从而加速创新的步伐。

开放创新的实践则体现在多个层面和形式上。企业、高校和研究机构之间的紧密合作是开放创新的重要体现。通过这种合作，企业可以接触到学术界的前沿研究成果，而学术界也能更好地理解市场需求，从而实现科技与经济的有效结合。产学研合作不仅加速了新技术的开发和应用，还促进了科技与产业的深度融合。

众包创新是一种利用互联网平台，将创新任务分发给广大网民或特定社区，通过集思广益、群策群力的方式来完成创新活动。这种方式能够充分利用外部的智慧和资源，为组织带来意想不到的创新成果。在产品开发过程中，让用户直接参与到设计中来，是开放创新的又一重要实践。用户是产品的最终使用者，他们的需求和反馈对于产品的完善至关重要。通过用户参与设计，企业可以更加精准地把握市场需求，从而提升产品的市场竞争力。这些开放创新的实践方式不仅加快了新技术的开发和应用速度，还极大地促进了不同行业、不同领域之间的交叉融合。它们共同构建了一个充满活力、开放包容的创新生态系统，为经济社会的持续发展和进步提供了有力支持。

二、共享实验室的运作模式和优势

范定祥（2014）① 认为共享实验室是企业与相关研究机构的现有实验室进行联合和共享，双方科技人员可以充分利用对方平台，并开展合作与交流。这种模式投资少，但彼此联系相对松散，缺乏系统的研发目标和长期稳定的研究团队，因此，成果产出速度较慢且具有不确定性。共享实验室模式通常适用于技术实力较强的企业，在其成熟期或衰退期对非核心技术或短期攻关的非成熟技术进行研发。随着全球竞争的日益加剧，技术优势和成本优势已成为企业保

① 范定祥. 实验室经济及其模式选择研究［J］. 科技进步与对策，2014，31（22）：22-25.

持竞争优势的两大支柱。相应地,能否较低成本地开发出核心技术是实验室构建和运营效率提高的集中体现。当单个企业感到自身实验室的技术创新能力有限而又不愿承担共建实验室的风险时,就会转向寻求外部优势资源,并通过"共享实验室"模式进行较低成本的合作研发。例如,三一重工除了自建实验室以外,还依托华中科技大学、中南大学等高校的重点实验室常年开展联合攻关。

(一) 运作模式

1. 设备共享

设备共享是科研领域中的一项创新举措,它通过集中资源、合理分配,使得高精尖设备能够被更多的研究者和企业所使用。这种模式不仅提高了设备的利用率,还促进了科研的协作与交流。共享实验室所配备的先进实验设备和仪器,对于科研机构和小型企业而言,往往是难以企及的。这些设备价格高昂,维护成本高,且技术更新迅速。因此,单独购买和维护这样的设备对许多机构来说是一个巨大的经济负担。设备共享模式的出现,恰恰解决了这一问题。通过共享,这些高精尖设备能够被更多的研究人员使用,这不仅降低了每个使用者的成本,还大大提高了设备的利用率。这种模式使得科研工作者和企业能够专注于他们的研究工作,而无需担心设备采购和维护的问题。

预约系统的实践与优势,为了确保这些共享设备能够得到合理、高效的利用,实验室通常会配备一个在线预约系统。这个系统不仅方便了用户,还确保了资源的合理分配。用户可以根据自己的实验需求,在预约系统中选择合适的设备和使用时间。系统通常会显示设备的可用时间段,用户可以根据自己的计划进行预约。一旦预约成功,系统会发送确认邮件或短信,提醒用户在指定的时间使用设备。

2. 技术支持

技术支持是共享实验室服务中不可或缺的一环,它为用户提供了从设备操作到实验设计的全方位指导,确保了科研实验的顺利进行。共享实验室通常会聘请一批经验丰富的技术人员,他们不仅精通各种设备的操作,还具备深厚的实验设计知识。这些专业人员是实验室的宝贵财富,他们为用户提供了强有力的技术支持。当用户初次接触某些高精尖设备时，可能会感到无从下手。这时，专业人员的指导就显得尤为重要。他们会详细讲解设备的操作流程、注意事项以及可能遇到的问题，确保用户能够正确、安全地使用设备。在实验设计方面，专业人员也会根据用户的研究目的和实验条件，提供合理的实验方案和建议，从而帮助用户更有效地利用设备，提高实验效率。

在实验过程中，用户难免会遇到各种技术问题。这时，技术咨询就显得尤为重要。共享实验室提供的技术咨询服务，能够确保用户在遇到问题时，得到及时、专业的解答和帮助。技术咨询不仅解决了用户在实验过程中的技术难题，还为用户提供了一个学习和交流的平台。用户可以通过与技术人员的互动，不断提升自己的实验技能和科学素养。技术咨询也是共享实验室提升服务质量、增强用户黏性的重要手段。

3. 培训与交流

在共享实验室的框架下，培训与交流活动成为连接用户、设备，以及科研知识的重要桥梁。它们不仅提升了用户的专业技能，还促进了科研工作者之间的合作与创新。共享实验室会定期组织各类培训课程，其中最重要的是设备操作培训和实验技能培训。这些课程旨在帮助用户更好地理解和使用实验室内的高精尖设备，同时提升他们的实验技能。设备操作培训通常涵盖了设备的开关机、日常维护、常见故障排除等基本操作，确保用户能够熟练、安全地使用设备。这种培训不仅减少了误操作带来的设备损坏风险，还提高了实验效率。实验技能培训则更侧重于实验设计、数据分析和科研论文撰写等方面。通过这些培训，用户可以更加科学地进行实验设计，合理地分析实验数据，从而得出更加准确、有价值的科研成果。这些培训课程通常由经验丰富的技术人员或科研工作者主讲，他们会结合自身的实践经验和案例，为用户提供生动、实用的教学内容。

除了技能培训，共享实验室还非常注重学术交流活动。这些活动包括学术交流会、研讨会、讲座等，旨在促进不同领域的研究者之间的交流与合作。通过这些学术交流活动，用户可以了解其他研究者的研究方向和成果，拓宽自己的学术视野。同时，这也是一个展示自己研究成果、获取同行反馈的宝贵机会。这种跨学科的交流与合作，往往能够激发出新的科研思路和方法，推动科研工作的创新与发展。学术交流活动还有助于建立科研工作者之间的社交网络。

（二）优势

1. 资源优化

资源优化是共享实验室模式带来的显著优势之一。通过共享，高精尖设备得到了更为合理和高效的利用，这不仅提升了科研效率，还实现了资源的节约和环保。

在传统的科研环境中，高精尖设备往往因为高昂的价格和专业的操作要求，而被局限在少数大型研究机构或高校中。这些设备在很多时候可能处于闲置状态，或者利用率并不高。然而，在共享实验室的模式下，这些设备被纳入了一个共享的平台，供更多的科研工作者和企业使用。资源的集中共享不仅提高了设备的利用效率，还显著减少了资源的浪费。在传统的科研模式下，不同的研究机构或企业可能会因为各自的需求而重复购买相似的设备，这不仅造成了资源的浪费，还增加了经济负担。通过共享实验室，这些机构和企业可以共享设备资源，避免了重复购买。这种减少浪费的做法不仅具有环保意义，还带来了显著的经济价值。共享模式降低了每个使用者的成本，使得更多的资金可以用于科研项目的其他方面，进一步推动了科研的发展。

2. 降低成本

共享实验室模式不仅优化了资源配置，还显著降低了用户和机构的成本，这在科研和实验领域具有巨大的经济价值。

高精尖设备往往价格昂贵，对于单个研究机构或小型企业而言，购买这样的设备会造成巨大的经济压力。然而，在共享实验室的模式下，这些昂贵的设备费用由多名用户共同承担。这意味着，每个用户或机构仅需支付设备总价的一小部分，便能享受到高端设备带来的便利。除了设备成本分摊外，共享实验室还能通过集中进行设备维护和管理来降低单个研究项目的运营成本。在传统模式下，每个研究机构或企业都需要为自己的设备配备专业的维护团队，这不仅增加了人力成本，还可能因为维护不当而导致设备损坏或性能下降。在共享实验室中，设备的维护和管理工作由专业的团队统一负责。他们可以定期对设备进行检修、保养和升级，确保设备的性能和精度始终保持在最佳状态。这种集中维护的模式不仅提高了设备的使用寿命，还降低了因设备故障而导致的意外成本。

3. 合作环境

共享实验室是一种开放和共享的资源平台，为研究者们提供了一个独特的交流与合作环境，这在很大程度上促进了科研创新的发展。共享实验室的魅力之一在于其吸引了来自不同学科领域的研究者。这些研究者们在实验室中共同使用设备，分享经验，并在日常交流中不断地碰撞思想。这种跨学科的交流常常能激发出新的研究思路和创新点。共享实验室还经常组织研讨会、讲座等活动，为研究者们提供一个更为正式和深入的交流平台。在这些活动中，研究者们可以分享自己的最新研究成果，听取他人的意见和建议，从而不断完善自己的研究方向和方法。在共享实验室的环境下，研究者们不仅有了更多交流的机会，还更容易找到志同道合的合作伙伴。这种合作往往能推动跨学科的研究项目，从而产生更具创新性的科研成果．同时，共享实验室还为研究者们提供了丰富的合作资源和便利的合作条件。实验室中的高精尖设备、专业技术人员以及良好的实验环境，都为研究者们的合作提供了有力的支持。这种优越的合作条件，使得研究者们能够更加专注于科研工作，从而产生更多具有创新性的成果。共享实验室通过其独特的运作模式，不仅优化了科研资源的配置，降低了科研成本，还为科研人员提供了一个开放、合作的创新平台，有力地推动了科技创新的发展。

三、共享实验室的问题与对策

张燕燕和赵怀宝（2023）[①] 提出校企共建、共享实验室存在的问题及对策。

（一）问题

1. 校企共建实验室对象泛而不精，签得多，实际共建得少，一些高校单

---

① 张燕燕，赵怀宝．地方高校与企业共建、共享实验室现状、对策与实践［J］．科技风，2023（08）：86-88. DOI：10.19392/j.cnki.1671-7341.202308029.

纯为满足教学数据库填报或教育部《本科专业建设国家标准》的要求，在未对企业的硬件条件、发展规划、合作诉求等做深度调研的情况下就签了共建协议。一些企业因"仰慕"高校的师资和技术力量，为提升美誉度或达到申请高新技术企业等目的而与高校签了协议。由于校企双方缺乏深度沟通，导致选择的盲目性、随机性。

2. 共建主体利益诉求不统一，缺乏明确的共建目标和内容，貌合神离，共建流于形式和表面化。李克林（2015）[①] 认为高校以人才培养为目标，而企业则以追求利润最大化和可持续经营为目标，两者的利益取向差异较大。因此，在缺少政策支持和明确的利益分配机制的情况下，由于双方利益诉求不统一，无法达成一致的共建目标，缺乏实质性的共建内容，共建缺少了载体，共建积极性不高，共建流于形式和表面化。

3. 共建实验室缺乏独立的运行机制，达不到人才培养和科研产出的目标，现实中，共建实验室总依托高校或企业中的一方而建设，并由其来管理，缺乏由校企双方人员共同参与管理的独立机构，未建立完善的管理及运行机制。由于缺乏统一领导，原属各自单位的人员工作积极性不高，存在等、靠、要思想，对建设中出现的问题不能及时协调处理，造成组织松散。在缺乏运行机制的情况下，科研产出少，人才培养效果较差。

4. 共建实验室开放共享不足，制约了发展。部分共建实验室对外开放不足，人员流动性差，受益面窄。部分共建实验室还存在自己立项的情况，独享优越的条件，背离了校企共建的初衷。交流、合作的减少也制约了共建实验室的发展壮大。

5. 疏于组织文化建设，共建实验室缺乏"魂"，组织文化是被组织成员广泛认同、普遍接受的价值观念、思维方式、行为准则等群体意识的总称。张玉平（2010）[②] 认为共建实验室双方文化特征有较大的差异性，面临着合作中的融合、冲突等问题，影响着共建的成败。共建中将主要精力都投入科研等工作

① 李克林. 企校合作实验室建设现状与对策研究 [J]. 实验技术与管理，2015，32（10）：251-253.

② 张玉平. 大学实验室与设备管理部门的组织文化建设 [J]. 实验技术与管理，2010，27（5）：167-169.

中，往往疏于组织文化建设，未形成凝聚实验室力量的"魂"。当运行中出现问题时，由于缺乏共同的价值观念、工作方式等组织文化，双方人员受利益驱使，往往会引发冲突，进而影响工作积极性和合作持久性。

（二）对策

1. 政策引导，营造校企共建实验室的外部环境。陈雷（2022）[①] 认为，申报高新技术企业、高校新办本科专业、本科应用转型等都对校企共建实验室提出了硬性要求，这也促进了校企共建实验室的发展。由于校企双方是被动地共建，为打破这一困境，就要求政府积极作为，特别是地方经济发展、教育、科技等主管部门联合成立政、产、学、研、用促进机构，出台优惠政策，资金支持，积极牵线搭桥。如主管部门设立专项基金，直接给予资金支持；工商、税务等部门给予共建企业税收优惠、减免等；科技部门在项目申报立项方面予以优先支持等。

2. 建立完善的选择、决策机制，做好顶层设计，优中选优。郭伟锋（2014）[②] 认为从博弈论角度来看，共建实验室是校企双方在宏观环境的影响下，受利益目标驱动，根据双方的资源与能力禀赋决定是否合作以及合作的内容、形式，结合现有信息和风险偏好来评价共建的收益，并根据收益确定是否继续共建的博弈过程。因此，合作共建双方都应严格审视对方现有条件和需求，对合作方式、内容等进行量化和优选，审慎选择和确定。选择与决策机制的建立能够避免选择的盲目性，为实质性和可持续共建打下基础。同时，要建立对双方需求达成度、人员等软硬件条件匹配度、预期目标等指标量化分析系统，在充分的调研、沟通的基础上做好顶层设计，实现优中选优。随着共建的深入，正常的退出机制建设对于后续产权问题等的处理也是有益的。

3. 建立生态位合理，责、权、利相结合的融合共生机制，从生物学角度来说，共生是在长期的进化过程中，一种生物和其他生物走向联合，共同适应复杂多变环境的一种相互关系，表现在优势互补、互利共生等方面，极大地提

---

① 陈雷. 公安院校警务大数据类专业大学生创新教育的探索与实践 [J]. 辽宁工业大学学报（社会科学版），2022，24（01）：89-92.
② 郭伟锋. 校企合作共建实验室的博弈分析 [J]. 泉州师范学院学报，2014，32（2）：105-109.

高了双方的生存能力。共生原理也为解释和指导校企共建实验室提供了理论依据。从组织学角度来看，共建是将企业和高校两个不同形态组织的成员融合为一个整体。何小平（2011）[①]认为在校企共建中，必须构建融合共生机制，构建利益共同体，采取目标导向、组织构建、利益保障等措施建立良性的共生关系，共生共荣。

首先，双方要充分发挥各自的优势，找准自己的生态位，找到契合点，形成实验室建设的共同目标和愿景。以共同目标为导向，才能有效避免合作冲动带来的"一时兴起"，实现 1+1>2 的效果。其次，为实现共同目标，避免各方所属部门的行政干预，要成立共建实验室管理机构，制定章程，明确高校和企业各自的责、权、利及利益共享和分配机制。最后，要建立、健全和完善管理制度，及时有效化解分歧，实现融合共生。

4. 建立开放共享机制，拓展共建内容，推进实验室发展壮大。界壳论认为系统是由若干相互作用的部分组成的复合体，与系统相邻并与之依附的部分称为环境或者外界，分隔系统与环境的部分叫系统的周界。如果系统的周界具有保护系统生存和发展，控制环境和系统间的交换功能，那么这样的周界称为界壳。郭伟锋（2011）[②]认为从结构上讲，界壳由界壁和界门（通道）组成。界壁起着限制系统内和环境间物质、能量和信息的任意交换，保持系统的相对稳定性的作用；界门则是系统和环境间物质、能量和信息的交换通道。郭伟锋（2012）[③]提出界壳论的核心观点：任何进出系统的物质、能量、信息都要受到系统界壳的控制，系统要稳定，必须有其界壳的维护；系统要发展，必须存在通过界门的物质、能量、信息交换。

郭伟锋（2014）[④]认为，共建实验室本身就是一个开放共享的产物。按照界壳理论，开放共享是推动共建实验室这一系统发展和功能最大化的重要机

① 何小平. 基于互惠共生理念的校企合作共建实验室研究 [J]. 新西部（理论版），2011, 207（12）：136-137.
② 郭伟锋. 从界壳论看校企合作共建实验室 [J]. 实验室研究与探索，2011, 30（9）：194-197.
③ 郭伟锋. 多重界壳约束下校企合作共建实验室的可拓分析 [J]. 实验室研究与探索，2012, 31（05）：173-176+199.
④ 郭伟锋. 校企合作共建实验室的可持续发展研究 [J]. 实验科学与技术，2014（1）：137-139, 168.

制。他绝不能成为部分人员的专属物，也不能故步自封。他既要善于获取来自社会、高校、企业的资金、设备、人员支持，又要勇于接受社会、高校、企业赋予的各项使命和任务，不断丰富共建实验室的模式和内容，如不局限于实验室人员的研究项目开放招标，积极走出去和其他机构联合承担行业发展关键技术攻关，积极接纳学生的大创项目、竞赛活动，还有除实验室成员外的技术人员创新研究和项目、科普等社会服务活动。要以阶段性成果为目标，不断为共享注入新的活力，在开放共享中迎接挑战、解决问题、提供服务。

5. 积极打造富有战斗力的实验室人才队伍，强有力的队伍是共建实验室可持续发展的主要力量，高校要以双师型教师队伍建设为阶段性目标。通过共建，在培养教师考取职业技能资格证书的同时，引入企业技术人员参与学生培养方案制订及实验、实训环节，建设一支经验丰富、实践能力强的教师队伍，有效解决学生培养中实践教学与生产实践脱节的问题。企业人员要积极参与实验室项目研究、产品研发，达到既能解决产品研发中的实际问题，又能提升研发能力的目的。同时，要建立灵活的人员双向流动和考核机制，以实验室为平台，以项目为依托，鼓励人员流动，要有意识地整合，通过传、帮、带等形式，培养人才团队。还要特别重视学生的培养，吸收优秀学生参与团队中，不断壮大实验室队伍。

6. 建立健全必要的监督、评价、激励机制。在共建初期，校企之间的合作共建可能较为频繁，但随着时间的推移，热情减退，畏难情绪、自身的惰性等可能使得共建流于形式，远离初衷。因此，校企双方要建立必要的监督机构和监督机制。校企双方要根据共建实验室发展规划，制定阶段性的考核和评价指标体系，定期或不定期地委托第三方开展独立考核评估，推动实验室建设和预期目标的实现。此外，还应完善相应的激励机制，促进实验室的发展。

7. 建设鼓励沟通、信任、协作的组织文化，通过组织文化的塑造，潜移默化地形成实验室成员共同的价值理念、合作态度、行为准则和方式，以此来增强组织的凝聚力和向心力，推动组织目标的实现。郭伟锋等（2012）① 认

---

① 郭伟锋，雷勇，李春鹏. 耗散结构理论对校企合作共建实验室的启示 [J]. 实验室科学，2012，15（01）：143-146.

为，实验室管理机构要建设鼓励沟通、信任、创新的组织文化（如规范的议事制度；经常性的沟通对话、规范决策及问题处理机制），潜移默化地增强互信，加强协作，以此来增强组织的凝聚力和战斗力，也能有效化解实验室功能弱化、不确定性等风险。

第五章　人才培养与交流机制

一个组织或国家要想保持竞争力，必须持续优化其人才培养策略，并积极促进人才间的交流与合作。本章将探讨双向流动的人才培养模式、实习与交换项目的实际作用，以及高层次人才的引进与育成策略，旨在揭示这些机制如何共同作用于构建一个充满活力、开放互动的人才生态环境。通过双向流动的人才培养模式，我们能够打破传统的人才培养框架，实现知识与技能的快速更新和传播。实习与交换项目则为学生和专业人士提供了宝贵的实践经验与国际视野，增强了他们的综合素质和适应能力。而高层次人才的引进与育成，不仅可以直接提升组织或国家的创新能力和竞争力，还能通过他们的引领作用，激发整个团队的创造力和潜能。这些机制的内涵、实施方式及其对个人和组织发展的深远影响，以期为现代人才培养与交流提供新的思路和方法。

第一节　双向流动的人才培养模式

在全球化日益加速的今天，人才的培养模式正在经历深刻的变革。传统的单向、封闭式的人才培养路径已无法满足快速变化的社会需求。为了应对这一挑战，双向流动的人才培养模式应运而生，它旨在通过多元化的学习与实践机会，培养出更具创新精神和实践能力的人才。

一、产学研合作中的人才培养需求

在产学研合作中，人才培养的重要性日益凸显。随着科技的日新月异和产

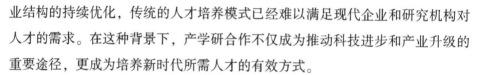

业结构的持续优化，传统的人才培养模式已经难以满足现代企业和研究机构对人才的需求。在这种背景下，产学研合作不仅成为推动科技进步和产业升级的重要途径，更成为培养新时代所需人才的有效方式。

（一）复合型人才的需求

随着科技的迅猛发展和市场竞争的日益激烈，现代企业和研究机构对于人才的需求也在不断变化和升级。复合型人才的需求正是这种变化的显著体现。他们不仅要求人才具备深厚的专业知识，更注重其在实际工作中的综合能力与表现。

复合型人才，顾名思义，是指那些掌握多种技能和能力的人才。在产学研合作的背景下，这类人才具有显著的优势。他们不仅拥有扎实的专业知识，能够理解和应对复杂的行业挑战，同时还具备创新思维，能够不断提出新的想法和解决方案，推动企业和研究机构的技术进步和业务创新。实践能力是复合型人才另一项不可或缺的素质。他们能够将理论知识与实际应用相结合，快速适应各种工作环境和挑战。在面对实际问题时，他们能够灵活运用所学知识，提出切实可行的解决方案，并付诸实施，从而确保项目的顺利进行。除此之外，跨领域的合作精神也是复合型人才的重要特征。在多元化的工作环境中，他们需要能够与来自不同领域和背景的人有效沟通和协作，共同推动项目的进展。这种合作精神不仅有助于提高工作效率，还能增强团队的凝聚力和创新能力。

复合型人才的需求是科技快速发展和市场竞争加剧的必然结果。他们不仅具备深厚的专业知识，还拥有创新思维、实践能力和跨领域合作精神，能够为企业和研究机构带来更多的创新和价值。培养这类人才已成为产学研合作的重要任务之一。通过提供多元化的学习和实践机会，我们可以帮助人才不断提升自身综合素质，满足现代企业和研究机构对复合型人才的需求。

（二）产学研合作在人才培养平台的优势

产学研合作是一种深度融合了学术研究、技术革新与市场推广的合作模式，为人才培养构筑了一个无与伦比的平台。其优势在于能够将教育、科研与产业实际紧密结合，形成一种互补、互促的良性循环。

产学研合作确保了人才培养的目标与市场需求的高度契合。在这种合作模式下，学校、企业和研究机构共同参与人才培养方案的制定。这意味着，教育内容不仅符合学术发展的规律，还紧密贴合行业发展的最新趋势。这样培养出的人才，不仅学术水平高，而且具备解决现实问题的能力，能够迅速适应和融入市场。产学研合作给人才培养提供了丰富的实践资源。企业在此过程中扮演着至关重要的角色，它们能够提供真实的项目案例和实践环境。学生有机会亲身参与项目的实施，从而在实际操作中深化对理论知识的理解，锻炼专业技能。这种"学以致用"的学习方式，远比单纯的理论教学更加生动和有效。学校是教育的主体，通过产学研合作，能够进一步完善和优化自身的课程体系。学校可以根据企业和研究机构的反馈，及时调整课程设置，确保教学内容的前沿性和实用性。学校还能利用其丰富的教学资源，为学生提供系统、全面的专业知识教育，帮助学生打下坚实的学科基础。研究机构在产学研合作中也发挥着不可或缺的作用。它们处于科研的最前沿，掌握着最新的科研信息和动态。通过与研究机构的合作，学生可以及时接触到最新的科研成果和创新思维，从而激发他们的创新意识和研究能力。这种环境下的学习和成长，对于学生未来的科研和职业发展具有深远的影响。

（三）实践型人才培养

张凯（2024）[①]认为实践型人才的培养更符合时代发展对人才的需求标准，更有利于社会的发展进步，传统的人才培养模式不仅单一，且还偏重于专业人才培养，缺乏复合人才培养意识，进而使得部分高校毕业生求职时屡屡受挫，难以应聘到理想的工作岗位。与此同时，随着目前就业形势的进一步严峻，人才竞争更加激烈，高等院校毕业生面临的就业压力会更大。基于此，高等院校综合多方面因素考虑后，研究实践型人才的培养模式，先确定人才模式的力量基础，再明确具体应遵循的原则，最后探索出适合于高等院校的实践型人才培养模式，助力学生实践能力和创新精神形成发展，为其更具就业优势增添助力。高等院校在培养实践型人才过程中需要遵循的基本原则：

---

① 张凯.高等院校实践型人才培养模式研究［J］.佳木斯职业学院学报，2024，40（01）：154-156.

1. 实践为本原则的核心是实践教学。李高建等人（2023）[①] 认为实践教学是指通过实践活动，使学生在实践中掌握相关的理论和技能，培养实践能力和创新精神。实践教学可以包括实验、实习、社会调研、创新创业等多种形式，通过实践教学，学生可以将所学知识应用于实践，提高实践能力和创新能力。实践为本原则还要求将实践教学贯穿于整个人才培养过程中，在人才培养的不同阶段，都应该注重实践教学的开展。

2. 产学研结合原则是指将产业界、学术界和高等教育机构紧密结合，将实践教学与产业界和学术界的需求紧密结合，以提高学生的实践能力和创新能力为目标。范世伟（2023）[②] 认为通过实践教学、科研和创新创业活动，紧密结合产业界和学术界的需求，培养具有实践能力和创新精神的高素质人才，为国家和社会的发展做出贡献。

3. 个性化培养原则是指根据学生的个性特点、兴趣爱好和发展需求，为每位学生量身定制培养方案，以提高学生的实践能力和创新能力为目标，培养具有个性化特点的高素质人才。此原则的核心是个性化培养方案。高等院校应该根据学生的个性特点、兴趣爱好和发展需求，为每位学生制定个性化培养方案，包括课程设置、实践教学、科研和创新创业活动等方面。通过个性化培养方案，可以充分发挥每位学生的优势和潜力，提高学生的实践能力和创新能力。

二、双向流动的人才培养模式和实践

双向流动的人才培养模式是在产学研合作的基础上发展起来的。这一模式强调学校、企业、研究机构之间的深度合作与资源共享，以实现人才的全面培养。在实践中，双向流动的人才培养模式是一种灵活且富有成效的教育方法。它强调学校、企业和研究机构之间的紧密合作与互动，以共同促进人才的培养和发展。

[①] 李高建，崔萍，惠熙文. 地方应用型高校产教融合的现实需求、困境与路径研究［J］. 高教学刊，2023（30）：87-90.
[②] 范世伟. 社会实践活动对高校应用型人才职业规划的影响［J］. 黑龙江科学，2023（17）：95-97.

（一）校企合作

校企合作在双向流动人才培养模式中占据着举足轻重的地位。刘笛和崔西印（2024）[①] 认为，对于校企联合培养模式本身来说，是指企业与学校在教育领域的一种合作模式，将现有的实践经验和教育资源进行充分整合利用，培养应用型高素质人才。在这一过程中，需要将实践工作与课堂教学紧密结合起来，其中，企业为大学生提供实践和工作机会，而高校要为大学生打下坚实的理论基础。除此之外，需要做好课程设置和专业共建工作，确保大学生在毕业时可以直接融入企业工作中。企业也需要针对自己的实际情况进行课程设计，凸显出实用性的特征，满足市场需求，体现出人才培养体系的实效性和实用性。校企联合培养模式的最终目的是将教育的实效性和针对性进行强化，将人才与社会需求进行对接，满足高校、企业、学生的多方面发展，实现多方共赢。

1. 校企共同制定人才培养方案

在当前校企联合培养模式下，高校想要实现高质量发展，构建更加完善的人才培养体系，就需要积极引进和学习先进的教育理念。需要明确人才培养目标和理念，坚持以市场需求为导向，基于知识和能力本位出发，以面向市场和社会为立足点，构建教育思路，结合学科优势，推进应用型、研究型人才的培养。在对人才培养方案进行设计时，需要将高校、企业、教师、学生、一线职工等纳入进来，通过多方参与，充分满足当前的社会发展需求。对于不同专业的人才需求，要通过毕业生反馈、现场观察、问卷调查等多样化的方式方法进行了解，并结合行业发展趋势，对现有的人才培养目标进行完善。要重视提高大学生的综合素质能力，通过实践锻炼，培养大学生的职业适应能力和团队协作能力，为校企联合培养模式的顺利推进、产教融合的发展打下坚实的基础。

2. 完善专业课程设置

对于高校来说，应当结合实际情况，确保可以充分发挥校企联合培养模式的作用。要加强与行业企业的深度合作，针对课程设置与企业进行深度探讨交流，为制定更加完善的课程体系和课程方案贡献力量。除此之外，还需要将课

① 刘笛，崔西印.浅谈校企联合培养模式下的高校人才培养体系构建［J］.四川劳动保障，2024（04）：36-37.

程设置重点凸显出来，构建专业技能教育、素质拓展教育等新的课程体系，达到与企业生产实践的有机整合。引导行业企业深度参与教材编制和课程建设，设计课程体系、优化课程结构。加快课程教学内容迭代，关注行业创新链条的动态发展，推动课程内容与行业标准、生产流程、项目开发等产业需求的科学对接，使人才培养与人才需求相契合。

3. 建立健全产学研合作机制

产学研合作机制有利于推动产业发展和科技创新。建立健全产学研合作机制，需要紧密结合产业需求和人才培养模式。要以校企双方的资源进行共享为核心，通过利用企业的产业资源，高校的科研实力，促进高校、企业和学生的共同发展进步，也为实现双方的优势互补提供重要支持。可以加强企业与科研院所、高校的深度合作，设立产学研创新平台，使校企之间的合作沟通更加深入，为建立更加科学的人才培养体系奠定坚实的基础。鼓励高校和企业整合双方资源，建设联合实验室（研发中心），强化校企联合开展技术攻关、产品研发、成果转化、项目孵化等工作。

开展校企联合培养模式有利于助推社会经济的发展，政府部门要给予更大的政策支持，行业也要发挥指导作用，高校要对校企联合培养模式有正确的认识，对高校人才培养体系进行重构，企业也要积极主动与高校开展合作交流，多方合力，构建起需求与供给相契合的人才培养体系。

（二）研究项目合作

研究项目合作是双向流动人才培养模式中至关重要的一环，它为学生提供了难得的科研实践机会，有助于培养他们的研究能力和创新思维。

学校和研究机构会共同商讨并确定合作的研究项目。这些项目通常涉及双方共同感兴趣的领域，具有一定的研究价值和实践意义。选题过程中，双方会充分考虑学生的知识背景和技能水平，以确保学生能够有效地参与项目中。一旦研究项目确定，学生将在导师或项目负责人的指导下，亲身参与科研项目的各个环节中。这包括实验设计、数据采集、结果分析和论文撰写等。学生将有机会深入了解科研工作的全貌，从而培养他们的科研素养和实践能力。学生将参与实验方案的制定，学习如何根据研究目的和问题设置合理的实验条件。学生将亲自进行实验操作，收集实验数据，掌握科学实验的基本方法和技能。并学习如何对实验数据进行处理和分析，提取有价值的信息，并得出科学结论。在项目结束后，学生将参与撰写科研论文，学习科技论文的写作规范和技巧。

通过参与研究项目，学生将显著提升自己的科研能力。他们将学会如何发现问题、提出问题、分析问题和解决问题，从而培养独立思考和解决问题的能力。此外，学生还将学会如何与他人合作开展科研工作，提升团队协作和沟通能力。研究项目合作不仅有助于提升学生的科研能力，还能激发他们的创新思维。在科研实践中，学生将面临各种挑战和问题，需要他们发挥创造力和想象力来寻找解决方案。这种实践经历将有助于学生形成开放、灵活和创新的思维方式。

（三）资源共享

资源共享在双向流动人才培养模式中扮演着至关重要的角色。通过学校、企业和研究机构之间的资源互通，学生能够接触到更多的知识领域和先进的技术手段，这无疑会大幅提升他们的学习效果和实践能力。

武美萍（2017）[①] 认为当前，我国的众多高校、企业、科研机构都拥有丰富的学习资源，但由于各培养主体各成体系，彼此之间的交流合作较少，造成了教育和科研资源的闲置和分散重复。因此，协同创新环境下研究生联合培养必须建立资源共享机制，以高端人才培养为核心任务，发挥优质资源的最大效益，提高研究生的培养质量。

协同创新环境下资源共享机制的构建为研究生联合培养的顺利进行提供了重要保障。各培养主体可充分把握时机，利用优质资源共享优势，实现各自利益诉求，促进自身良好发展。其中，高校应注重人才培养的质量，鼓励全体师生积极参与联合培养，打破内部院系、学科间的资源壁垒，实行开放性模式，开展教学资源、实验资源、导师资源及外部优质资源等多形式的资源共享，促进学校发展。企业应以高端人才的需求为出发点，为联合培养提供高端的资源平台和充足的资金保障，并通过建立高标准的企业导师选聘制度来保证研究生培养有计划、有步骤地进行。科研机构应极力提高研究生的科研能力，为联合

① 武美萍. 协同创新环境下研究生联合培养机制研究 [J]. 教育现代化, 2017, 4 (26): 1-4. DOI: 10.16541/j. cnki. 2095-8420. 2017. 26. 001.

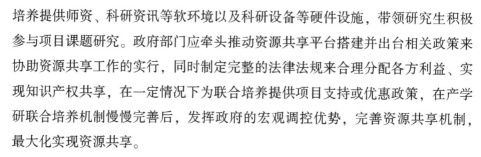

培养提供师资、科研资讯等软环境以及科研设备等硬件设施，带领研究生积极参与项目课题研究。政府部门应牵头推动资源共享平台搭建并出台相关政策来协助资源共享工作的实行，同时制定完整的法律法规来合理分配各方利益、实现知识产权共享，在一定情况下为联合培养提供项目支持或优惠政策，在产学研联合培养机制慢慢完善后，发挥政府的宏观调控优势，完善资源共享机制，最大化实现资源共享。

（四）人员互派

人员互派是双向流动人才培养模式中的一个重要环节，它促进了学校和企业之间的人员交流和知识共享。

企业派遣员工到学校进行短期的进修或学习，主要目的是提升员工的理论水平和专业素养，帮助他们更好地适应职场需求，提高工作效率。进修内容可以包括针对性的课程学习，如管理理论、技术创新等，也可以是参与学校的科研项目或学术活动，以拓宽视野和增强研究能力。通过学校的系统学习和交流，企业员工能够接触到前沿的理论知识和研究成果，从而提升自身的专业素养和综合能力。

学校安排教师到企业进行实践锻炼，旨在让教师了解行业的最新发展动态和企业的实际需求，以便更好地指导学生并更新教学内容。教师可以在企业参观学习、实地操作，了解企业的生产流程、技术创新和市场需求等方面的信息。同时，也可以与企业人员进行深入交流，共同探讨行业发展的趋势和问题。通过企业实践，教师能够获取第一手的行业信息和实践经验，这不仅有助于他们更新自己的知识体系，还能使他们在教学中更加贴近实际，提高教育质量和学生的就业竞争力。

双向流动的人才培养模式通过校企合作、研究项目合作、资源共享和人员互派等多个方面的有机结合，为学生提供了一个全面、丰富且富有挑战性的学习和实践环境。这种培养模式不仅有助于提升学生的专业素养和实践能力，还能为他们的未来职业发展奠定坚实的基础。

三、双向流动人才培养模式的效果和影响

双向流动的人才培养模式在实践中取得了显著的效果和影响，具体表现在以下几个方面：

（一）提升人才培养质量

双向流动的人才培养模式显著提升了教育质量和人才培养的实效性。在这种模式下，学生有机会深入企业和研究机构，亲身接触和参与实际工作中去。这样的实践经验让他们能够将课堂上学到的理论知识与实际工作紧密结合，从而深化对知识的理解并提升应用能力。通过与行业专家的交流和合作，学生能够接触到前沿的科技动态和行业知识，极大地拓宽了他们的知识视野。这种产学研相结合的培养方式，不仅锻炼了学生的专业技能，还提高了他们的综合素质，使得培养出来的人才更加符合社会和行业的实际需求。

（二）促进就业和职业发展

双向流动的人才培养模式在促进学生就业和职业发展方面也发挥了积极作用。通过在校期间的企业实习和研究项目参与，学生得以提前了解职场环境和工作要求，这为他们未来的职业规划提供了宝贵的参考。实习期间表现优秀的学生往往能够获得企业的青睐，直接获得工作机会，从而大幅提升了学生的就业率。更重要的是，学生在实习和科研合作中建立的人脉关系，成为他们未来职业发展的重要资源。这些经历不仅增强了学生的就业竞争力，也为他们职业生涯的长远发展奠定了坚实的基础。

（三）推动产学研深度融合

双向流动的人才培养模式还推动了学校、企业和研究机构的深度融合。在这种模式下，三方不再是孤立的个体，而是形成了一个紧密合作的共同体。学校提供理论教育和基础研究支持，企业通过实习和项目合作提供实践平台，研究机构则贡献最新的科研成果和技术支持。这种深度融合不仅加快了科技创新的步伐，还提高了科技成果的转化效率，使得更多的科研成果能够转化为实际生产力，推动社会经济的持续发展。

（四）培养创新精神

双向流动的人才培养模式在培养学生的创新精神方面也具有显著效果。在实践中，学生不可避免地会遇到各种挑战和问题。面对这些实际问题，学生需要发挥主观能动性，创造性地寻找解决方案。这种培养模式鼓励学生勇于尝

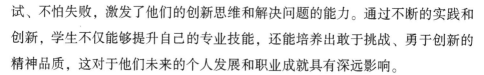

试、不怕失败，激发了他们的创新思维和解决问题的能力。通过不断的实践和创新，学生不仅能够提升自己的专业技能，还能培养出敢于挑战、勇于创新的精神品质，这对于他们未来的个人发展和职业成就具有深远影响。

双向流动的人才培养模式在产学研合作中发挥了重要作用，为提升人才培养质量、促进就业和职业发展、推动产学研深度融合以及培养创新精神等方面产生了积极的影响。

第二节　实习与交换项目的作用

实习与交换项目不仅为学生提供了将理论知识与实践相结合的机会，还促进了学术界与产业界的紧密交流。通过实习，学生能够在真实的工作环境中锤炼技能，更直观地理解职业需求；而交换项目则让学生有机会体验不同的文化和教育模式，拓宽国际视野。

一、实习与交换项目在产学研合作中的作用

实习与交换项目在产学研合作中扮演着至关重要的角色。这些项目不仅为学生提供了实践应用知识的机会，还为产业界注入了新的活力和创新思维。

（一）人才培养与输送

实习与交换项目在人才培养与输送方面的作用，无疑是整个产学研合作体系中最为核心和直接的一环。这种作用主要体现在对学生专业技能的实战训练和对企业人才库的丰富两个方面。

对于学生而言，实习与交换项目提供了一个从理论走向实践的重要跳板。在传统的教学模式下，学生大多数时间都是在教室里接受理论知识，然而，理论知识的学习往往抽象且难以直接转化为实际操作能力。实习与交换项目的出现，正好填补了这一空白。它让学生们有机会走出教室，进入真实的工作环境，将所学的理论知识应用到实际工作中去。在这个过程中，学生们不仅能够亲身体验到理论知识在实际操作中的应用，更能通过解决实际问题来提升自己的实践能力和解决问题的能力。实习与交换项目还能帮助学生在实际工作中培养团队协作能力。在团队合作日益重要的今天，这种能力尤为重要。通过与企业员工的合作与交流，学生们可以更快地融入团队中，学会如何在团队中发挥自己的作用，为团队的成功做出贡献。

对于企业来说，实习与交换项目则是一个高效的人才筛选和培养机制。通过接收实习生，企业能够直接接触到最新一批的专业人才，观察他们在实际工作中的表现，从而更准确地评估他们的能力和潜力。这种直接的观察和评估方式，远比传统的简历筛选和面试更为真实和有效。更重要的是，通过实习与交换项目，企业可以在学生实习期间就对他们进行有针对性的培训和引导，使他们在毕业后能够更快地适应企业的工作环境和文化。这种"预定"式的人才培养方式，不仅可以帮助企业建立起一支具备专业知识和实践经验的人才队伍，还能在一定程度上减少企业的人才流失率，提高企业的整体竞争力。

实习与交换项目在人才培养与输送方面的作用是多方面的，它不仅能够提升学生的实践能力和团队协作能力，还能为企业提供一个高效的人才筛选和培养平台。这种双赢的合作模式，正是产学研合作中不可或缺的一环。

（二）技术创新与研发

实习与交换项目在推动技术创新与研发方面的作用日益凸显，成为产学研合作中不可或缺的一环。这类项目为学术界和产业界之间搭建了一个沟通与合作的桥梁，极大地促进了科技与产业的融合发展。实习与交换项目为学生提供了一个直接接触和参与企业研发活动的平台。在实习期间，学生有机会深入到企业的研发部门，亲身参与项目的策划、实施与评估。这种实践经历不仅让学生将课堂上学到的理论知识转化为实际操作，它为学生提供了一个展示自己创新能力和技术实力的舞台。在这个过程中，学生们可以运用所学的专业知识和创新思维，为企业的研发项目贡献新的想法和解决方案。学生是新一代的知识分子，他们接触到的是最新的研究成果和前沿技术。当他们将这些新鲜的知识和技术带到企业的研发项目中时，往往能为企业带来新的启示和突破点。学生们独特的思考方式和创新的视角，也常常能够打破传统的思维模式，为企业的

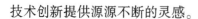

技术创新提供源源不断的灵感。

对于企业而言，实习与交换项目不仅是一个培养和吸引人才的途径，更是一个推动技术创新的重要机制。通过与高校的合作，企业可以接触到更多的创新资源和研究成果，从而加速自身的技术升级和产品更新。企业也可以利用学生的创新思维和专业知识，解决在研发过程中遇到的技术难题和挑战。实习与交换项目在技术创新与研发方面的作用是多方面的。它不仅为学生提供了一个展示自己创新能力和技术实力的平台，也为企业带来了更多的创新资源和灵感。

（三）资源共享与优势互补

实习与交换项目在资源共享与优势互补方面的作用，深刻体现了产学研合作的核心理念。高校和企业是两个不同但相互依存的实体，通过这类项目实现了资源的高效利用和优势的相互补充。

高校是知识创新的摇篮，汇聚了大量的研究人才和先进的科研设备，是进行基础研究和理论探索的重要基地。然而，高校的研究成果往往停留在理论层面，缺乏实际应用和市场验证。而企业则身处市场前沿，对市场需求和行业动态有着敏锐的洞察力，同时拥有丰富的实战经验和生产能力。但企业在研发和创新方面可能受限于自身资源和技术水平。实习与交换项目的实施，正是为了解决这一问题。通过项目合作，高校可以将其丰富的科研成果和先进技术带到企业的实际生产环境中，与企业共同探索科研成果的转化和应用。这不仅有助于高校的研究成果走出实验室，真正服务于社会和经济发展，同时也为企业带来了创新的技术和解决方案，提升了企业的核心竞争力。企业通过与高校的合作，可以获得高校强大的科研支持。在生产过程中遇到的技术难题，可以借助高校的专业知识和研究能力进行解决。这种合作模式不仅提高了企业的研发能力，还有助于企业不断优化产品，提升产品的科技含量，从而增强企业在市场上的竞争力。这种合作模式有助于双方建立起长期稳定的战略合作关系。高校可以为企业提供源源不断的人才支持和持续的科研服务，为企业的长远发展注入新的活力。而企业则可以为高校提供宝贵的实践教学基地，帮助学生更好地将理论知识与实际操作相结合，提高教育质量。同时，企业也可以为高校毕业生提供更多的就业机会，促进人才的合理流动和有效配置。

实习与交换项目在资源共享与优势互补方面发挥了重要作用。它不仅促进了高校科研成果的转化和应用，提升了企业的技术水平和市场竞争力，还推动了双方的深度合作和行业的整体进步。

二、实习与交换项目的实施方式和效果

（一）实施方式

实习与交换项目的实施方式对于确保项目的成功至关重要。

高校与企业在明确双方共同目标和期望的基础上，签订正式的合作协议。这一协议不仅规定了双方的责任和义务，还为可能出现的争议或问题提供了解决的框架。共同制定实习计划和教学内容：高校和企业根据各自的专业知识和经验，以及行业的最新动态，共同制定实习计划和教学内容。这确保了实习内容既符合教育部的标准，又能满足企业的实际需求。

企业根据自己的业务需求和岗位空缺，设定明确的选拔标准，从报名的学生中挑选出最合适的实习生。这样可以确保企业招到的是真正符合自己需求的实习生。学生也可以根据自己的兴趣、专业方向和职业规划，在众多提供的实习岗位中选择最适合自己的。这种双向选择的机制有助于提高学生的实习满意度和参与度。企业会为每位实习生配备一位经验丰富的导师。这些导师不仅具备深厚的专业知识，还有丰富的实际工作经验。导师负责为实习生提供一对一的专业指导，帮助他们解决在实习过程中遇到的各种问题。同时，导师还负责实习生的日常管理，确保实习活动的顺利进行。

在实习期间，企业和导师会定期对实习生的表现进行评价，以便及时了解实习生的进步和需要改进的地方。实习结束后，企业和学生都会对整个实习过程进行详细的反馈。企业会评价实习生的表现，而学生也会分享他们在实习中的体验和收获。这些反馈不仅有助于双方了解实习的效果，还为未来的实习项目提供了宝贵的改进建议。实习与交换项目能够确保学生获得高质量的实习经验，同时也满足企业的实际需求，实现双方的共赢。

（二）实施效果

实习与交换项目的实施，无疑为学生、企业和产学研合作带来了显著的效果。

实习为学生提供了一个难得的机会, 让他们能够深入到企业的实际工作中, 亲身体验和了解行业的真实运作。在这样的环境下, 学生们不再仅仅停留在理论层面, 而是能够真正地将所学知识应用到实践中。通过实习, 学生们能够接触到最新的行业技术和工具, 从而在实践中不断磨炼和提升自己的专业技能。这种实践经验对于他们未来的职业发展具有不可估量的价值。面对实际工作中的问题和挑战, 学生们需要学会独立思考、灵活应变。实习过程中的这种锻炼, 极大地提高了他们解决问题的能力, 使他们更加成熟和自信。

通过实习项目, 企业可以直接观察和评估实习生的表现, 从而发现和选拔出那些具有潜力、能力出众的人才。这对于企业的人才梯队建设至关重要。实习项目不仅为企业提供了即时的劳动力支持, 更重要的是, 它为企业建立了一个庞大的人才库。这些经过实习锻炼的学生, 很可能在未来成为企业的中坚力量。吕晓辉 (2024)[①] 认为通过设立实习基地、联合培训、学术交流等方式, 加强人才培养与交流。企业可以向学校提供实践资源, 以帮助学生获得实际工作经验, 并培养出合格的人才。同时, 学校也可以为企业输送优秀的毕业生, 以满足企业的人才需求, 从而实现双方的合作共赢。

实习与交换项目为学术界和产业界搭建了一个高效的沟通平台。通过这一平台, 双方可以就最新的研究成果、技术动态和市场需求进行深入的交流和探讨。学术界的新技术、新理论通过实习项目得以在实际生产中得到应用和验证, 从而加速了技术创新的步伐。同时, 这种合作模式也极大地推动了科研成果的转化和应用, 为社会的发展注入了新的活力。实习与交换项目的实施效果是全方位的, 它不仅提升了学生的实践能力, 促进了企业的人才培养, 还加强了产学研之间的紧密合作。这种多赢的局面无疑证明了实习与交换项目的重要性和价值所在。

三、如何优化实习与交换项目的设计和实施

实习与交换项目是高校教育的重要组成部分, 对于学生的职业发展、企业

---

① 吕晓辉. 中小微企业与职业院校校企合作机制研究 [J]. 吉林省教育学院学报, 2024, 40 (05): 96-101. DOI: 10.16083/j.cnki.1671-1580.2024.05.021.

的人才储备以及产学研合作都具有重要意义。然而，如何进一步优化这些项目的设计和实施，以确保其效果最大化，是一个值得深入探讨的问题。

（一）明确目标与定位在设计实习与交换项目时

首先要明确项目的教育目标和职业导向，确保实习内容与学生的专业培养方案紧密相连。这样不仅可以提高学生的学习兴趣和参与度，还能更好地为他们的未来职业生涯做好准备。了解学生的期望和需求，确保实习项目能够提供他们真正想要的学习经验和技能提升。通过定期的调查和反馈机制，不断调整实习内容，以更好地满足学生的个性化需求。

（二）加强过程管理

制定详细的实习管理规定，明确各方职责和权益，确保实习过程的规范性和安全性。这包括实习生的选拔、实习期间的纪律要求、实习成果的考核等。高校和企业应共同建立实习生的跟踪和指导机制。通过定期的沟通、评估和反馈，及时解决实习生在实习过程中遇到的问题和困难，确保实习的顺利进行。

（三）强化校企合作

高校与企业应本着互利共赢的原则，建立长期稳定的合作关系。通过签订合作协议、设立联合实验室等方式，明确双方的权利和义务，共同推动实习与交换项目的发展。高校与企业应共同参与实习计划和教学内容的制定工作。结合企业的实际需求和行业的发展趋势，设计出既符合教育规律又能满足市场需求的实习项目。以实习与交换项目为纽带，推动高校和企业在科研方面的深度合作。通过共同开展科研项目、共享科研资源等方式，促进产学研的深度融合和创新发展。

（四）完善评价与反馈机制

金娇等（2024）[①] 建议通过构建以学校教务处为首的教学质量监测与评价办公室为主体，以培养质量报告、培养过程运行报告、培养质量信息周报等为核心的质量文化管控模式，把质量建设真正融入学校、企业以及同学们共同的价值观之中，使之成为学校、企业和同学们的一种自觉行为，以教学反馈为

---

① 金娇，刘雅儒，饶如意. 依托高校科研平台的本科创新型工程人才培养的问题与思考 [J]. 才智，2024（12）：169-172.

主，专业考核为辅；以"实验室-学校-企业"三级结构为主要内容，以"评估-反馈-改善-评估"为主线，形成一个涵盖校企教师教学、学生培养反馈改善的闭环系统，从而使以培养目的和根本思想为指导的创新人才培养质量控制体系得以健全。

巢俊（2020）[①] 提出基于评价主体多元性原则、评价指标综合性原则、评价反馈促进性原则构建创新型人才培养质量评价体系。构建多元化的培养质量评价体系，防止教育部门单方面地扮演"裁判员"的角色，科学合理的培养质量评价体系需要将政府、高校、企业、学生和社会评估组织等纳入创新型人才培养的评价主体中来，确保在设计、实施和反馈过程中，评价主体全程参与，并在此基础上建立多元联动、多方协商的创新型人才培养质量评价体系。在构建创新人才培养质量评价指标体系时，应对创新人才的思想品德、智力素质、能力等方面进行综合考量，使其综合素质得到全方位的提升，造就具有管理应用能力、富有创新意识和实践能力的符合市场经济需求的应用型、创新型、综合型人才。

（五）提供必要支持

高校应为学生提供全面的实习准备和辅导服务。这包括实习前的职业规划指导、专业技能培训以及实习过程中的心理咨询和就业指导等。高校还应建立专门的实习指导团队，为学生提供实时的帮助和支持。企业应为实习生提供良好的工作环境和必要的培训资源。这包括提供安全舒适的工作场所、配备专业的导师团队以及提供与实习内容相关的培训材料和设备支持等。企业还应积极参与到实习生的培养和管理中来，与高校共同承担起教育责任。

优化实习与交换项目的设计和实施需要从多个方面入手，包括明确目标与定位、加强过程管理、强化校企合作、完善评价与反馈机制以及提供必要支持等。这些措施有助于提高实习与交换项目的质量和效果，为产学研合作注入新的活力。

---

① 巢俊. 产学研合作创新网络组织模式及其运作机制研究［J］. 江苏科技信息，2020，37（6）：11-13.

第三节　高层次人才的引进与育成

高层次人才的智慧、经验和创新能力，对于提升一个国家的综合国力和国际竞争力具有不可替代的作用。高层次人才的引进与育成，不仅关乎企业或机构的持续发展，更是国家长远发展战略的重要组成部分。随着全球化竞争的加剧和人才流动的日益频繁，高层次人才的引进与育成也面临着前所未有的挑战。如何精准地识别并吸引这些顶尖人才？如何为他们提供充足的发展空间和优渥的待遇，以确保他们能够充分发挥其潜能？又如何通过有效的培养和激励机制，促进他们的持续成长和贡献？

一、高层次人才引进和育成的需求和策略

（一）需求

张璠（2011）[①] 认为产学研结合的科研项目和人才培养项目来源于学科发展的前沿和企业的生产实际需求，信息的反射对高校优化学科设置有极大的意义，学校可根据需求使强势学科得到加强，交叉学科得到有益融合，在学科建设中有目的、有计划地做到"有所为，有所不为，有所先为，有所后为"，从而使专业和学科建设避免盲目跟风，进入科学有序发展的轨道。高层次人才大都活跃在政治、经济以及科研的最前沿，很多都是行业、领域的"领头羊"、企事业单位的重要管理人员或者技术专家。高校通过积极打造"引智"和"引人"平台，立足学校实际，在引进高层次人才的同时也引进了新项目、新工艺和解决难题的新技术。通过引进高层次技术人才，尤其是具有领军意义的专家人物，必将会加速建立以企业为主体、市场为导向、产学研相结合的技术创新体系。

在全球化日益加速的今天，企业之间的竞争已经不仅仅局限于产品或服务

---

① 张璠. 高职高专院校高层次人才引进问题研究［D］. 郑州大学，2011.

的质量与价格，更体现在创新能力、品牌影响力、供应链管理等多个方面。高层次人才在这方面发挥着举足轻重的作用。他们的创新思维和解决问题的能力，使得企业能够不断推出具有市场竞争力的新产品或服务，从而在激烈的市场竞争中脱颖而出。同时，他们还能帮助企业优化内部管理流程，提高运营效率，降低成本开支，进一步提升企业的整体竞争力。此外，高层次人才还能为企业带来宝贵的行业经验和人脉资源。他们的加入往往能够为企业打开新的市场渠道，拓展更广阔的发展空间。

张璠（2011）[①] 认为高层次人才的引进改善了人才培养不适应社会需求和脱离社会经济发展实际情况，改变人才培养自我封闭的局面，充分利用社会资源增加对高层次创新人才培育的投入，实现高校和社会更好的结合，把学生培养放到教育、科技、经济相结合的大循环中考虑，能够培养适应国民经济发展需要的创新人才，通过产学研结合，把学生输送到需要的岗位上去，实实在在地促进了学生的就业。高层次人才具有丰富的生产实践经验和较高的技术应用能力以及技能操作能力，具有较强的教学能力，能结合专业理论进行专业技术、技能操作示范与传授，善于培养学生的实践技能。同时也具有一定的科研能力，能利用丰富的实践经验参与、带领技术科研项目的开发。这些特点都决定了高层次人才的引进必将会促进新知识、新技术、新工艺、新方法在学生中的普及，必将促进学生对基础理论知识和专业知识与实际生产、管理和服务需要的交融，必将有助于培养高水平的学生。

（二）策略

为了高效地引进高层次人才，企业或机构首先需要对自身的人才需求进行明确的定位。这包括对所需人才的专业背景、技能水平、工作经验以及性格特质等方面的具体要求。只有明确了这些需求，才能在后续的招聘过程中做到有的放矢。在明确人才需求后，接下来需要通过专业渠道精准地发布招聘信息。这些渠道可能包括行业内的专业招聘网站、社交媒体平台、高校就业指导中心等。通过在这些渠道上发布详细的职位描述和任职要求，可以更有效地吸引到符合条件的高层次人才。企业或机构还可以考虑与猎头公司合作，利用他们丰富的行业经验

---

① 张璠. 高职高专院校高层次人才引进问题研究［D］. 郑州大学，2011.

和人脉资源，寻找并接触那些难以通过常规渠道接触到的高层次人才。

在引进高层次人才的过程中，提供具有竞争力的薪酬待遇是至关重要的。这不仅仅是为了吸引人才，更是为了留住人才。高薪可以体现企业或机构对人才的尊重和认可，同时也是对人才价值的一种体现。除了基本薪资外，股权激励也是一种有效的激励方式。通过给予人才一定的股权或股票期权，可以让他们成为企业或机构的一部分，从而更加投入地工作。这种方式不仅能够激发人才的积极性，还有助于将他们的个人利益与企业或机构的利益紧密地联系在一起。良好的福利待遇也是吸引和留住人才的重要手段。这包括提供完善的医疗保险、退休金计划、带薪休假等。这些福利待遇能够增强人才的归属感和忠诚度，降低人才流失的风险。

张璠（2011）[①] 认为地方政府的一项重要职能就是促进地域经济发展，提高城市的文明程度、改善民众的生存条件，打造极富吸引力的城市形象。一个经济发达，社会和谐，人文环境好的城市更能吸引优秀的人才。高层次人才是企业得以生存和发展的人才保障，也是地方政府重要的人力资源。高层次人才对于当地经济和社会发展具有重大的推动作用。没有人才就谈不到建设，没有人才也谈不到发展。高层次人才的这种作用显得尤为明显和直接。仅靠企业在有限范围内的人才机制的调整还不足以从整体上改善高层次人才引进工作的现实困境，必须有地方政府在经济与文化建设以及相应人才政策制定层面的支撑，在整体生存环境得以改善的前提下，企业吸引高层次人才的规划与实施才可以更加长期稳定、卓有成效地展开，最终实现企业发展与地方建设的双赢。很多国际企业的实践证明，留住人才、发展人才的关键已不仅仅是工资待遇，更多的是浓厚的学术气氛和宽松的发展环境。因此，应努力完善人才配套政策，实现人才梯队、科研条件、生活条件、管理机制良性互动，有机促进，优化高层次人才的服务环境，解决其后顾之忧。在工作条件上，要从高层次人才研究领域的超前、尖端特性出发，提供良好的科研条件，如实验设备、研究资金、研究场所等在生活待遇上要积极创造条件，做好后勤保障，如住房、配偶工作、子女入学等，使高层次人才不为琐事所累要大力倡导尊重人才、尊重成

---

① 张璠. 高职高专院校高层次人才引进问题研究［D］. 郑州大学，2011.

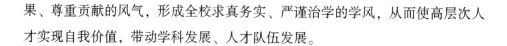

果、尊重贡献的风气，形成全校求真务实、严谨治学的学风，从而使高层次人才实现自我价值，带动学科发展、人才队伍发展。

二、高层次人才引进和育成的实践和挑战

（一）实践

校企合作是当前引进和培养高层次人才的重要途径之一。众多企业与高等院校建立了紧密的合作关系，这种合作模式不仅有利于企业获取最新的科研成果和技术，还能为学校提供实践基地和人才培养的机会。在校企合作中，双方通常通过共同研发、项目合作等方式进行深度合作。企业可以根据自身的发展需求和市场趋势，与高校共同确定研发方向和项目内容。高校则依托其雄厚的科研实力和丰富的人才资源，为企业提供技术支持和创新思路。在这一过程中，企业不仅能够引进高层次的技术人才，还能通过与高校的交流，提升自身的技术水平和创新能力。校企合作也为高校学子提供了宝贵的实践机会。学生可以在企业实习、参与项目研发，从而将在学校学到的理论知识应用到实际工作中，提升自身的实践能力和职业素养。这种模式不仅有助于培养学生的综合素质，还能为企业输送更多优秀的人才。

随着全球化的不断深入，国际人才交流在引进和培养高层次人才方面发挥着越来越重要的作用。通过参与国际学术会议、派遣访问学者等方式，企业和高校可以加强与国际同行的交流与合作，了解最新的科技动态和研究成果。参与国际学术会议是企业和高校展示自身实力、结交国际同行的重要平台。在这些会议上，与会者可以分享自己的研究成果、探讨行业发展趋势，并寻求潜在的合作机会。通过这种方式，企业和高校不仅能够及时获取国际前沿的科技信息，还能引进具有国际视野和高水平专业技能的人才。派遣访问学者也是国际人才交流的一种有效方式。企业可以选派优秀员工或学者前往国外知名机构进行深造或合作研究，以提升他们的专业素养和创新能力。这些访问学者在国外的学习和研究经历，将为他们带来先进的理念和技术，推动企业或高校的持续发展。

内部晋升与培训是企业挖掘和培养内部人才的重要手段。通过定期的培训和晋升机会，企业可以激励员工提升自身能力，实现个人职业发展目标。在内

部晋升方面,企业应该建立完善的晋升机制,为员工提供清晰的职业发展路径。当员工在工作中表现出色时,企业可以通过晋升来肯定他们的成绩,并赋予他们更大的责任和权力。这不仅有助于激发员工的工作热情,还能提升他们的忠诚度和归属感。在培训方面,企业应该根据员工的岗位需求和个人特点,制定个性化的培训计划。培训内容可以包括专业技能提升、团队协作能力培养、领导力发展等多个方面。

(二)挑战

在全球经济一体化的今天,高层次人才的稀缺性使得各国、各地区以及各企业之间的人才竞争愈发激烈。这种竞争不仅体现在薪资待遇、职业发展机会等硬件条件上,更体现在企业文化、工作环境、创新氛围等软件环境上。如何在这样的竞争中脱颖而出,吸引并留住那些具有关键技术、管理和创新能力的高层次人才,是每一个追求持续发展和创新的企业或机构都必须面对的挑战。为了应对这一挑战,企业或机构需要不断提升自身的综合竞争力,包括提供具有市场竞争力的薪资待遇、打造积极向上的企业文化、创造宽松且富有挑战性的工作环境等。同时,还要注重品牌建设,提升自己在行业内的知名度和影响力,以吸引更多高层次人才的关注和加入。

随着国际交流的日益频繁,越来越多的企业或机构开始引进国际人才以增强自身的创新能力和竞争力。然而,这些国际人才往往来自不同的文化背景,他们的语言、价值观、工作方式等可能与本土团队存在较大的差异。如何促进这些国际人才与本土团队的融合,消除文化差异带来的摩擦和冲突,是引进国际人才过程中必须面对的挑战。为了解决这一问题,企业或机构需要采取一系列措施来促进文化融合。可以通过文化交流活动、团队建设等方式增进彼此之间的了解和信任。可以为国际人才提供必要的文化适应培训,帮助他们更好地融入新的工作环境。最后,还需要建立一个开放、包容的工作氛围,鼓励团队成员之间相互尊重、相互学习,共同推动企业或机构的发展。

高层次人才往往具有强烈的自我实现需求和创新精神。然而,随着时间的推移和工作环境的变化,他们可能会遇到职业瓶颈、创新乏力等问题。如何持续激励这些人才保持创新精神和工作热情,防止人才流失,是企业或机构需要认真思考的问题。为了持续激励高层次人才，企业或机构可以采取多种措施。可以建立完善的激励机制，包括物质激励和精神激励两个方面。物质激励方面可以提供具有市场竞争力的薪资待遇、股权激励等；精神激励方面则可以给予荣誉称号、晋升机会等。可以搭建良好的创新平台，为人才提供充足的创新资源和支持。最后还需要关注人才的个人发展需求，为他们提供个性化的职业发展规划和培训机会，帮助他们实现自我价值的同时推动企业或机构的发展。

三、优化高层次人才引进和育成的建议

（一）完善人才政策

为了成功引进和留住高层次人才，政府和企业必须联手制定一套灵活、全面且富有吸引力的人才政策。这些政策不仅要关注人才的工作环境和待遇，更要深入到他们的日常生活中去，确保他们在新的环境中能够安心工作、舒适生活。针对高层次人才的签证、居留和工作许可政策应当进行优化。政府可以设立专门的高层次人才签证类别，缩短签证审批时间，并为他们提供长期居留的便利。企业应积极协助人才办理相关手续，确保他们能够顺利、快速地投入到新的工作中去。政府和企业需要共同解决高层次人才的后顾之忧。子女的教育是许多人才考虑迁移的重要因素之一。因此，政府应提供优质的教育资源，如设立国际学校或与当地优质学校合作，为高层次人才的子女提供与国际接轨的教育服务。医疗保障也是不可忽视的一环，政府和企业应合作建立完善的医疗保障体系，为人才及其家属提供全方位、高质量的医疗服务。政府还可以考虑提供税收优惠、住房补贴等经济激励措施，进一步增加对高层次人才的吸引力。企业则可以根据人才的实际情况，提供个性化的福利待遇，如股权激励、年终奖金、带薪假期等，以确保人才在经济上无后顾之忧。

通过这些细致入微的政策设计，政府和企业能够共同营造出一个对高层次人才极具吸引力的环境。这不仅有助于提升地区或企业的竞争力，还能为社会的持续发展和创新提供源源不断的人才支持。

（二）加强产学研合作

产学研合作在培养和引进高层次人才方面扮演着至关重要的角色。通过加

强高校、科研机构与企业的紧密合作，可以共同推动科技创新和人才培养，为地区的经济发展注入源源不断的动力。

产学研合作提供了一个优秀的平台，使得高校、科研机构和企业能够共同研发新技术、新产品。高校和科研机构拥有丰富的科研资源和创新能力，而企业则更贴近市场需求，具备强大的生产能力和市场推广经验。三者结合，能够形成强大的创新合力，推动科技研发的快速发展。这种合作模式为高层次人才提供了宝贵的实践和创新机会。高校和科研机构的学者、研究生等可以通过参与企业的实际项目，将理论知识与实际应用相结合，提升自身的实践能力和创新思维。企业也能从中发掘和培养具有潜力的人才，为企业的持续发展储备力量。产学研合作还有助于提升本地的科研水平。通过与高校和科研机构的合作，企业可以接触到最前沿的科技成果和研发动态，从而提升自身的技术水平和创新能力。这种合作还能带动整个地区的科研氛围，形成良性循环。

产学研合作能够吸引更多外部人才的加入。一个地区如果拥有强大的产学研合作基础，就会形成对外部人才的强大吸引力。这些人才看重的不仅仅是待遇和发展机会，更看重的是能够参与有意义的科研项目中去，实现自我价值。产学研合作还能促进技术转移和成果转化。高校和科研机构的科研成果往往具有很高的市场价值，但缺乏将其转化为实际产品的能力和渠道。而企业则具备强大的生产能力和市场推广经验，能够将科研成果迅速转化为实际产品，并推向市场。这种合作模式不仅有助于推动经济发展，还能为社会带来更多的创新产品和服务。

（三）建立多元化评价体系

张璠（2011）[①]认为评价是选人、用人的基础。人才评价存在着大量的随机性和不确定性，所以评价机制一定要公正、科学。长期以来，我们在评价高层次人才方面过分片面地强调获奖的数量和级别，忽视人才的实际能力、贡献和持续发展的能力。现在我国以科研获奖当作评价高层次人才的最主要指标，很多单位都把这一指标的高低和待遇、奖励、经费分配、职称评定等挂钩。很多优秀人才称号的评定也把它当成最主要的指标，致使科技人员急功近利，难

---

① 张璠. 高职高专院校高层次人才引进问题研究 [D]. 郑州大学，2011.

有长远打算。这是缺乏长期的，动态的评价机制造成的。而奖励只是一种激励，不能成为评价人才水平最主要的指标。所以更应注重主要研究项目的获得、完成情况、科学难题的实际解决情况、论文的数量、档次及今后研究的发展潜力等情况，综合地，全面地去评价一个高层次人才。

对引进的人才实行科学的评价和考核，既能促使他们发挥作用，又为其今后的发展指明方向，十分必要。要做到在高层次人才评价的科学、准确和客观，首先要做到信息和政策公开其次，要严格办事程序再次，制度安排最关键。比如目前的各类人才评价课题立项和成果评奖，存在一定的评价方式问题，也有程序问题。但最主要的是标准条件上的问题，近年来，随着人才测评技术的发展，关于人才自身素质和潜能方面的评价已取得一定进展，但对高层次人才创造性劳动及其成果如何考量，目前还没有找到更好、更科学的评价方法。当前一般都采取定性的方式。比如使用国内或国际领先科技成果，做出较大或突出贡献，为国际或国内同行公认等等。这是一种原则的和概括的评价方法具有一定的主观性，随机性和片面性。应抓紧研究建立一套体现各类高层次人才特点的，科学、准确、客观、全面的评价指标和参数体系。这无论是对人才理论研究还是对人才实际工作都具有重要意义。同时，在评价内容上，也要更新观念强调以人为本。注重学术技术地位和实际作用。重视发展潜力。不以学历论高低，不以职位论短长，不以成败论英雄。建立以业绩为依据，品德、知识、能力等要素构成的各类高层次人才评价指标体系。完善动态管理机制，即对高层次人才的管理必须做到有进有出，优强汰弱不断更新。为此要建立健全定期考核制度。重点考核其学术技术发展情况，履行岗位职责情况或重大项目课题和任务完成情况，并据此进行调整。因此，应进一步改革高层次人才评价方式，积极探索主体明确、各具特色的评价方法，并完善高层次人才评价手段，大力开发应用现代高层次人才测评技术，努力提高高层次人才评价的科学水平尽快建立以能力和业绩为导向、公正科学的社会化的高层次人才评价机制建立适应高层次人才特点的科学、合理完善的高层次人才评价体系应成为重中之重。

（四）提供个性化发展路径

高层次人才是推动社会进步和科技创新的重要力量，他们通常具有丰富的专业知识和实践经验，对自己的职业发展有着明确的规划和期望。然而，每个人的专业背景、技能和兴趣都不尽相同，因此，为他们提供个性化的职业发展路径和培训计划显得尤为重要。

了解每个人的专业背景和技能是制定个性化发展路径的基础。企业应通过与人才进行深入交流，了解他们的教育背景、工作经验以及擅长的领域，从而为他们量身定制合适的职业发展计划。例如，对于技术型人才，可以提供更多的技术研发机会和资源，帮助他们在专业领域内深化发展；而对于管理型人才，则可以提供更多的管理培训和实践机会，帮助他们提升领导力和团队协作能力。兴趣是人才职业发展的内在动力。企业应关注人才的兴趣点，结合他们的兴趣为他们提供相应的工作内容和培训项目。这样不仅可以激发人才的工作热情，还能让他们在工作中找到乐趣和成就感。例如，对于对市场营销感兴趣的人才，可以安排他们参与市场调研、品牌推广等活动，让他们在实践中锻炼自己的能力并实现自我价值。提供个性化的职业发展路径还需要企业建立完善的培训体系和晋升机制。企业应根据人才的职业规划，为他们提供针对性的培训课程和实践机会，帮助他们在专业领域内不断成长。同时，企业还应建立公平、透明的晋升机制，让人才看到自己的职业前景和发展空间，从而增强他们的归属感和忠诚度。

企业需要持续关注人才的职业发展情况，并根据实际情况对个性化发展路径进行调整和优化。通过定期的评估和反馈，企业可以了解人才在职业发展过程中的需求和困惑，及时为他们提供支持和帮助。这样不仅可以确保人才的职业发展顺利进行，还能让企业更加了解人才的需求和期望，从而构建更加和谐、稳定的劳动关系。为高层次人才提供个性化发展路径是企业吸引和留住人才的重要措施之一。通过深入了解人才的专业背景、技能和兴趣，为他们量身定制合适的职业发展计划和培训计划，可以满足人才的个性化需求，帮助他们更好地实现自我价值。这也有助于企业构建稳定、高效的人才队伍，为企业的长远发展提供有力支持。

（五）加强团队建设与文化融合

在高层次人才的培养和引进过程中，除了关注人才个体的能力和发展，团队建设和企业文化的塑造同样占据举足轻重的地位。一个优秀的团队和企业文化不仅能够激发人才的创造力和工作热情，还能促进不同背景的人才之间的交流与融合，进而形成良好的工作氛围和创新环境。

加强团队建设是提升人才工作效率和创新能力的重要途径。一个积极向上、团结协作的团队氛围，能够让每个成员都感受到归属感和责任感，从而更加投入地参与工作中去。为了实现这一目标，团队领导者应积极倡导开放、包容、互助的团队精神，鼓励成员之间互相学习、互相支持，共同面对和解决工作中遇到的问题。同时，通过定期的团队建设活动，如户外拓展、团队训练等，可以增强团队成员之间的默契和信任，提高团队的凝聚力和战斗力。塑造积极的企业文化对于留住人才和吸引外部人才至关重要。企业文化是企业的灵魂，它反映了企业的价值观和经营理念。一个倡导创新、尊重人才、注重员工成长的企业文化，能够吸引更多有志之士的加入，并激发他们的创新潜能。为了塑造这样的企业文化，企业应注重员工的参与和反馈，鼓励员工提出自己的意见和建议，共同完善企业的文化体系。同时，企业还可以通过举办各类文化活动，如企业年会、文化节等，来展示企业的文化魅力，增强员工对企业的认同感和归属感。举办团队活动和文化交流也是促进人才之间了解与融合的有效方式。这些活动可以为来自不同背景的人才提供一个交流和互动的平台，让他们有机会了解彼此的文化、观念和工作方式，从而增进相互的理解和尊重。通过这种跨文化的交流与融合，可以消除误解和偏见，促进团队成员之间的和谐共处和协作创新。

加强团队建设与文化融合对于高层次人才的培养和引进具有重要意义。通过塑造积极向上的团队氛围和企业文化，举办丰富多样的团队活动和文化交流，可以极大地提升人才的工作效率和创新能力，促进不同背景的人才之间的了解与融合，进而形成良好的工作氛围和创新环境。这不仅有助于企业留住现有人才，还能吸引更多优秀的外部人才加入，为企业的持续发展和创新提供源源不断的动力。

第六章　资金支持与资源配置

　　资金支持与资源配置是推动任何项目或企业发展的关键因素。在当今快速发展的经济环境中，确保稳定的资金流和高效的资源配置对于实现长期成功至关重要。本章将深入探讨资金来源与筹集方式、高风险投资与风险管理的策略，以及设施与设备的共享使用，旨在为读者提供一个全面而深入的视角，以理解和应对与资金和资源相关的挑战。

　　我们将关注资金来源与筹集方式，探讨如何通过不同的渠道筹集资金，包括传统的银行贷款、股权融资，以及新兴的众筹等方式。了解这些筹集方式的特点和风险，将有助于决策者选择最适合其项目或企业需求的筹资策略。高风险投资与风险管理是本章的另一个重点。在追求高回报的同时，如何有效地管理风险是每一个投资者和企业家必须面对的问题。我们将分析高风险投资的潜在收益与风险，并探讨风险管理的最佳实践，以帮助读者在风险与回报之间找到平衡。本章还将关注设施与设备的共享使用。在资源日益紧缺的背景下，如何高效利用现有设施和设备显得尤为重要。通过共享使用，不仅可以降低成本，还能提高资源的利用效率。我们将探讨共享经济的理念在实际操作中的应用，以及它如何为项目和企业带来可持续的竞争优势。通过深入剖析资金来源、风险管理及资源共享等关键问题，我们将帮助读者在复杂的经济环境中做出明智的决策，推动项目或企业的持续发展与成功。

第一节　资金来源与筹集方式

　　资金来源与筹集方式是产学研合作中至关重要的一环。产学研合作是推动科技创新和产业升级的重要手段，其成功实施离不开充足且稳定的资金支持。然而，资金的筹集并非易事，需要综合考虑多种因素，包括筹集成本、风险水平、资金使用的灵活性和长期性，以及可能带来的附加价值等。我们将详细分析各种资金来源的优劣势和风险，以便能够根据实际情况做出明智的决策。我们还将提供优化资金筹集的策略和建议，以期降低筹资成本，提高资金使用效率，从而推动产学研合作的顺利进行。

　　一、产学研合作的资金来源和筹集方式

　　产学研合作，即产业、学术和研究机构的合作，是推动科技进步和经济发展的重要途径。然而，这种合作模式需要大量的资金支持来推进研发、试验、市场推广等各个环节。资金来源和筹集方式的选择直接影响到产学研合作的深度和广度。

　　（一）政府资助

　　陈子韬等（2023）[①]认为产学研协同创新是一种复杂的创新组织形式，其中产、学、研分别表示创新活动中的生产系统、人才系统、科研系统，由于认知差异和交易成本的存在，产学研协同创新无法完全地自发开展，往往需要依托政府、非营利组织等辅助主体的支持。其中，白俊红和卞元超（2015）[②]指出政府支持被认为是产学研协同创新的重要因素。如果缺少来自政府的宏观引导与制度安排，可能会出现市场主体零和博弈的结果。社会"统筹者"在产

　　① 陈子韬，袁梦，孟凡蓉．政府资助、科技类社会组织与产学研协同创新［J］．科学学研究，2023，41（10）：1822-1832. DOI：10.16192/j.cnki.1003-2053.20221102.001.
　　② 白俊红，卞元超．政府支持是否促进了产学研协同创新［J］．统计研究，2015，32（11）：43-50.

学研协同创新中承担着引导者和监管者的角色，能够对各个协同创新主体的行为进行协调和约束，从而保障协同效应的形成。在中国的经济转型情境下，社会经济发展受到"大市场"和"大政府"的双元驱动。中国政府在推动创新发展的过程中发挥了重要作用，其首要的表现是重视研发投入，政府资助则是研发投入的重要形式。整体而言，政府资助在产学研协同创新中发挥直接引导和间接保障两方面的作用。一方面，陈怀超等（2020）[1] 指出政府资助能够对产学研协同创新提供直接引导，为协同创新活动的开展提供正式制度支持。李林等（2020）[2] 指出产学研项目中的政府支持包括资金支持、资源保障、奖励补偿、项目指导等多种形式，并且通过问卷调查数据发现政府对项目的支持力度与项目成功程度之间呈现出显著正向关系。另一方面，政府资助具有公共财政属性，政府会对资助项目的进展和成果进行检查、评估、验收和反馈，有利于保障产学研协同创新的高效开展。综上，政府资助是政府参与产学研协同创新的重要方式，既能引导创新主体的协同行为，又通过提供监管的方式激励和保障协同效果。

（二）企业投资是产学研合作中另一种重要的资金来源

产学研合作的重要参与方通常会投入自有资金来支持合作项目。这种投资方式能够确保企业对项目的控制权，并根据市场需求灵活调整研发方向和商业化策略。除了自有资金外，企业还可能通过股权融资、债券发行等方式筹集资金。股权融资是指企业通过出售股份来筹集资金，这种方式可以吸引更多的投资者参与，共同承担风险和分享收益。而债券发行则是企业通过发行债券来借款，债券持有人可以获得固定的利息回报，并在债券到期时收回本金。企业投资的优势在于决策灵活、资金到位快，能够迅速响应市场需求。企业投资也可能面临一定的风险，如市场风险和经营风险。如果项目失败或市场需求发生变化，企业可能会面临资金链紧张或投资亏损的风险。

---

① 陈怀超，张晶，费玉婷. 制度支持是否促进了产学研协同创新？——企业吸收能力的调节作用和产学研合作紧密度的中介作用 [J]. 科研管理，2020（3）：1-11.
② 李林，王艺，黄冕，胡芳. 政府介入与产学研协同创新运行机制选择关系研究 [J]. 科技进步与对策，2020，37（10）：11-20.

（三）风险投资是专门针对高风险、高回报的项目进行投资的一种资金来源

风险投资机构会对有潜力的产学研合作项目进行资金支持，以期在未来获得丰厚的回报。这些机构通常具有丰富的行业经验和专业的投资团队，能够为项目提供除了资金以外的战略指导、市场资源等附加价值。风险投资的优势在于其能够提供大量的资金支持，且不需要抵押或担保。风险投资机构通常要求较高的回报，并可能在一定程度上干预项目的管理和决策。如果项目未达到预期回报，风险投资机构可能会选择撤资或稀释股权等方式来降低自身风险。

（四）银行贷款是产学研合作中相对稳健的资金筹集方式

合作方可以向银行申请贷款来筹集资金，用于项目的研发、试验和市场推广等环节。银行贷款的优势在于其资金稳定且利率相对较低，能够为项目提供持续的资金支持。银行贷款也需要承担一定的债务压力和利息成本。如果项目无法按时偿还贷款，可能会导致信用受损甚至资产被银行收回的风险。在申请银行贷款时，合作方需要充分评估自身的还款能力和项目风险，并制定合理的还款计划。

（五）社会捐赠和慈善基金也是产学研合作中不可忽视的资金来源之一

一些社会组织和慈善基金会出于公益目的支持产学研合作项目，尤其是那些具有社会公益性质的项目。这些资金通常无需偿还，且没有附加条件，能够为项目提供一定的资金支持。社会捐赠和慈善基金的资金规模有限，且难以预测和持续。因此，在寻求这类资金支持时，合作方需要充分了解捐赠者或基金会的捐赠意愿和资金规模，以便制定合理的筹资计划。同时，合作方还需要注重项目的社会效益和影响力，以吸引更多的社会捐赠和慈善基金支持。

二、各种资金来源的优劣势和风险

（一）政府资助

政府资助的最大优势在于其资金成本低。由于这是政府为了鼓励特定行业或领域发展而提供的资金支持，因此通常不需要支付高额的利息或回报。此

外，政府资助具有明确的政策导向性，能够引导产学研合作向国家鼓励的方向发展，促进科技创新和产业升级。

申请政府资助的流程往往比较烦琐，需要提交大量的材料和证明，并经过多轮评审。这导致资金到位的时间通常较长，可能影响项目的进度。同时，政府资助通常伴有严格的监管和使用要求，合作方需要按照规定的用途使用资金，并接受定期的审计和检查，这在一定程度上限制了资金使用的灵活性。政府资助的最大风险在于政策的不稳定性。由于政府政策可能随着时间和形势的变化而调整，因此资金支持也可能随之变化。如果政策发生不利变化，可能导致原本承诺的资助减少或取消，给合作项目带来资金缺口和不确定性。

（二）企业投资

企业投资的优势在于决策灵活和资金到位快。产学研合作的重要参与方通常对市场需求有深入的了解，能够迅速响应市场变化并做出投资决策。此外，企业投资不受外部资金机构的限制，可以根据项目的实际需要灵活调整投资规模和节奏。

企业投资也可能受到企业内部财务状况的影响。如果企业经营状况不佳或资金链紧张，可能无法持续为合作项目提供稳定的资金支持。此外，企业内部的决策流程和利益分配也可能对投资产生负面影响。企业投资面临的主要风险包括市场风险和经营风险。市场风险是指由于市场需求变化、竞争加剧等因素导致项目收益下降的风险。经营风险则是指企业在运营过程中可能遇到的各种不确定性，如供应链中断、技术难题等。这些风险都可能导致项目失败或收益不达预期，进而引发企业资金链紧张甚至破产。

（三）风险投资

风险投资机构专注于投资高风险、高回报的项目，他们通常具有丰富的行业经验和专业的投资团队。其优势在于能够提供大量的资金支持，并且不需要合作方提供抵押或担保。这大大降低了合作方的融资门槛和财务风险。风险投资机构通常要求较高的回报以补偿其承担的高风险。这可能导致合作方在项目成功后需要支付大量的利润分成。此外，风险投资机构可能会在一定程度上干预项目的管理和决策以确保其利益最大化。这可能对合作方的自主性和灵活性造成一定限制。

风险投资面临的主要风险是项目未达到预期回报的风险。如果项目失败或收益不达预期，风险投资机构可能会选择撤资或稀释股权等方式来降低自身损失。这将导致合作方失去部分或全部控制权，甚至可能面临项目终止的风险。

（四）银行贷款

银行贷款是一种相对稳健且利率较低的资金来源。合作方可以通过向银行申请贷款来筹集资金用于项目的研发和推广等环节。银行贷款通常具有较长的还款期限和稳定的还款计划，有助于合作方合理安排资金流和进行长期规划。银行贷款需要提供抵押或担保以降低银行的风险。这意味着合作方需要拥有足够的抵押物或找到愿意提供担保的第三方机构。同时，银行贷款需要定期偿还本息，这将对合作方的现金流造成一定的压力。

银行贷款面临的主要风险是信用风险和流动性风险。如果合作方无法按时偿还贷款本息，将导致信用受损甚至可能面临资产被银行收回的风险。此外，如果合作方在项目运营过程中遇到资金困难无法按时还款，还可能引发连锁反应导致整个项目的失败。

（五）社会捐赠和慈善基金

社会捐赠和慈善基金是另一种无需偿还且通常没有附加条件的资金来源。这些资金通常由社会组织和慈善基金会提供用于支持具有社会公益性质的项目。对于产学研合作项目来说，如果能够获得这类资金的支持将大大降低项目的财务压力和风险。社会捐赠和慈善基金的资金规模通常有限且难以预测和持续获得。这意味着合作方不能过度依赖这类资金来源进行长期规划和发展。同时，由于捐赠者和基金会的捐赠意愿可能随着时间和形势的变化而变化，因此这类资金的稳定性也相对较低。

社会捐赠和慈善基金面临的主要风险是资金来源的不稳定性。如果捐赠者或基金会突然停止捐赠或改变捐赠方向将导致合作项目面临资金缺口的风险。此外，由于这类资金通常没有明确的投资回报要求，因此可能引发合作方在项目管理和运营方面的道德风险问题。

三、优化资金筹集的策略和建议

(一) 多层次市场化的创新基金

杨凯升 (2019)[①] 认为以往人们习惯于要么靠银行贷款、要么寄希望于财政拨款来解决产学研合作中成果转化所面临的资金需求问题，但效果并不理想。为什么大家都认为应该支持也必须支持产学研合作成果的及时转化，效果却一直不理想呢？关键是我们对创新型企业在它生命周期的不同阶段所需资金的不同性质了解不多、研究不够。这次明确指出建立促进科技成果转化的资金支持机制，鼓励设立多层次、市场化的创新基金，这是抓住了问题的一个关键。因为这类企业、这些创新成果投入生产既有成功的可能，也有失败的可能，风险较大，在它的发展早期并不适用于传统意义上的银行贷款直接进入。因为银行发放贷款的资金来源是客户，是社会公众的存款，银行确实不能够用储户的钱，也就是让储户去承受这种不确定性所带来的风险。那么这些创新成果转化所需资金究竟应该怎么办呢？这就是所说的要设立多层次市场化的创新基金。这里所说的多层次、市场化的创新基金就是针对创新型产品、创新型企业在它生命周期的不同阶段所能够投入资金的不同性质而设的。一般说来在早期应该是所谓的天使投资基金，在后一步发展阶段应该是人们常说的 WC 基金 (Venture Capita1)。对即将上市或被其他企业收购的比较成熟的企业应该是 PE 型基金，这些不同层次的基金的投资者是来自市场的，他们的风险偏好不同，他们的风险承受能力不同，他们对未来回报寄予的希望也不同，所以说他们是市场化、多层次的，这些资金可以用于解决产学研合作创新的中小型企业不同阶段的资金需求。而对大型国企，主要是通过自身的科研投入来解决。当然无论是对大型还是中小型企业，无论是国有还是民营企业，还有一个财政对产学研合作创新的支持问题，这需要的就是通过政府采购制度的进一步健全和完善来实现。

(二) 提升项目吸引力是获得更多投资的关键

完善商业模式是至关重要的，这意味着项目团队需要清晰地展示出如何通

---

① 杨凯生. 建立产学研合作的资金支持机制 [J]. 中国科技产业，2019 (01)：22-23. DOI: 10.16277/j.cnki.cn11-2502/n.2019.01.007.

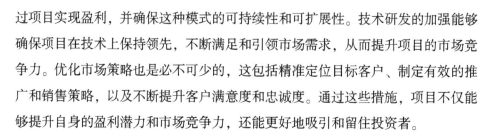

过项目实现盈利，并确保这种模式的可持续性和可扩展性。技术研发的加强能够确保项目在技术上保持领先，不断满足和引领市场需求，从而提升项目的市场竞争力。优化市场策略也是必不可少的，这包括精准定位目标客户、制定有效的推广和销售策略，以及不断提升客户满意度和忠诚度。通过这些措施，项目不仅能够提升自身的盈利潜力和市场竞争力，还能更好地吸引和留住投资者。

（三）加强与政府和相关机构的沟通

与政府和相关机构的良好沟通可以为项目带来更多政策支持和资金扶持。项目团队应主动关注政府政策动态，了解当前的资金扶持方向和重点发展领域。通过积极申请政府资助和税收优惠，项目可以有效降低运营成本，提高盈利能力。此外，与政府和相关机构的紧密合作还能为项目带来更多的资源和机会，助力项目的长期发展。

（四）建立良好的信用体系

在企业经营和项目管理中，信用是无形的资本。项目团队应注重维护自身的信用记录，确保合同履行、按时还款等方面的良好表现。一个良好的信用体系不仅能帮助项目在需要时顺利获得银行贷款或其他金融机构的支持，还能为项目带来更多的商业机会和合作伙伴。为了建立良好的信用体系，项目团队需要制定严格的财务管理制度，确保财务信息的透明度和准确性；同时，加强团队内部的诚信教育，提升全体成员的信用意识。

（五）合理利用社会资源

社会资源是项目发展的重要助力。通过媒体宣传、社会网络等渠道提高项目的社会知名度，可以吸引更多的社会关注和支持。项目团队应积极利用这些资源，展示项目的社会价值和创新成果，以吸引社会捐赠和慈善基金的支持。此外，与社会各界建立良好的合作关系也是至关重要的，这不仅可以为项目筹集到更多的资金和资源，还能为项目的长期发展奠定坚实的基础。为了合理利用社会资源，项目团队需要制定明确的宣传策略和推广计划，并积极参与社会公益活动以提升项目的社会影响力。产学研合作的资金筹集是一个复杂而重要的任务。通过充分了解各种资金来源的优劣势和风险，并结合实际情况制定合理的筹资策略，可以有效推动产学研合作的深入发展。

第二节　高风险投资与风险管理

高风险投资，顾名思义，承载着较高的潜在风险，但同时也可能带来丰厚的回报。这种投资通常涉及新兴技术、初创企业或其他具有不确定性的领域，因此，对风险进行精准识别与有效管理显得至关重要。下面将说明高风险投资的特点、风险类型以及相应的管理策略和手段。分析如何通过科学的风险评估、灵活的投资策略、严谨的法律合同等手段来降低高风险投资所带来的潜在风险。我们还提出降低高风险投资风险的措施和方法，包括分散投资、定期风险评估、及时止损等，以期在追求高回报的同时，最大程度地保障投资者的利益。

一、高风险投资的特点和风险类型

（一）高风险投资的一个显著特点就是其高潜在收益

这是因为高风险投资往往瞄准的是那些具有颠覆性、创新性的项目或企业。这些项目或企业一旦成功，其市场价值和影响力往往会迅速攀升，从而为投资者带来几倍甚至几十倍的回报。例如，许多初创科技公司在获得风险投资后，通过技术创新和市场拓展，最终实现了巨大的商业价值，为早期投资者带来了丰厚的收益。与高收益相伴的是高度的不确定性。高风险投资的对象多为初创企业或涉及新技术的项目，这些项目在市场前景、技术可行性以及竞争态势等方面都存在很大的不确定性。初创企业可能面临管理团队的执行能力、市场推广的难度、资金链的稳定性等诸多挑战。同时，新技术的市场接受度、技术迭代的速度以及知识产权保护等问题也是投资者需要考量的重要因素。这些不确定性使得高风险投资充满了挑战和变数。

高风险投资的另一个特点是投资周期长。从投入到实现收益，投资者往往需要经历一个较长的等待期。这是因为初创企业或新技术从研发到市场推广再到实现盈利，通常需要一个较长的过程。在这个过程中，投资者可能面临多种不可预测的挑战，如市场变化、政策调整、竞争加剧等。因此，投资者需要有足够的耐心和长期的投资视角来应对这种长期的投资周期。高风险投资的最后一个显著特点是资金需求量大。由于高风险投资通常涉及新兴技术或初创企业，这些项目在研发、市场推广以及日常运营等方面都需要大量的资金投入。而且，由于投资周期长和不确定性高，投资者可能需要持续投入资金以支持项目的持续发展。这就要求投资者具备雄厚的资金实力和良好的资金管理能力，以应对可能出现的各种资金需求。

（二）高风险投资涉及的项目和企业

由于其创新性和前瞻性，往往伴随着多种类型的风险。投资者在进行高风险投资时，需要对这些风险有充分的认识和准备。

技术风险是高风险投资中最为常见的风险之一。这主要体现在以下两个方面：技术不成熟：许多初创企业或新兴项目都基于尚未完全成熟的技术。这些技术可能在实验室环境下表现良好，但在大规模应用或商业化过程中可能会遇到各种问题。技术的稳定性和可靠性是投资者需要重点关注的方面。技术转化难度：有些技术虽然理论上可行，但将其转化为实际产品并推向市场却可能面临重重困难。这包括生产工艺的复杂性、材料采购的难度以及与其他系统的兼容性问题等。对于新兴技术或产品，市场需求的规模和增长速度往往难以准确预测。如果市场需求远低于预期，那么企业的生存和发展将面临严峻挑战。在科技日新月异的今天，市场趋势和消费者偏好可能迅速变化。这意味着即使一个产品在推出时受到欢迎，也可能很快被市场淘汰。初创企业的管理团队可能缺乏必要的行业经验和管理技能。这可能导致企业在战略制定、资源配置和危机应对等方面出现失误。错误的定价策略、不恰当的市场推广方式或低效的供应链管理等都可能对企业的运营造成负面影响。

财务风险主要涉及企业的资金状况和财务管理能力，初创企业在发展过程中需要持续的资金投入。如果资金筹集不及时或资金使用不当，可能导致企业面临资金链断裂的风险。企业在追求快速发展的过程中，可能忽视了对成本的有效控制。过高的成本将削弱企业的盈利能力，甚至导致企业陷入亏损境地。

二、高风险投资的管理策略和手段

针对高风险投资的特点和风险类型，投资者需要采取一系列管理策略和手段来应对：

（一）尽职调查

在进行高风险投资之前，投资者必须进行深入细致的尽职调查。这一步骤至关重要，因为它能帮助投资者全面了解项目的市场前景、技术实力、管理团队以及财务状况等关键信息。通过尽职调查，投资者可以评估项目的可行性和潜在风险，从而为投资决策提供坚实的数据支持。尽职调查应包括与项目团队成员的深入交流、市场分析、技术评估以及财务审计等多个方面。

（二）分阶段投资

为了降低一次性投入的风险，投资者可以采用分阶段投资的策略。这意味着投资者不是一次性将全部资金投入项目，而是根据项目的发展阶段和进展情况，逐步注入资金。这种策略使投资者能够在每个阶段结束后对项目进行重新评估，并根据评估结果决定是否继续投资。这样，如果项目在某个阶段出现问题或未达到预期目标，投资者可以及时调整投资策略，甚至选择退出，从而避免更大的损失。

（三）参与管理

投资者可以通过在董事会占有一席之地或参与项目的关键决策过程，对项目进行更直接的监督和管理。这种参与不仅可以帮助投资者更好地了解项目的运营情况和财务状况，还能及时发现潜在问题并提出改进建议。此外，投资者的参与还能为项目团队提供更多的资源和支持，有助于项目的顺利推进。

（四）合同约束

在投资过程中，投资者应与项目方签订详细的法律合同，明确双方的权利和义务。合同内容应包括股权转让、利润分配、违约责任等关键条款，以确保投资者的利益得到充分保障。在出现争议或纠纷时，合同将成为解决问题的重要依据。因此，投资者在签订合同前应仔细审查合同条款，并咨询专业律师的意见。

（五）投资组合

为了降低单一项目失败带来的整体风险，投资者应构建多元化的投资组合。这意味着投资者应将资金分散投入到多个不同领域、不同阶段的项目中。通过多元化投资，投资者可以平衡不同项目的风险和收益，从而降低整体投资组合的风险水平。同时，多元化投资还能帮助投资者抓住更多的市场机会，实现资产的均衡增长。

针对高风险投资的特点和风险类型，投资者需要采取一系列管理策略和手段来应对潜在的风险。通过深入尽职调查、分阶段投资、参与管理、合同约束以及构建多元化的投资组合等策略，投资者可以在追求高收益的同时，有效降低投资风险。

三、降低高风险投资风险的措施和方法

除了之前提到的管理策略和手段，为了更全面地降低高风险投资的风险，陈方圆（2011）[①] 认为风险抵御可以有以下几种措施：

（一）强化风险意识

1. 重塑风险文化，强化风险意识

不好的文化能够使好的制度失效或大打折扣而好的文化能够使制度的缺失得到有效的弥补。风险管理实效较好的企业，具有共同的特征领导者有极强的风险意识，并极度重视市场风险，海尔的张瑞敏说"十年来我天天思考的都是失败，对成功视而不见，也没有什么荣誉感、自豪感，而是危机感"。海尔的张瑞敏高度重视战略风险、市场风险和运营风险"永远战战兢兢，永远如履薄冰"。

风险管理文化建设应融入战略联盟文化建设的全过程。大力培育和塑造良好的风险管理文化；树立正确的风险管理理念，增强成员风险管理意识，将风险管理意识转化为联盟成员的共同认识和自觉行动，促进产学研建设系统、规范、高效的风险管理机制。科技成果转化既具有高风险性，又具有高收益性，高风险和高收益是紧密联系在一起的。因此，各方必须提高风险认识水平，树

---

① 陈方圆. 产学研战略联盟风险抵御机制研究［D］. 内蒙古大学，2011.

立同舟共济的思想。

2. 加强学研方的产学研联盟意识

加强高校和科研机构的产学研联盟意识，首要任务就是改革科技管理体制。科技管理体制是建设产学研战略联盟的重要基础，没有高效率的科技管理体制，产学研战略联盟的运作也就无从谈起。因此，必须在市场经济的大背景下，根据现状建立一套特有的科技管理体制。通过体制创新，实现科技资源优化配置，需要注意的是，要逐步将科研机构的运行机制和运行模式加以改变，使科研机构进入市场，以市场需求为导向，通过市场配置资源，围绕市场开展科研，建立符合市场经济运行规律的运行机制和组织模式。高校和科研机构要运用经济杠杆和市场调节使自身具有自我发展能力和为经济建设服务的活力，逐步改变与企业相脱离的现状。学研方应当在技术研发、学术研讨、人才交流、科技服务等方面，主动加强与企业的联系与合作，把各自的优势整合为有利于市场竞争的整体优势，努力在高新技术创新领域占有自己的一席之地，为加快实施科教兴国战略作出应有的贡献。

3. 确立企业在技术创新中的自主地位

企业主体地位的弱化，高校、科研机构协同能力不强是导致产学研战略联盟合作不力的根本原因。产学研战略联盟的直接目的是加强科技成果产业化，因此"产"必须是第一位来抓，确立企业在技术创新中的自主地位，使其真正成为产学研战略联盟的主体。在中国，大部分企业长期以来都是劳动密集型的，尤其是中小企业众多，在知识、技术、人才等方面积累匮乏，现阶段还难以在产学研联盟中发挥主体功能作用。高校与科研机构基础研究的不现实性和应用研究的匮乏性导致与企业实际生产相脱节，难以在产学研战略联盟的合作中发挥优势。评价大学研究实力的标准难以契合企业技术创新的实际需求，科研机构对行业关键共性技术的研究的缺失难以推动行业技术创新的现实需要。

(二) 风险预警机制

预警就是预防、警告的意思，风险预警机制可以在产学研战略联盟运作过程中对每一个细节进行跟踪分析，时刻保持对风险的警觉性和敏感性，及时发现联盟内部和外部可能引起风险的因素和征兆，并通过相关程序和方法对与风险相关的信息进行收集、筛选和整理，最终得出结论，对可能出现的风险进行合理评估，将风险预警机制列入日常风险防范工作中可以使产学研战略联盟在很大程度上减少风险损失。

1. 技术创新风险预警机制的日常化管理工作

一是全面、系统、连续地收集产学研战略联盟中处在变化中的技术创新信息，随时了解和掌握项目进度以及项目运作的环境，对可能出现的风险反复进行确认，有针对性地进行风险防范，修正既定计划和方案以避免风险的发生。在信息时代如果摆脱信息而一味地按照自己的想法去进行技术发展和创新，多数的结果是在耗费了大量的时间、资源和精力后，所得到的创新技术在市场上早已过时，失去了其应有的价值。

二是同步跟踪和检测联盟内外部的信息，并将此工作日常化。由专业人员采用最新设备和最适合的信息技术检测方法，对来自技术研发、技术产品成果转化、批量化生产、产品营销、社会服务以及市场、政策、媒体、消费者等各方面的信息，进行及时、准确地收集、筛选和整理，对结果进行合理化、科学化决策，将联盟中可能出现的各种风险消灭于萌芽之中。

三是坚持进行技术创新风险的教育、培训和演练。产学研战略联盟可以拟定计划，定期举办风险知识宣传教育的培训班并进行风险防范的模拟演练，使联盟工作人员具备较高的风险意识和对风险的警惕性以及较强的风险防范能力以及风险决策水平，提高联盟工作人员的这些能力可以使联盟整体的风险抵御水平迈上一个新台阶。

2. 建立技术产品成果价值和风险转化的评估体系

一是要加强技术产品成果价值的评价方法研究。技术产品成果的价值多少对于联盟成员来说就意味着联盟所获利益的多少，运用科学、合理的评价方法对技术产品成果的价值进行准确评估有利于促进联盟成员工作的积极性和减少联盟成员间产生合作风险的可能性，因此，需要根据实际情况，逐步建立一套完备的技术产品成果评价方法。

二是建立科学合理的投资评估方法和体系。目前还没有专门针对产学研战略联盟制定出的统一的投资评价方法和体系，现有的投资评价方法又不适用于产学研，需要对众多具有典型性的产学研战略联盟进行调查研究，使制定出的投资评估方法具有更强的现实性和有效性。

三是加强产学研战略联盟中的风险研究，为降低和控制风险做准备。具体来说，要研究产学研战略联盟中风险的种类、产生及形成原因，对这些信息进行归纳整理，总结出风险的运动规律。不仅在项目运作前和运作过程中进行风险研究，在项目完成后一定要对出现的风险以及所采取的应对措施进行总结，将此当成今后预防风险发生的有效工具，在今后的项目运作过程中就能较为有效地避免此类风险。

（三）风险投资机制

产学研的工作经费主要靠政府拨款来解决，存在经费总量小，经费来源单一且投资风险较大等问题，这就要求尽快解决产学研战略联盟中无钱投，不愿投，不敢投的问题，确保产学研战略联盟资金来源多样化。

产学研战略联盟风险专项基金可以采取政府投一点，企业集一点，社会筹一点的方式进行筹集。产学研战略联盟合作项目多具有投入高，不确定性强，风险大的特征，特别是在项目前期，一般没有机构愿意承担项目风险。专项基金的前期投入可以分担企业的投资风险，减轻企业投资压力，保证项目的资金来源，最终保证项目的成功。

产学研战略联盟创新困难和技术产品成果转化率低的一个重要原因是资金缺口大。缺乏资金的支持，产学研的技术创新也就无从谈起。因此，需要加快发展风险投资体系，建立多元化的产学研投融资体系，以此保证产学研战略联盟项目运作过程中风险投资资金的足够充足。

（四）风险管理机制

从财务指标中体现的风险主要有投资风险、债务风险、财务风险和收支不平衡风险。针对这些风险的特点，可以采取相应的措施进行解决。由政府组建贷款项目专家组对产学研战略联盟提供必要的财政信息咨询，战略联盟定期向专家组提交项目进展和完成情况的报告，专家组对报告进行审核并确定下一阶段贷款发放数目以及提出相应的预防风险建议。另一方面，产学研战略联盟要培养自己的高素质财务工作团队，提高资金的利用率。

质量风险包括创新技术未通过认证、技术创新产品质量不合格、中试不成功、消费者在使用产品时出现事故以及联盟项目运作过程中的机器磨损、仪器设备出现故障、技术人员流失等等。针对质量风险问题，可以制定规章制度有序、有节的使用各类资源，联盟决策层要时刻把握社会动态和市场需求，最终决定技术产品成果转化方案产学研，还要建立专门的质量监督部门，对创新技术和产品质量进行科学评估和严格检查，保证技术、产品双合格。

产学研战略联盟每一名成员在项目合作过程中难免会发生冲突。有些冲突可以利用协议和契约加以化解，但是有些潜在的冲突却很难通过协议来消除。另外联盟成员间的道德风险、心理风险也会直接影响联盟项目的顺利完成。针对联盟中各成员在项目合作过程中所体现出来的合作关系风险，需要通过建立正式或非正式的沟通渠道，增强联盟各方的相互了解，避免误会的发生联盟各方还要将信息共享落到实处，实现信息相对对称政府还需出台强制的法律法规以约束联盟成员自觉履行义务等。

（五）利益与风险和谐共担机制

利益分配机制是产学研战略联盟各成员之间利益关系的反映，影响着联盟的长期性和稳定性。产学研战略联盟，是技术的联盟，也是利益的联盟。在产学研战略联盟项目运作前，联盟各方就应当对利益如何分配进行充分的讨论和明确的界定。产学研战略联盟的利益包括有形利益与无形利益两类。有形利益就是指技术产品成果投放市场所获得的利益，而无形利益包括技术、产品和信息资料的专利权、商标权和著作权等。在利益分配之前，需要对这些有形和无形资产进行科学评估，不能只看到有形利益而忽略了无形利益。

产学研战略联盟的核心是技术产品成果的转化和推广，在此过程中，高风险和高收益同时并存。因此，要逐步建立起产学研战略联盟风险承担的责任制度，实现分层次、分阶段分解风险责任，约束联盟各方共担风险，从而实现产学研战略联盟的整体目标。在风险承担方面，要遵循以下原则谁决策谁负责，谁掌握项目进展的主动权谁负责，谁影响了项目的进展谁负责，谁投资多谁收益多，谁承担风险大谁收益多。针对具体的风险也要制定出承担风险的主体。对于研发阶段产生的技术风险，应当由高校和科研机构来承担对于技术产品成果转化过程中的技术风险则要由企业、高校和科研机构共同承担，对于技术产品成果批量化生产以及整个营销阶段所产生的市场风险则要由企业单独承担。建立风险承担机制可以将风险有效的分摊到各成员中，最终实现利益与风险和谐共担。

第三节　设施与设备的共享使用

在当今资源日益紧缺、环境保护意识逐渐增强的时代背景下，设施与设备的共享使用成为一种创新且高效的资源利用方式。这种模式的出现，不仅是对传统资源使用方式的一次深刻变革，更是推动可持续发展和绿色经济的重要力量。设施与设备共享使用能够显著降低资源消耗、减少浪费，并有助于缓解环境压力，同时也为企业和个人用户带来了实实在在的经济效益和便利性。

一、设施与设备共享使用的需求和优势

随着科技的快速发展和资源日益紧张，传统的设施与设备使用方式确实已无法满足现代社会的多样化需求。在这一大背景下，设施与设备共享使用的概念逐渐受到人们的关注和追捧。这种新型使用模式不仅能显著提高资源的利用效率，还能为企业和个人用户带来实实在在的经济与环保双重效益。

（一）设施与设备共享使用的需求分析

设施与设备共享使用的核心优势之一是降低成本。对于很多初创企业、小型企业或个人用户而言，购买和维护专业设备是一笔不小的开销。这些设备可能价格昂贵，而且需要定期维护和更新，这对于资金有限的用户来说是一个沉重的负担。通过共享模式，这些用户可以与其他用户或企业共同分担这些成本，从而大大降低了经济压力。更重要的是，共享模式允许用户按需支付。这意味着用户只需在使用设备时付费，而无需为设备的闲置时间买单。这种灵活性不仅为用户提供了更多的选择空间，还进一步降低了他们的运营成本。例

如，一些企业可能只需要在特定时期使用某些设备，通过共享，他们可以避免在非使用期承担设备的折旧和维护费用。

设备共享还显著提高了设备的使用效率。在传统的设备使用模式中，设备经常会在某些时段闲置，造成资源的浪费。而通过共享，这些闲置的设备可以被其他需要的用户所使用，从而确保设备始终在高效运转。这不仅提高了设备的利用率，还为用户节省了等待时间，使他们能够更快地完成任务。共享模式还有助于优化资源配置。通过智能调度和匹配算法，共享平台可以确保设备在最需要的时间和地点得到利用。这种动态的资源分配方式可以大大提高整体的工作效率，使得各种设备和资源得到更加合理的利用。

促进资源节约和环保设施与设备共享使用还对环保和资源节约起到了积极的推动作用。减少不必要的设备购买意味着减少了生产过程中的资源消耗和能源消耗。设备的制造和运输过程往往需要消耗大量的原材料和能源，而通过共享，这些消耗可以得到有效的减少。降低设备的废弃率也有助于减少废物产生。在传统的设备使用模式中，设备在达到使用寿命后往往被废弃，这不仅浪费了资源，还可能对环境造成污染。而通过共享，设备的生命周期可以得到延长，从而减少了废物的产生。共享平台还可以对废旧设备进行回收和再利用，进一步提高了资源的利用效率。

（二）设施与设备共享使用的优势探讨

设施与设备共享使用的首要优势就是资源的高效利用。这是因为设备不再局限于单一用户或企业，而是可以在多个用户或企业之间流通使用，从而大大提高了设备的使用率。共享模式还通过智能调度和优化算法，实现了设备需求和供应的精准匹配。这种智能化的管理方式，能够确保设备在最需要的时候被最需要的人使用，进一步提高了资源的利用效率。这种高效的资源利用方式，不仅有助于缓解资源紧张的问题，还能为社会创造更多的价值。高建等人（2013）① 认为由于科研及教学需要，高校实验仪器设备的紧密程度在不断提高，并逐渐向高精尖方向发展，大量进口仪器设备正在通过各种渠道逐渐进入

---

① 高建，陈洪玉，林燕，等. 构建高校大型仪器设备共享平台的探讨 [J]. 中国科技信息，2013（11）：196.

高校实验室，然而，这些实验设备也正是地方企业研发部门和中小科研机构所急需的，高校将实验仪器设备信息通过网络向社会披露，实现校企联合，高校能进一步了解企业需求以及生产科研最新动态，为高校专业建设和人才培养提供决策依据，促进"产学研"，有利于地方经济发展。

设施与设备共享使用还能带来显著的成本节约。在传统的设备使用模式中，每个用户或企业都需要独自承担设备的购买、维护和更新等费用，这无疑增加了他们的经济负担。而在共享模式下，这些费用可以由多个用户或企业共同分摊，从而大大降低了单个用户或企业的成本。特别是对于那些使用频率不高但又必不可少的设备，共享模式提供了一种经济、高效的解决方案。用户无需花费大量资金购买和维护这些设备，只需在需要时通过共享平台租赁即可。这种灵活的使用方式，不仅节约了成本，还提高了设备的利用率。以高校的设备使用为例，谢建武（2012）[①] 认为设备共享可以有效提高教学设备资源利用效率，院校间资源共享的重要意义就是提高了资源的利用效率，目前一方面我国高校教学经费严重不足，教学经费来源主要来源于学生的学费，因此教学设备资源严重不足，无法正常地开展实训教学，阻碍了教学水平的提高；另一方面许多高校在设备采购时一味求大、求全，造成大量设备闲置，利用效率严重不足。因此，通过院校间教学设备资源共享一方面使教学资源充裕的高校，通过教学设备共享，获得经济补偿，可以充分发挥教学设备在教学、科研以及社会服务中的作用，挖掘现有设备潜力，减少和避免设备购置中的浪费，缓解教学设备资源利用率低下的矛盾；另一方面对于经费紧张或者利用率低的教学设备，通过资源共享，付出一定的使用费，同样降低了教学成本。设备共享还可以建立有效的教学设备管理体制，目前在院校间教学设备资源管理方面存在着很多问题，其中在设备资源共享方面主要的问题就是观念落后，缺乏共享意识，缺乏完善的设备共享机制，缺乏设备资源信息共享平台。因此，通过院校间教学设备资源共享，可以建立更加完善的教学设备管理体制，提高院校教学设备资源利用的效率。

设施与设备共享使用对环保效益的提升也是显而易见的。减少新设备的生

[①]　谢建武. 高职院校教学设备管理研究［D］. 天津大学，2012.

产和旧设备的废弃，有助于降低环境污染和温室气体排放。在传统的设备使用模式中，设备的频繁更换和废弃不仅浪费了资源，还对环境造成了严重污染。而在共享模式下，设备的生命周期得到了延长，从而减少了废弃物的产生。共享模式还符合循环经济和绿色发展的理念。通过设备的循环利用和资源的共享利用，实现了资源的最大化利用和环境的最小化影响。这种环保、可持续的发展模式，是推动可持续发展的重要途径。

设施与设备的共享使用具有资源高效利用、成本节约和环保效益提升等多重优势。这些优势不仅满足了现代社会对资源高效利用、成本节约和环境保护的多重需求，还为企业和个人提供了一种创新、实用的解决方案。随着共享经济的不断发展和技术的持续进步，我们有理由相信，设施与设备共享使用这一模式将在未来发挥更大的作用，为社会的可持续发展做出更大的贡献。

二、设施与设备共享使用的实施方式和挑战

（一）实施方式

设施与设备共享使用的实施方式灵活多样，但核心在于构建一个高效、便捷的共享生态系统。

谢建武（2012）[①] 认为设备共享最主要的是平台建设，设备共享最终都需要通过平台来实现。网络平台应该包括设备采购管理系统、设备日常管理系统、设备资源共享系统，涉及设备管理人员、设备、服务信息采集、存储、处理、交流、共享等方面。共享平台可以是一个线上应用程序、网站或专门的软件系统，它能够为设备提供者和使用者提供一个集中、透明的信息交流环境。通过这个平台，用户可以浏览可用的设备、查看设备详情、预约使用时段，并进行支付等操作。平台还应具备用户评价系统，以便建立设备使用者的信誉体系和提高设备使用的透明度。为了确保共享模式的公平性和可持续性，必须制定一套完善的共享规则。这些规则应明确设备使用的条件、责任划分、费用结算方式、损坏赔偿标准等。规则的制定应充分考虑各方利益，确保用户之间的权益得到平衡。设备的正常运行是共享模式持续发展的基础。因此，必须建立

---

① 谢建武 . 高职院校教学设备管理研究 [D] . 天津大学，2012.

一套有效的设备维护和保养机制。这包括定期检查设备状态、进行必要的维修和更新、提供用户操作指南等。维护和保养工作可以由专业的设备管理团队负责，也可以通过与设备制造商或第三方服务商合作来实现。

（二）挑战

尽管设施与设备共享使用具有诸多优势，但在实施过程中也面临着一系列挑战：设备的管理和维护挑战：随着设备使用频率的增加，设备的磨损和故障率也会相应上升。如何确保设备的及时维护和保养，防止因设备故障而影响用户使用体验，是共享模式面临的一大挑战。此外，设备的更新换代也是一个需要考虑的问题，如何平衡设备的经济寿命与技术更新换代的需求，是设备管理中的一个重要课题。用户信任问题：在共享模式中，设备提供者和使用者之间可能并不熟悉，这导致了一定的信任风险。如何确保用户能够按照规则使用设备、防止设备被恶意损坏或盗窃，是建立用户信任的关键。为此，可以引入信用评分系统、设备保险机制以及严格的用户身份验证等措施来增强用户之间的信任。随着共享经济的快速发展，现有的法律法规可能无法完全适应这一新兴模式。关于设备损坏的赔偿责任、用户隐私保护、税收政策等方面都可能存在法律空白或模糊地带。推动相关法律法规的完善也是共享模式发展中需要关注的重要问题。

设施与设备共享使用虽然具有广阔的应用前景和诸多优势，但在实施过程中仍需面对诸多挑战。只有通过不断创新和完善相关机制，才能确保这一模式的健康、持续发展。

三、促进设施与设备共享使用的策略和建议

为了推动设施与设备共享使用的广泛采纳和持续发展，以下提出几点具体的策略和建议：

（一）加强政策支持和引导

为了推动设施与设备共享使用的广泛应用，政府应当积极加强政策支持和引导，为共享经济的发展创造有利的环境。具体来说，政府可以从以下几个方面入手：政府可以出台一系列的激励政策，其中最直接有效的方式就是为参与设备共享的企业或个人提供税收优惠。这种优惠政策能够切实减轻他们的经济负担，进而提高他们的参与积极性。例如，对于积极参与设备共享并达到一定规模的企业，政府可以在一定期限内减免其部分或全部税费，以此鼓励更多的企业加入设备共享的行列中来。政府还可以设立专项资金，用于支持共享平台的研发、市场推广以及设备的更新和维护。共享平台的研发是共享经济发展的重要基础，而市场推广则有助于扩大共享设备的使用范围和用户群体。同时，设备的更新和维护也是确保共享服务持续性和稳定性的关键环节。通过专项资金的扶持，这些关键环节将得到有力的支持，从而推动共享经济的持续发展。政府在城市规划中应考虑设备共享的需求。随着共享经济的不断发展，共享设备在城市交通、生活服务等领域的应用将越来越广泛。因此，政府在城市规划时，应合理设置共享设备停放点、充电站等设施，以便用户能够更方便地使用共享设备。这不仅有助于提高共享设备的使用率，还能有效缓解城市交通压力，提升城市居民的生活质量。

政府通过加强政策支持和引导，可以为设施与设备共享使用的发展提供有力的保障。通过税收优惠、专项资金扶持以及城市规划的考虑，政府将能够推动共享经济的蓬勃发展，为社会的可持续发展做出积极贡献。

（二）完善法律法规体系

在设备共享领域，随着共享经济的蓬勃发展，相关法律法规的完善变得尤为重要。设备共享过程中可能出现的各种纠纷和问题，需要明确的法律条文来规范和解决。

设备提供者应对其提供的设备质量、安全性和可靠性负责。若因设备问题导致的损失或伤害，设备提供者应承担相应的法律责任。设备使用者应遵守共享平台的使用规则，按照规定的方式和范围使用设备。若因使用者的不当操作导致的损失，使用者应承担相应责任。共享平台是连接设备提供者和使用者的桥梁，应对平台上的交易行为进行监督和管理。若因平台监管不力导致的纠纷，平台也应承担一定的法律责任。制定严格的用户隐私保护政策，明确收集、使用和存储用户信息的规范和目的。采用先进的技术手段保护用户数据，防止数据泄露或被非法获取。加强对员工的隐私保护培训，确保用户隐私信息的安全。

为了维护设备共享市场的健康秩序，必须坚决打击不正当竞争和欺诈行为。建立健全的市场监管机制，对设备共享市场进行定期检查和抽查，确保所有参与者都遵守市场规则。严厉打击低价竞争、恶意压价等不正当竞争行为，维护市场的公平竞争环境。鼓励行业协会等自律组织发挥作用，通过行业自律来规范市场秩序。完善用户身份验证机制，确保每个用户都是真实的个体或企业，降低欺诈风险。建立用户信用评价体系，对信用较低的用户进行限制或禁止其参与设备共享。加强与执法机构的合作，对发现的欺诈行为进行严厉打击，并公开曝光相关案例以警示其他市场参与者。

（三）提升设备管理和维护水平

为了提升设备共享行业的管理水平和用户体验，必须高度重视设备的管理与维护工作。

招聘具有相关技能和经验的专业人员，组建一支高效、专业的设备管理和维护团队。为团队成员提供持续的技能培训，确保他们掌握最新的设备管理和维护知识。制定严格的设备日常检查制度，确保每台设备都得到定期的检查和维护。这包括设备的清洁、调试、零部件更换等，以保证设备的最佳性能和安全性。建立快速响应机制，一旦设备出现故障或问题，团队能够迅速介入，进行故障诊断和修复，最小化设备停机时间。

通过安装传感器和监控设备，实时监控设备的运行状态、位置和使用情况。这些数据可以帮助管理团队迅速发现并解决潜在问题，提高管理效率。收集设备运行数据，并利用大数据技术进行分析。通过对历史数据的挖掘和学习，可以预测设备可能出现的故障和问题，从而提前进行维修和更换，减少意外停机时间。开发或引进先进的设备管理系统，实现设备信息的数字化管理。系统可以自动跟踪设备的维护记录、使用情况等信息，为管理团队提供全面的数据支持。建立有效的用户反馈机制，收集用户对设备使用的意见和建议。这些反馈可以为设备的改进和优化提供宝贵的信息。定期对设备进行评估，识别并替换过时或低效的设备。同时，关注市场动态和技术发展，及时引进更高效、更先进的设备。基于大数据分析和预测结果，制定预防性维护计划。通过

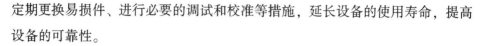

定期更换易损件、进行必要的调试和校准等措施，延长设备的使用寿命，提高设备的可靠性。

（四）建立信任机制

在设备共享行业中，建立信任机制是至关重要的。它不仅能够保障用户的权益，还能激励设备提供者和共享平台不断提升服务质量，从而推动整个行业的健康发展。

允许用户对使用的设备和服务进行评价，包括设备的性能、新旧程度、易用性，以及共享平台的服务态度、响应速度等方面。确保用户评价的真实性，通过审核机制剔除虚假评价。将评价公开展示，供其他用户参考，帮助他们做出更明智的选择。设备提供者和共享平台应认真听取用户评价，及时调整和改进服务，形成良性循环。根据用户的行为，如按时归还设备、保持设备完好、积极评价等，为用户积累信用积分。同时，对不当行为，如逾期归还、损坏设备等，进行积分扣除。积分高的用户可以享受更多的优惠和服务，如免押金、优先使用设备等。而积分低的用户可能面临限制使用或提高押金的措施。确保积分的计算和规则对用户完全透明，以增强用户对积分制度的信任感。

在用户使用设备前收取一定数额的保证金，以确保在设备损坏或丢失时能够得到相应的赔偿。设备完好归还后，保证金将全额退还。为共享设备购买保险，以覆盖设备在正常使用过程中可能出现的损坏或丢失风险。这样既能降低用户的经济负担，也能为设备提供者提供一定的经济保障。在保证金或保险需要赔付时，应有明确、公正的赔付流程，确保用户的权益得到及时有效的保障。

（五）加强宣传和推广

为了推动设备共享的普及和发展，加强宣传和推广工作是必不可少的环节。通过多种渠道的全面宣传，可以提高公众对设备共享的认知度和接受度，进一步拓展市场，并培养公众的环保意识和共享理念。高建等（2013）[①] 认为应该多途径提高仪器设备利用率，一方面要加大宣传力度，加强对外联系与合

---

① 高建，陈洪玉，林燕，等．构建高校大型仪器设备共享平台的探讨［J］．中国科技信息，2013（11）：196.

作，做好各种对外服务资质申领工作，更好的服务地方社会；另一方面要加强校内共享，建立"地方粮票"制度，也就是科研经费的内部流通制度，制定相应的收费标准，采取有偿服务的模式，鼓励为全校服务。

充分利用微博、微信、抖音等社交媒体平台，发布设备共享的相关内容，如使用教程、用户心得、优惠活动等，吸引用户关注和互动。通过社交分享和口碑传播，扩大设备共享的影响力。在地铁站、公交站、商业中心等人流密集区域投放广告，展示设备共享的便利性和环保意义。通过视觉冲击和简洁明了的广告语，吸引公众的注意力。积极参加各类公共活动，如环保公益活动、科技展览等，设置设备共享体验区，让公众亲身体验共享的便利，从而增强对设备共享的好感和兴趣。与旅游、出行、电商等相关行业建立合作关系，通过资源整合和互利共赢的模式，共同推广设备共享服务。例如，与旅行社合作提供便捷的共享设备租赁服务，提升旅游体验。与合作伙伴共同举办推广活动，如联合营销、互动体验等，通过双方的努力和资源互补，扩大设备共享的市场影响力。

在社区、学校、企业等场所定期举办公众教育活动，通过讲座、互动游戏等形式，向公众普及设备共享的知识和益处。邀请行业专家、学者、企业家等举办研讨会和交流会，深入探讨设备共享的发展趋势、市场前景以及面临的挑战和机遇。通过专业的交流和探讨，推动设备共享行业的创新发展。在宣传推广中强调设备共享的环保意义，让公众了解通过共享可以减少资源浪费和环境污染的重要性。结合环保节日或主题活动日，开展相关的设备共享环保主题活动，如"绿色出行日""无车日"等，鼓励公众通过设备共享参与环保行动。

通过宣传和推广策略的实施，可以有效提高公众对设备共享的认知度和接受度，扩大市场份额，同时传播环保理念和共享文化，为社会的可持续发展贡献力量。通过加强政策支持、完善法律法规、提升设备管理和维护水平、建立信任机制以及加强宣传和推广等策略和建议的实施，可以有效地促进设施与设备共享使用的发展。这些措施不仅有助于克服当前面临的挑战和问题，还能进一步释放共享经济的潜力并为社会的可持续发展做出贡献。

第七章　评估与绩效监测

　　企业、学术界和研究机构之间的紧密合作，不仅能够加速科技成果的转化，还能提升整个社会的创新能力和竞争力。这种合作模式是否真正发挥了其应有的效能，又该如何科学地衡量其成果与影响，成为我们必须面对的重要议题。评估与绩效监测是产学研合作中不可或缺的环节，其重要性日益凸显。通过对合作效果的全面评估，我们可以清晰地了解到合作的实际成效，发现存在的问题与不足，从而为未来的合作提供有力的改进依据。合理的绩效指标设计与应用，能够直观地反映合作的进展情况和目标达成度，有助于及时调整合作策略，确保合作的高效推进。建立有效的反馈机制和持续改进体系，是产学研合作持续健康发展的关键。通过及时反馈合作过程中的问题和建议，促进合作各方之间的沟通与协调，不断优化合作模式与机制，从而实现合作效果的最大化。

第一节　产学研合作的效果评估

　　产学研合作是推动科技创新与经济社会发展的重要途径，其实施效果直接关系到科技创新的效率和经济社会发展的质量。为了全面、客观地了解和衡量产学研合作的成效，我们需要建立一套科学、合理的效果评估指标体系，并运用恰当的方法和手段对数据进行深入分析。通过对评估结果的准确解读和有效应用，我们不仅能够及时发现合作中存在的问题，更能为未来的产学研合作提供有力的指导和优化建议。

一、产学研合作效果评估的指标体系

产学研合作效果评估的指标体系是一个多维度、多层次的结构，旨在全面、客观地评价合作的成效。

（一）科研产出指标

1. 发表论文数量：论文是学术界交流和传播研究成果的主要途径。产学研合作中发表的论文数量，直接反映了该合作在学术研究领域的活跃度和影响力。这些论文不仅记录了最新的研究发现，还为后续研究者提供了宝贵的参考。统计时，应重点关注在国际知名期刊或高层次学术会议上发表的论文。因为这些平台通常具有严格的审稿流程和高质量要求，能够在此类平台上发表论文，说明产学研合作的研究成果具有较高的学术价值和认可度。通过发表论文的数量和质量，我们可以评估产学研合作在推动相关领域学术进步方面的具体贡献。这也是衡量其科研实力和社会影响力的重要依据。

2. 专利申请和授权情况：专利是保护创新成果的重要手段，也是创新活动最直接的产出之一。产学研合作中申请的专利数量，体现了其在技术开发和创新方面的活跃度和实力。在现代经济中，知识产权的重要性日益凸显。专利申请和授权不仅保护了合作方的技术成果，也为未来的技术转化和商业化奠定了法律基础。已授权的专利意味着该技术已经通过了严格的审查，具有较高的实用性和市场潜力。这对于后续的技术转化和产品开发至关重要。

3. 新产品或技术的开发：新产品或技术的成功开发，是产学研合作将研究成果转化为具有市场竞争力的实际产品的最直接体现。这不仅证明了合作的实效性，也为经济发展注入了新的活力。新产品或技术的推出，往往能带动相关产业的发展，创造更多的就业机会和经济效益。一些具有创新性的技术还可能对社会产生深远的影响，如提高生活质量、促进环境保护等。新产品或技术的成功开发，也会反过来激励产学研各方继续深入合作，形成良性循环。这种持续的创新动力，是推动科技进步和社会发展的重要力量。

（二）经济效益指标是衡量产学研合作经济回报和价值创造的重要标准

这些指标直观地反映了产学研合作如何转化为企业的实际经济利益，进而证明合作的实用性和长期价值。

新增销售额是最直接反映产学研合作成果带来市场效益的指标。当产学研合作成功推动新产品或技术的开发，并能够被市场接受时，新增销售额就会显著提升。这一指标不仅量化了合作的市场表现，也反映了消费者对合作成果的认可程度。新增销售额的大幅增长通常意味着产学研合作在市场拓展方面取得了显著成效。对于参与合作的企业而言，新增销售额的增长不仅是短期内的经济回报，更是未来持续发展和扩大市场份额的重要驱动力。

利润增长是衡量企业经济效益和产学研合作长期价值的关键指标。产学研合作带来的技术创新和产品优化，如果能够转化为实际的利润增长，就说明合作具有显著的经济效益。利润的增长直观地反映了产学研合作对企业盈利能力的积极影响。这不仅证明了合作的实效性，也为企业的持续发展提供了坚实的经济基础。对于投资者和决策者来说，利润增长是评估产学研合作是否值得继续投入和扩大规模的重要依据。

通过产学研合作实现的技术改进或生产流程优化，往往能够带来显著的成本节约。这种节约不仅体现在原材料和人力成本的减少上，还包括能源消耗、设备维护等多个方面。成本节约意味着企业在不降低产品质量的前提下，能够以更低的价格向市场提供产品，从而增强市场竞争力。这在价格战激烈的市场环境中尤为重要。成本节约不仅提高了企业的短期盈利能力，更为企业的长期可持续发展奠定了坚实基础。通过持续的成本控制和效率提升，企业能够在激烈的市场竞争中保持领先地位。经济效益指标是评估产学研合作经济回报和价值创造的重要工具。这些指标不仅量化了合作的直接经济成果，还为企业的战略规划和未来发展提供了宝贵的数据支持。

（三）社会效益指标是衡量产学研合作对社会整体贡献的重要标准

产学研合作不仅仅局限对于经济利益的追求，更包括了对社会技术进步、产业结构优化以及就业机会创造等多方面的积极影响。

1. 提升行业技术水平：产学研合作通过集结学术界、产业界和研究机构的智慧和资源，共同研发新技术、新工艺，从而推动行业整体技术水平的提升。这种提升不仅体现在产品质量的改进，还包括生产效率的提高、资源利用的优化等方面。行业技术水平的提升可以通过行业内的技术标准和产品质量来衡量。产学研合作往往能够制定出更为先进、严格的技术标准，推动行业内企业向更高标准看齐，进而提升整个行业的技术水平和国际竞争力。

2. 推动产业升级：产学研合作通过引入新技术、新工艺，不仅提高了产品的附加值，还促进了产业结构的优化和升级。这种升级有助于摆脱低端制造，向高技术、高附加值的产业方向发展。产业升级意味着企业能够生产出更具市场竞争力的产品，满足消费者日益多样化的需求。产学研合作在此过程中扮演了关键角色，通过技术创新和产品升级，帮助企业赢得市场先机，实现可持续发展。

3. 创造就业机会：产学研合作往往能带来新的投资项目和发展机遇，从而吸引更多的资金和资源投入。这些新项目的实施不仅需要高端的研发人才，也需要大量的生产、销售和服务人员，因此能够直接创造大量的就业机会。就业机会的增加不仅有助于缓解社会的就业压力，还能提高民众的收入水平和生活质量，进而促进社会的稳定和发展。产学研合作在这一方面发挥了积极作用，通过技术创新和产业升级，为社会的和谐与进步做出了重要贡献。

社会效益指标是评估产学研合作对社会整体贡献的重要维度。通过提升行业技术水平、推动产业升级以及创造就业机会等方面的努力，产学研合作是社会的进步与发展注入了强大的动力。

（四）合作过程指标是评估产学研合作项目执行效率与内部协作机制的重要标准

这些指标不仅关注项目的最终结果，更侧重于合作过程中的各个环节和要素，从而确保项目的顺利进行和目标的达成。

1. 项目完成时间：项目从启动到完成所需的时间，是反映产学研合作效率和执行力的重要指标。一个较短的项目周期通常意味着团队成员之间的高效协作、优秀的时间管理以及强大的执行能力。项目周期的缩短还可能带来成本上的节约，因为长时间的拖延往往会导致资源的浪费和额外成本的产生。因此，项目完成时间也是合作成本控制的一个重要方面。

2. 资源利用效率：资源利用效率关注的是在产学研合作过程中，各种资源（如人力、物力、财力等）是否得到了有效利用。这可以通过对比项目的投入和产出来衡量，高资源利用效率意味着以较小的投入获得了较大的产出。提高资源利用效率不仅有助于降低项目成本，还能提升项目的整体效益。在产学研合作中，各方应共同关注资源的合理配置和高效利用，以实现成本最小化、效益最大化的目标。

3. 信息共享程度：信息共享是产学研合作中的关键环节。一个良好的信息共享机制能够确保各方及时获取所需的信息，从而提高合作的透明度。这有助于减少误解和冲突，增强合作各方的信任感。充分的信息共享还能为合作各方的决策提供支持。基于准确、全面的信息，各方能够做出更为明智的决策，从而推动项目的顺利进行。通过信息共享，合作各方能够更好地了解彼此的工作进展和遇到的问题，进而及时调整自己的工作计划和策略。这种紧密的协作有助于提高整个团队的效率，确保项目按时完成并达到预期目标。

合作过程指标是评估产学研合作项目执行情况和内部协作效率的重要依据。通过关注项目完成时间、资源利用效率以及信息共享程度等关键指标，产学研合作各方可以共同推动项目的顺利进行并达成预期目标。

（五）人才培养与知识转移指标是衡量产学研合作在提升人力资源和知识传播效果方面的重要标准

这些指标不仅关注合作过程中的人才成长，还着眼于知识从学术界向产业界的流动和应用。

产学研合作的一个重要目的是提升参与人员的专业技能和知识水平。通过合作项目的实施，相关人员能否掌握新的技术、方法和理论，是衡量人才培养效果的关键。这通常可以通过对比参与人员在合作前后的技能水平、知识储备和解决实际问题的能力来评估。为了量化这一指标，可以对参与人员进行定期的技能测试或评估，比如在合作开始前、进行中以及结束后分别进行测试，从而客观地衡量他们的技能提升程度。产学研合作给在校学生提供了宝贵的实习和工作机会，有助于他们将理论知识与实践相结合。通过统计和分析学生的实习满意度、实习期间的学习成果以及实习结束后留在企业工作的比例等数据，可以评估合作对学生职业发展的积极影响。除了实习机会，产学研合作还能促进学生的就业。通过追踪学生的就业率、就业质量（如薪资水平、职位发展等），可以进一步衡量合作在人才培养和输出方面的效果。

产学研合作的核心目标之一是推动科研成果从实验室走向市场。技术转移和成果推广的成功与否，可以通过技术转让合同的签订数量、技术转让的收入以及技术转让后产品的市场表现等指标来衡量。除了直接的技术转让，成果的推广范围和市场接受度也是重要的评估标准。通过观察新技术或产品在市场上的普及程度、用户反馈以及销售额等数据，可以判断技术转移和成果推广的成效。人才培养与知识转移指标是评估产学研合作在人力资源提升和知识传播方面效果的关键依据。通过这些指标的细致分析和持续跟踪，可以确保合作不仅在技术创新方面取得突破，还能在人才培养和知识转移方面发挥实效。

二、产学研合作绩效评价的影响因素

韩丽娟（2017）① 认为在产学研合作的基础上，其外部环境及内部运行的协同关系，为其产生内外部效果带来了应然和实然的结果。因此，基于投入—产出理论，产学研合作绩效评价的影响因素应主要从投入与产出两方面进行分析，进而细化投入前、投入、投入与产出之间的中介、产出及产出后的影响因素，最终厘清产学研合作绩效评价的构成要素。

（一）合作环境

政府是产学研合作的隐形推手，推动了产学研合作的发展，为产学研合作的利益动机增强了助推力。产学研合作环境分为政策环境及市场环境，其一，产学研合作以大学为主导主体，企业及科研机构为辅助性的参与主体，其合作致力于知识与技术之间的转化，即从知识生产到科技成果的转化和应用。基于这一合作目的，我国颁布的《中共中央国务院关于深化体制机制改革加快实

---

① 韩丽娟. 产学研合作绩效评价的作用机制［J］. 社科纵横，2017，32（11）：56-61. DOI：10. 16745/j. cnki. cn62-1110/c. 2017. 11. 013.

施创新驱动发展战略的若干意见》《中共中央关于深化人才发展体制机制改革的意见》《中华人民共和国促进科技成果转化法》及 2016 年教育部、科技部最新颁布的《教育部科技部关于加强高等学校科技成果转移转化工作的若干意见》，都从政策的规定上为产学研合作绩效评价提供了开放、务实、支持的空间；其二，市场需求为产学研合作构建了良性互动的平台。虽然产学研合作在政府宏观调控的作用下明确了合作方向，但是市场为产学研合作中各主体的资源配置及转化起着自主调节的作用，而市场的滞后性为产学研合作中产生的不均衡性起着事后发现及弥补的作用。在市场经济条件下，供需矛盾为产学研合作创造了新的成长环境。

（二）投入要素

产学研合作依据的是"投入—产出"理论，必定要在合作前具备投入范围中的各要素。人员、设备及经费当作投入的三大要素，是各主体合作的先行者，更是影响各主体合作绩效评价的先决条件。产学研合作的软件及硬件设施，遍布各主体的组织中。大学、企业及科研机构中人员的合作、设备的互补及经费的投入，都为各主体融入了共享的合作意识。人员是以大学中具备高深知识的教师、企业中具备专业知识及技能的技术人才、科研机构中具备研究能力的科研人员为主；设备是指产学研合作中需要使用的器物、精密仪器等物化设施；经费包含政府为产学研合作投入的经费支持、企业为大学及科研机构注入的资金、大学对自身发展投入的资金、科研机构为大学发展投入的专项资金等，这些经费在产学研合作中都占有一定的比例，而经费投入的多少直接影响合作的成果。在投入要素中，每一个衡量产学研合作效益的指标都有投入的最大值及最小值，只有在一定的取值范围内进行投入，才能获得令人满意的合作效果。

（三）运行要素

产学研合作以大学为主导性主体的合作模式，在合作的运行机制中，就应以大学为主，将知识生产当成运行的前提条件，将企业与科研机构的参与角色置于配合大学生产知识、转化技术的协同组织。大学在进行知识生产与技术创新的互动过程中，结合企业与科研机构的利益诉求，为产学研合作过程中项目的选择、决策及协调制定合乎规范的统筹要求。选择产学研合作的项目应考虑到项目的风险与收益，可以选择一个项目，也可以同时选择多个项目，在选择多个项目时就应考虑项目之间的联系，为项目进行优化组合，从而对项目可行性、可完成度进行分析及评价；决策是对项目执行过程中影响目标实现的各种要素的一种分析、判断及制定决定的策略，决策能更好地提高项目完成率；协调是对项目实施过程中出现的矛盾的一种解决方式，尤其是对产学研合作中人、财、物等各要素产生矛盾后的达成的相对均衡的一种处理方式。

（四）产出要素

产学研合作在知识生产的基础上，由其本身就具有的生产能力，衍生出了新的成果，即产出了科学技术成果。若要实现技术创新，就需要应用能力与成果来衡量产出内容的有效性。能力是隐性的间接成效，具有主观性，它是通过合作组织中各成员的内在素养来体现的，能力无法用量化的方法来比较，却能用从无到有的行为来评价；成果是产学研合作绩效评价最直观和具体的评价标准，包括专利数量、产品数量、论文发表数量等，都可以成为产出要素的直接成效。产学研各主体都可以将专利、产品、论文当作组织整体发展的量化评估手段，也可以将其当作组织中员工的绩效考核内容。

（五）合作效果

产学研合作的三位一体模式形成了一个较稳定的合作系统，各组织在合作系统中的协同创新，将会为各组织带来有益的效果。特别是对于大学而言，产学研合作带来的最长久的效果是对人才的培养、为社会所尽的责任及带来的经济效益，即实现了大学的三大功能：人才培养、科技创新和社会服务。从整体与局部来看，将人才培养、社会服务、经济效益作为产学研合作的效果评价指标，都为产学研合作制定了统一的目标。在合作的效果中，经济效益是最直接的效果，表现在各主体的收入上，而人才培养、社会服务成为间接的效果，是在潜移默化中形成的，表现在个体能力及社会发展上。

三、分析评估数据的方法和手段

在产学研合作过程中，数据收集是一个重要环节，但更为关键的是如何有效地分析和评估这些数据，从而得出有价值的结论。

（一）统计分析在数据处理中占据着举足轻重的地位

它是我们理解和解释数据的重要工具。在产学研合作的背景下，统计分析不仅能够帮助我们整理海量数据，还能揭示出数据背后的规律和趋势，为决策者提供有力的数据支持。

对数据进行整理、分类和汇总是统计分析的初步工作。在产学研合作中，这通常涉及对项目投入、产出、参与人员、合作期限等多种数据的梳理。通过这一过程，原本杂乱无章的数据被赋予了结构，使得后续的分析工作得以顺利进行。计算各项指标的平均值是了解产学研合作整体情况的有效方法。通过计算合作项目的平均投入，我们可以得知在资源分配上的一般水平；而平均产出的计算则有助于我们了解合作项目的整体效益。这些平均值为我们提供了一个宏观的视角，让我们能够快速地把握合作的大致状况。标准差在统计分析中扮演着衡量数据离散程度的重要角色。在产学研合作中，标准差的应用可以帮助我们判断合作项目的稳定性和风险。一个较小的标准差意味着大部分数据都紧密地围绕在平均值附近，表明合作项目在各方面都表现得比较均衡，风险相对较低。相反，一个较大的标准差则可能意味着某些方面存在较大的波动或不确定性，需要决策者给予更多的关注和应对。相关系数是揭示不同指标之间关联程度的有力工具。在产学研合作中，我们可能会关心研发投入与产出成果之间的关系。通过计算这两者的相关系数，我们可以明确它们之间是否存在正相关、负相关或无关系。这种关联性的了解有助于我们优化资源配置，调整合作策略，以实现更高的效益。

统计分析在产学研合作中发挥着不可或缺的作用。通过整理数据、计算平均值、标准差和相关系数等统计量，我们能够更加客观地量化产学研合作的各个方面，从而为进一步的决策提供科学依据。

（二）比较分析是一种通过对比不同条件下的数据来揭示差异、分析变化的重要方法

在产学研合作的领域中，比较分析具有特别的意义，它可以帮助我们深入理解合作项目的成效，评估合作策略的有效性，并为未来的合作提供改进

方向。

我们可以利用比较分析来评估产学研合作效果是否随时间有所提升。通过收集不同时间段的合作数据，包括投入资源、产出成果、合作满意度等方面的信息，然后进行纵向对比。例如，我们可以对比一个合作项目在开始阶段和成熟阶段的数据，观察是否有明显的改进和增长。这种时间序列的比较不仅能够展示合作的长期趋势，还能帮助我们识别出哪些因素在推动合作效果的提升，哪些因素可能成为合作的瓶颈。比较分析还可以用于对比不同合作项目或不同合作模式的数据。在产学研合作的实践中，往往存在多种合作模式和项目类型。通过横向对比这些不同的合作项目和模式，我们可以更加清晰地看到它们之间的优势和劣势。某些合作模式可能在技术创新方面表现出色，而在市场推广方面则相对较弱；另一些合作模式可能更注重实际应用和产业化，能够快速将研究成果转化为市场竞争力。通过比较分析，我们可以找出哪种合作模式在特定的目标和环境下更为高效，从而为未来的合作选择提供参考。比较分析还有助于我们发现合作中的优势和短板。通过对比不同合作项目的数据，我们可以识别出哪些环节或方面表现突出，哪些环节或方面需要改进。这种分析不仅能够帮助我们优化现有的合作流程和管理机制，还能为未来的合作提供有针对性的改进建议。

比较分析在产学研合作中具有重要的应用价值。通过对比不同条件下的数据，我们可以深入揭示合作中的差异和变化，评估合作效果是否随时间有所提升，找出哪种合作模式更为高效，并发现合作中的优势和短板。这些信息对于优化合作策略、提升合作效果具有至关重要的意义。

（三）趋势分析是一种重要的数据分析方法

它依据历史数据的走势和规律，来预测未来的发展方向和可能的变化。在产学研合作的领域里，趋势分析扮演着至关重要的角色，因为它能为决策者提供宝贵的前瞻性信息，帮助他们在复杂多变的市场和科研环境中保持敏锐的洞察力和应变能力。

在产学研合作中，趋势分析的应用主要体现在对未来发展趋势的预测上。这包括对投入增长、产出提升、技术革新、市场动态等多方面的预测。例如，通过对历史合作数据的深入分析，我们可以观察到投入资源的增长趋势，从而预测未来可能需要增加的投入量。这种预测有助于决策者提前规划预算和资源分配，确保合作项目的持续稳定发展。对产出的历史数据进行趋势分析，可以帮助我们预测未来可能的产出水平。这不仅包括科研成果的数量和质量，还涉及这些成果的市场潜力和商业化前景。通过准确预测产出的提升趋势，决策者可以及时调整市场策略，优化产品布局，以抓住未来的市场机遇。趋势分析还可以应用于技术革新的预测。随着科技的飞速发展，产学研合作中的技术更新换代速度越来越快。通过对历史技术革新数据的分析，我们可以预测未来可能出现的技术突破和创新点，从而为科研团队提供明确的研发方向和目标。市场动态也是趋势分析的重要关注点。产学研合作的最终目的是将科研成果转化为具有市场竞争力的产品或服务。因此，密切关注市场动态，预测未来市场的发展趋势和消费者需求变化，对于产学研合作的成功至关重要。

趋势分析在产学研合作中具有不可替代的价值。它利用历史数据为决策者提供了前瞻性的信息和预测，帮助他们提前规划和准备，以更好地应对未来的挑战和机遇。通过趋势分析，产学研合作各方能够更加紧密地协作，共同推动科技创新和产业升级。

（四）专家评估法是一种结合了主观判断与客观分析的有效方法

特别适用于那些数据不足或难以直接量化评估的情况。在产学研合作的评估中，专家评估法能够借助专家的深厚知识和丰富经验，为合作项目提供全面、深入的评价。

在产学研合作中，我们通常会邀请与合作项目相关的领域专家参与评估。这些专家可能是来自学术界的研究者、产业界的资深从业者，或是具有丰富经验的市场分析师等。他们不仅具备深厚的专业知识，还对行业发展趋势、市场需求等有着敏锐的洞察力。通过专家的评估，我们能够更加全面地了解合作项目的实际效果。专家会根据自己的知识和经验，对合作项目的成果进行细致的分析和判断，包括技术的创新性、实用性，以及市场潜力等方面。这种评估不仅有助于我们认识到合作项目的优点和亮点，还能揭示出可能存在的问题和不足。专家评估法还能为我们指明改进的方向。专家在评估过程中，会针对发现的问题提出具体的改进建议，这些建议往往基于他们丰富的实践经验和行业洞察，因此具有很高的参考价值。通过采纳这些建议，我们可以及时调整合作策略，优化资源配置，从而提升合作项目的整体效果。值得一提的是，专家评估法虽然具有主观性，但通过与多位专家的交流和综合判断，我们可以有效降低这种主观性带来的影响。专家的知识和经验也能在一定程度上弥补数据不足或难以量化的缺陷，使得评估结果更加全面和可靠。

专家评估法在产学研合作中具有重要的应用价值。它不仅能够帮助我们更加全面地了解合作项目的实际效果，还能揭示出可能存在的问题，并为我们提供明确的改进方向。在数据不足或难以量化的情况下，这种方法更是展现出了其独特的优势。这些分析评估方法和手段在产学研合作中具有重要的应用价值。它们不仅可以帮助我们更加深入地了解合作项目的实际情况，还可以为决策者的规划和执行提供有力的支持。

四、评估结果的解读和应用方式

在产学研合作的整个过程中，评估结果的解读和应用是至关重要的一环。它不仅是衡量合作成效的标尺，也是推动合作持续改进和优化的关键。

（一）结果反馈

评估工作一旦完成，最紧迫且关键的一步就是将评估结果详尽、准确地反馈给所有参与合作的各方。这一环节至关重要，因为它不仅关乎合作的透明度，还是确保合作持续改进和优化的基础。

结果反馈的对象广泛，包括政府部门、企业、学术机构等所有在产学研合作中扮演角色的实体。政府部门是政策的制定者和资金的提供者，需要了解合作项目的执行情况和资金使用的效率；企业是技术应用的主体和市场推广的先锋，关心技术的实用性和市场前景；学术机构则关注研究成果的学术价值和对行业进步的推动作用。在反馈的内容上，必须做到详细、具体，不遗漏任何关键信息。评估报告应明确指出合作中取得的成效，如技术研发的进展、市场应用的推广情况、经济效益和社会效益的实现程度等。报告也要揭示合作中的亮点，这些亮点可能是某项技术的突破、某个创新点的实现，或是某种合作模式的成功实践。亮点的展示能够激励合作各方继续努力，保持合作的热情和动力。除了成效和亮点，评估报告更应直面合作中存在的问题。这些问题可能涉及技术研发的瓶颈、市场推广的难题、资金使用的低效等。问题的指出不是为了指责，而是为了引起合作各方的重视，促使他们共同思考解决之道。问题的明确也为后续合作的改进提供了具体的方向和目标。结果反馈的方式可以多样化，如书面报告、专题会议、电子邮件等。无论采用何种方式，关键是要确保信息的准确性和传递的及时性。只有这样，合作各方才能在第一时间了解到合作的真实状况，做出相应的调整和改进。

（二）决策支持

评估结果在产学研合作中发挥着举足轻重的决策支持作用。对于不同的合作方，评估结果提供了有力的数据支撑和深入分析，使得各方能够基于实际情况作出更为明智和有效的决策。

对于政府部门而言，评估结果是政策制定和调整的重要参考。政府部门可以根据评估结果来判断特定产学研项目的执行效果，从而决定是否继续对该项目提供资金支持。例如，如果一个项目在技术创新、市场推广以及社会效益等方面均表现出色，政府部门可能会选择继续投入资金，甚至加大支持力度。反之，如果项目进展不如预期，政府部门则可能会调整或重新分配资金，以确保公共资源的有效利用。对于企业来说，评估结果同样具有重要的指导意义。企业可以根据评估结果来调整其研发投入的方向和重点，以确保研发活动更加符合市场需求和技术发展趋势。此外，评估结果还能帮助企业优化市场策略，比如通过了解产品在市场上的接受度和竞争力，企业可以更有针对性地开展营销活动，提升品牌知名度和市场份额。学术机构也能从评估结果中受益良多。评估结果可以为学术机构指明研究方向，避免盲目跟风或者重复研究。同时，通过评估结果，学术机构还可以更好地了解行业对人才的需求，从而调整其人才培养策略，为社会输送更多符合市场需求的高素质人才。

（三）经验总结

在产学研合作的过程中，每一次评估都为我们提供了宝贵的经验和教训。这些经验不仅仅是数字或数据，更是对未来合作路径的指引和优化建议。

深入分析和总结评估结果，可以帮助我们提炼出成功的经验和做法。某些合作模式、沟通机制或资源配置方式可能在实践中被证明是高效的，能够推动项目快速进展并达到预期目标。这些成功的经验对于后续的合作项目具有重要的指导意义，可以帮助我们复制或优化这些做法，从而提高合作的效率和效果。评估结果也会揭示出一些问题和陷阱，这些都是我们在未来合作中需要避免的。可能发现某些管理流程存在漏洞，或者技术转化过程中存在难以逾越的障碍。通过总结这些问题，我们可以及时调整策略，完善管理和技术流程，确保未来的合作能够更加顺畅和高效。这些经验不仅对当前合作的改进具有指导意义，还可以为其他类似的项目提供有益的借鉴和参考。在产学研合作的广阔领域中，许多项目都面临着相似的挑战和问题。通过分享和传播这些经验，我们可以帮助其他项目团队更好地应对挑战，减少摸索和试错的过程，从而加速整个产学研合作领域的发展。这种经验的传承和共享对于提升产学研合作的整体水平具有重要意义。在一个快速发展的时代，知识和经验的更新速度非常快。只有通过不断地总结、分享和传承经验，我们才能跟上时代的步伐，不断提升产学研合作的层次和水平。

（四）宣传推广

在产学研合作领域，优秀的合作案例与显著的评估成果无疑是最好的名片。这些成功案例不仅代表了合作各方的努力与智慧，更展示了产学研结合所能带来的巨大潜力和实际效益。

通过宣传推广优秀的产学研合作案例，可以有效地展示合作的成果和效益。这不仅能够让外界更加直观地了解产学研合作的具体实施过程和所取得的成效，还能增强公众对产学研合作模式的认识和信任。当潜在的合作伙伴看到这些成功的先例时，他们会更倾向于加入这样的合作中来，从而推动产学研合作的进一步发展。宣传推广还能帮助吸引更多的资源投入。当社会各界看到产学研合作所带来的显著成果时，他们自然会认识到这种合作模式的价值和意义。这不仅可能吸引更多的政府资金支持、企业投资，还可能吸引更多的优秀人才加入产学研合作的队伍中来。这些资源的汇聚，将为产学研合作提供更为坚实的基础和更广阔的发展空间。通过宣传推广，合作各方的知名度和影响力也能得到提升。当公众和业界看到某个企业或学术机构在产学研合作中取得了显著的成果，他们会对这些机构产生更好的印象和更高的评价。这种正面的社会形象不仅有助于提升机构的品牌价值，还可能带来更多的商业机会和合作可能。宣传推广优秀的产学研合作案例，还有助于推动整个社会对于产学研合作的认同和支持。当公众看到这种合作模式为社会带来的实际效益时，他们会更加理解和支持产学研合作的工作。这种社会氛围的形成，将为产学研合作的深入发展创造更为有利的外部环境。

第二节　绩效指标的设计与应用

绩效指标是衡量和评价工作效果的重要工具，不仅能够帮助组织明确目标、监控进度，还能够激励员工，推动整体业绩的提升。然而，设计合理的绩效指标并恰当地应用它们并非易事，这需要我们深入理解组织的战略目标、业务流程以及员工的具体工作内容。我们将研究如何设计具体的绩效指标和评估标准，分析这些指标的应用方式和价值，如何优化其设计和实施过程，以期为组织带来更高效的绩效管理和更显著的业绩成果。

一、设计具体的绩效指标和评估标准

设计绩效指标和评估标准是绩效管理的基石，它直接关系到组织目标的实现和员工激励的效果。

（一）明确组织目标是绩效管理的基石，它为整个绩效管理体系提供了方向和指引

仔细研读组织的战略规划文档，理解其愿景、使命和核心价值观。这些元素共同构成了组织的"灵魂"，为所有业务活动提供了基本的指导原则。分析规划中提出的中长期目标，以及为实现这些目标所设定的关键战略举措。鉴别别战略规划中强调的核心竞争力和差异化优势，这些是组织在市场中立足的根

本。组织的使命说明了其存在的根本目的和意义，是组织所有活动的出发点。深入理解使命宣言，能够帮助明确组织希望为社会、客户或成员创造何种价值。价值观则体现了组织在经营活动中所秉持的基本原则和信念。这些价值观不仅影响着组织文化的塑造，也指导着员工的日常行为和决策。

安排与高层管理者的定期会议或讨论，以获取他们对组织未来发展方向的见解和期望。通过沟通，了解高层管理者对组织当前状况的评估，以及对未来挑战和机遇的看法。这些交流有助于形成对组织长远发展的清晰认识，并确保绩效管理与高层战略保持一致。基于以上分析，结合市场环境、竞争对手情况以及组织自身的资源和能力，明确组织在未来一段时间（如一年或几年）内想要实现的主要业务目标。这些目标应该是具体、可衡量的，例如设定的销售额、市场份额、客户满意度等。确定组织希望在哪个领域或哪些方面实现增长，这可以是新产品开发、市场拓展、服务提升等。组织能够明确自己未来的发展方向和目标，从而为后续的绩效管理工作奠定坚实的基础。这些目标不仅为员工提供了努力的方向，也是评估组织整体绩效和个人绩效的重要依据。

（二）在企业管理中，将组织的整体目标分解为各部门和个人的具体目标是至关重要的，这有助于确保每个成员都明确自己的责任，从而共同推动组织向前发展

组织的高层管理团队需要召开部门会议，与各部门的负责人共同讨论如何将组织的整体目标分解为各部门可执行的子目标。这个过程需要考虑每个部门的核心职能和专长，确保分配的目标既具有挑战性又切实可行。如果组织的整体目标是提高市场份额和盈利能力，销售部门可能被分配提高销售额和客户满意度的子目标，而生产部门则可能专注于提高生产效率和产品质量。在会议中，还需要对各部门之间的协作和沟通机制进行明确，以确保各部门能够协同工作，共同实现组织的整体目标。

在部门会议后，各部门的负责人需要与员工进行一对一的沟通。这个沟通的目的是确保每个员工都清楚自己的个人目标与部门及组织目标之间的联系。员工需要明白自己的工作是如何对部门和组织产生影响的，以及他们如何通过自己的努力为实现整体目标作出贡献。例如，对于一个销售人员来说，他可能

需要了解他的销售目标是如何与销售部门的整体目标以及组织的提高市场份额目标相联系的。通过这样的沟通，员工能够感受到自己的工作的重要性和意义，从而更加投入地工作。

在与员工进行一对一沟通的基础上，接下来需要制定个人绩效计划。这个计划应该明确每名员工为实现组织目标需要承担的具体职责和任务。这样不仅可以为员工提供明确的工作方向，还可以是未来绩效评估的依据。个人绩效计划应该包括以下内容：具体职责和任务：明确列出员工需要完成的具体工作，这些工作应该与部门和组织的整体目标紧密相连。时间表：为每个任务设定合理的时间表，以确保工作能够按时完成。绩效指标：设定可衡量的绩效指标，以便评估员工的工作表现。发展计划：为员工提供必要的培训和发展机会，以帮助他们提升技能和能力，更好地实现个人和组织目标。

（三）选择关键绩效指标（KPIs）是衡量员工工作成果和组织目标实现情况的重要手段

为了确保 KPIs 的有效性和针对性，需要根据部门和个人的目标，筛选出最能反映工作成果的关键指标。

要从部门和个人的工作目标出发，识别出那些最能体现工作成果的关键指标。这些指标应该与部门的核心职责和个人的主要工作任务紧密相连，能够直观反映工作的完成情况和效果。在确定 KPIs 时，必须确保它们符合 SMART 原则，即具体（Specific）、可衡量（Measurable）、可达成（Achievable）、相关（Relevant）和时限性（Time-bound）。这意味着每个 KPI 都应该：具体：明确描述要衡量的内容，避免模糊和歧义。可衡量：能够通过数据或明确的标准进行量化评估。可达成：设定的目标既不过于轻松也不过于困难，具有挑战性但可实现。相关：与部门和个人目标紧密相关，能够真实反映工作成果。时限性：设定明确的时间限制，以便及时评估和调整。

由于不同部门和岗位的工作内容和目标各不相同，因此在选择 KPIs 时，应充分考虑其业务特性和工作职责。例如，销售部门的 KPI 可能包括销售额、客户满意度、新客户开发数量等；而生产部门的 KPI 则可能涉及生产效率、产品质量合格率、生产成本控制等。KPIs 不是一成不变的。随着组织目标、市场环境或工作流程的变化，需要对 KPIs 进行定期评估和调整。这可以确保 KPIs 始终保持与部门和个人目标的紧密关联，并有效衡量员工的工作表现。在确定 KPIs 的过程中，与员工进行充分的沟通和反馈至关重要。这不仅可以确保员工对 KPIs 的理解和认同，还能激发他们的积极性和责任感。同时，定期的绩效反馈也能帮助员工了解自己的工作表现，及时调整工作策略和方法。

选择关键绩效指标（KPIs）是一个系统而细致的过程，需要综合考虑部门和个人目标、SMART 原则、业务特性和工作职责等多个方面。通过科学合理地设定 KPIs，可以更有效地衡量员工的工作表现，推动组织目标的实现。

（四）在绩效管理中，设定合理的评估标准对于激励员工、提升整体业绩至关重要

评估标准是衡量员工绩效表现的依据，它不仅能客观反映员工的工作成果，还能为员工提供一个明确的目标和努力方向。通过设定清晰的评估标准，可以帮助员工了解自己的工作表现，从而调整工作状态，提升工作效率。达标值是员工应达到的最低工资标准，它代表了公司对员工的基本要求。设定达标值时，应参考行业标准、公司历史数据以及岗位职责，确保该标准既不过于宽松也不过于严苛。达标值的设定要具体、可衡量，以便员工能够清楚地了解自己的工作目标。

优秀值是在达标值基础上设定的一个更高标准，旨在激励员工追求卓越表现。优秀值的设定应具有一定的挑战性，以激发员工的潜力和斗志。同时，优秀值也应该是切实可行的，避免设定过高的标准而导致员工产生挫败感。以销售人员为例，优秀值可以设定为销售额或新客户开发数量达到某个更高的水平。当员工达到或超过这个标准时，公司可以给予相应的奖励和认可，从而增强员工的工作满意度和归属感。不足值是一条警示线，当员工的绩效低于此线时，意味着其工作表现存在明显不足，需要采取措施进行改进。不足值的设定可以帮助公司及时发现问题员工，并提供有针对性的辅导和支持，以促进其绩效提升。对于销售人员来说，不足值可以设定为一个相对较低的销售额或新客户开发数量。一旦员工的绩效触及或跌破这个标准，管理层就应及时介入，与

员工共同分析原因并制定改进措施。评估标准应具有挑战性，以激发员工的上进心和创造力。过于宽松的标准会让员工失去进步的动力，而过于严苛的标准则可能使员工感到压力过大而失去信心。因此，在制定评估标准时，应充分考虑员工的实际能力和岗位需求，确保标准既具有挑战性又切实可行。评估标准还应具有一定的灵活性，以适应不同员工的特点和需求。

（五）绩效管理体系不是一成不变的

而是需要根据组织的发展、市场环境的变迁以及员工能力的进步进行适时的调整和优化。定期回顾与更新是确保绩效管理体系持续有效、与时俱进的关键环节。

为了保持绩效管理体系的灵活性和适应性，企业应设定固定的回顾周期，如每季度或每年，对绩效指标和评估标准进行全面的审视和调整。这种定期回顾的机制有助于确保绩效管理体系始终与组织的战略目标保持一致，同时能够及时发现并修正体系中可能存在的问题。在回顾过程中，积极收集员工和管理者的反馈是至关重要的。员工是绩效管理体系的直接参与者，他们对指标体系的实际效果和存在的问题有着最直接的感受。通过问卷调查、面对面访谈或小组讨论等方式，可以深入了解员工对现行绩效管理体系的看法和建议。同时，管理者的反馈也是不可忽视的，他们通常能从更高的角度审视整个体系的运行效果。

在收集了员工和管理者的反馈后，企业需要对绩效管理体系进行细致的分析，识别出存在的问题和改进的空间。例如，某些指标可能过于复杂或难以衡量，需要进行简化或替换；某些评估标准可能过于严苛或宽松，需要进行相应的调整。此外，随着组织的发展和市场环境的变化，企业可能需要添加新的绩效指标以更好地反映员工的实际工作表现和组织的业绩要求。通过定期回顾与更新，企业可以确保绩效管理体系始终保持与时俱进的状态。这不仅能够真实反映员工的工作表现，还能为组织提供有力的管理工具，推动员工持续改进和提升。同时，一个灵活且适应性强的绩效管理体系还能增强员工的归属感和满意度，从而为企业创造更大的价值。

定期回顾与更新是绩效管理体系中不可或缺的一环。通过设定固定的回顾周期、收集员工和管理者的反馈以及根据反馈和市场环境变化进行调整，企业可以构建一个既具有挑战性又切实可行的绩效管理体系，为组织的长期发展提供有力支持。

二、分析绩效指标的应用方式和价值

绩效指标不仅是衡量员工工作表现的工具，它在组织运营和管理的多个方面都具有重要的应用价值。

（一）在企业管理中，绩效指标不仅是衡量员工和组织表现的工具，同时也是为管理层提供决策支持的重要依据

绩效指标能够提供关于组织运营状况的实时数据，这意味着管理层可以随时随地获取到各部门、各业务线以及各个项目的最新进展情况。这种实时性的数据反馈机制，使得管理层能够迅速把握组织的运行脉搏，了解哪些领域正在按计划推进，哪些领域可能存在滞后或问题。通过对绩效指标的深入分析和长期跟踪，管理层可以洞察组织运营中的潜在风险点。这些风险点可能隐藏在各个环节，如供应链的不稳定、客户满意度的下降、员工离职率的上升等。通过对这些绩效指标的监控，管理层可以在风险初露端倪时就及时察觉，并迅速采取措施进行规避或缓解。在传统的决策过程中，管理层可能更多地依赖个人经验、直觉或主观判断。然而，基于绩效指标的客观数据，管理层可以做出更加明智和科学的决策。这些数据不仅提供了关于组织当前状态的准确信息，还能揭示出历史趋势和未来发展潜力。

（二）在企业管理中，资源分配是一个至关重要的环节，它直接影响到组织的运营效率和盈利能力

通过绩效指标的分析，组织可以更加科学、合理地进行资源分配，从而优化运营，提升整体业绩。

绩效指标是组织评估各部门或项目表现的重要依据。通过对这些指标的分析，组织可以清晰地看到哪些部门或项目在运营中表现优异，哪些则存在不足或需要改进。这种透明的评估机制有助于组织更有效地分配人力、物力和财力资源。具体来说，对于表现优异的部门或项目，组织可以给予更多的资源支

持，以进一步发挥其优势和潜力。这包括增加人员配备、提升技术投入或扩大市场推广等。相反，对于表现不佳的部门或项目，组织则需要审慎评估其存在的问题，并根据实际情况调整资源分配策略。这可能包括重新分配人员、优化流程或寻求外部合作等。通过这种基于绩效的资源分配方式，组织可以确保资源向高效益部门倾斜，从而实现整体资源的最优配置。这不仅可以提高组织的运营效率，还有助于增强组织的竞争力和市场地位。

合理的资源分配不仅可以优化组织的运营，还可以显著提高组织的投资回报率。当资源被精确地投放到能够产生最大效益的部门或项目时，每一分投入都将被最大化利用，从而产生更可观的收益。通过绩效指标的分析，组织还可以及时发现并削减那些效益不佳或存在风险的投资项目，避免资源的浪费和损失。这将有助于组织保持健康的财务状况，并为未来的发展奠定坚实的基础。通过绩效指标的分析来进行资源分配是一种科学、有效的方法。它不仅可以帮助组织优化资源配置，还可以显著提升投资回报率，使组织在激烈的市场竞争中保持领先地位。

（三）员工激励是提升员工工作积极性和工作效率的关键

绩效指标在这一过程中发挥着重要的作用，它不仅能够为员工明确工作目标，还能成为奖惩的依据，同时帮助员工识别自身的发展需求。

绩效指标为员工提供了清晰、具体的工作目标和努力方向。当员工了解并明确自己的工作目标后，他们就能更加有针对性地开展工作，减少无效努力，提高工作效率。这种目标导向不仅使员工对自己的工作职责有明确的认知，还能激发他们的责任感和使命感，从而更加投入地工作。绩效指标是客观、公正的，因此它可以成为员工奖惩的重要依据。当员工达到或超越绩效指标时，企业可以给予相应的奖励，如加薪、晋升、奖金或其他形式的表彰，以肯定员工的努力和成果。这种正向的激励机制能够极大地提高员工的工作积极性和满意度。对于未达到绩效指标的员工，企业也应及时进行辅导和帮助，而不是简单地惩罚。通过深入了解员工未达到指标的原因，企业可以为员工提供有针对性的培训和支持，帮助他们提升工作表现，实现个人和组织目标的双赢。

绩效指标不仅是对员工工作成果的衡量，也是员工自我认知和职业发展的重要工具。通过对比绩效指标和自己的实际工作表现，员工可以清晰地了解自己的长处和短处，从而明确自己在工作中需要改进和提升的地方。基于这种自我认知，员工可以制定个人发展计划，针对自己的不足进行有针对性的学习和提升。这不仅有助于员工提高职业技能和竞争力，还能为他们的职业发展打开更广阔的空间。同时，企业也应为员工提供必要的培训和发展机会，以支持他们的个人成长和职业发展。绩效指标在员工激励方面发挥着多重作用。它不仅为员工明确了工作目标，提供了奖惩的依据，还帮助员工识别自身的发展需求并制定个人发展计划。通过合理利用绩效指标进行员工激励，企业可以打造一支高效、积极、不断成长的团队。

（四）绩效指标不仅是衡量员工和组织表现的工具，同时也是诊断问题和推动改进的重要手段

绩效指标是组织运营状况的"晴雨表"。当某项绩效指标未达到预期时，这往往意味着与之相关的业务流程或环节存在问题或瓶颈。例如，生产线的生产效率指标下滑可能暗示着设备故障、员工操作不当或原材料供应问题等。通过对这些异常指标的分析，组织能够迅速定位到具体的问题所在，从而避免问题进一步恶化或扩散。这种及时的问题发现机制，使得组织能够在问题出现时就采取相应的措施进行干预，防止小问题变成大问题，确保组织的稳健运转。

一旦通过绩效指标发现了问题，接下来的关键就是如何解决问题并进行改进。绩效指标的异常可以为组织提供明确的改进方向。以销售额未达到预期为例，这可能是由于市场策略不当、产品推广不足或销售流程存在缺陷等原因造成的。通过对这些可能的原因进行深入分析，组织可以制定出具体的改进措施，如调整市场定位、加大广告投放力度、优化销售流程等。这些基于绩效指标的改进措施，不仅具有针对性，而且能够量化评估改进效果，确保改进措施的有效性。

通过对绩效指标的持续关注和改进，组织可以逐渐形成一种积极向上的持续改进文化。在这种文化中，员工会习惯于不断地寻求改进的机会，积极主动地解决工作中遇到的问题，从而推动组织不断向前发展。这种持续改进的文化

不仅能够提升组织的运营效率和质量，还能够增强组织的创新能力和市场竞争力。它也能够激发员工的工作热情和创造力，促进员工的个人成长和职业发展。绩效指标在组织运营和管理的多个环节中都发挥着重要作用。它不仅为管理层提供了决策支持，还有助于优化资源配置、激励员工以及诊断和改进问题。因此，设计合理的绩效指标体系并充分利用其价值，对于组织的成功至关重要。

三、如何优化绩效指标的设计和实施

优化绩效指标的设计和实施，是确保绩效管理体系有效运行并持续推动组织发展的重要环节。

（一）在企业管理中，绩效指标体系的反馈与调整环节至关重要

它不仅有助于保持绩效管理的灵活性和时效性，还能确保绩效指标始终与组织的战略目标保持一致。

为了确保绩效指标体系的持续改进和优化，组织需要建立一套有效的反馈机制。这通常包括设立定期的绩效反馈会议，邀请员工和管理层共同参与讨论。在这些会议上，应鼓励营造开放、诚实的交流氛围，让与会者能够畅所欲言，分享他们对当前绩效指标体系的看法和建议。通过定期的反馈会议，组织可以及时了解员工和管理层对绩效指标体系的感受，发现潜在的问题，并集思广益，共同探讨解决方案。这种参与式的反馈机制有助于增强员工对绩效管理的认同感和归属感，从而提高他们的工作积极性和满意度。除了定期的反馈会议外，组织还可以通过多种渠道收集员工和管理层对绩效指标应用的反馈意见。例如，可以设计并发放问卷调查，了解员工对绩效指标的认知程度、满意度和改进建议；也可以进行面对面的访谈，深入探讨员工和管理层在绩效管理过程中遇到的困难和挑战。收集到反馈数据后，组织需要运用科学的方法进行分析。通过数据分析，可以识别出绩效指标体系中存在的问题和改进点，如指标设置是否合理、权重分配是否恰当、考核周期是否适宜等。这些问题的发现将为后续的调整工作提供有力的依据。

根据反馈结果和分析数据，组织需要及时对绩效指标进行调整。调整的目

的在于确保绩效指标更加贴近实际工作需求，提高指标的相关性和有效性。具体来说，可以从以下几个方面入手：修正不合理的指标设置，删除或替换那些与实际工作脱节或难以衡量的指标。调整指标的权重分配，以反映各项工作的重要性和优先级。优化考核周期和频次，确保考核既能及时反映员工的工作表现，又不会给员工带来过大的压力。明确并更新考核标准，使员工能够清楚地了解自己的工作目标和期望成果。通过持续的反馈与调整，组织可以构建一个更加科学、合理且富有弹性的绩效指标体系。这不仅有助于提升绩效管理的效果，还能激发员工的工作潜力，推动组织的长期稳定发展。

（二）在快速变化的市场环境中，保持绩效指标体系的灵活性对于组织的成功至关重要

一个灵活的绩效指标体系能够迅速响应外部环境的变动，确保组织始终沿着正确的方向前进。

组织必须时刻保持对市场动态的敏锐洞察。这包括密切关注行业趋势、竞争对手的动态以及客户需求的变化。通过市场研究、客户调查和行业分析，组织可以及时了解市场的最新发展，并据此调整自身的绩效指标。为了确保绩效指标体系的时效性和针对性，组织需要定期对其进行审查和更新。这一过程中，应剔除那些已经过时或不再适用的指标，避免它们对考核造成干扰。同时，根据市场的最新需求和组织的发展战略，增添新的、更具针对性的指标。创新是推动组织持续发展的关键动力。为了激发员工和管理层的创新思维，组织应鼓励他们提出创新性的绩效指标建议。这不仅可以使绩效指标体系更加符合市场的最新需求，还能增强员工对绩效管理的参与感和归属感。组织可以通过设立创新奖励机制、定期举办创新研讨会等方式，激发员工和管理层的创新思维。同时，对于提出的创新性绩效指标建议，组织应给予充分的关注和评估，确保其合理性和可行性。一旦建议被采纳并纳入绩效指标体系，提出者将会获得相应的奖励和认可，从而进一步激发整个组织的创新活力。

（三）随着科技的不断发展，技术手段在绩效管理中的应用越来越广泛

利用先进的技术工具和方法，组织可以更有效地进行绩效管理，提高工作

效率，优化决策过程。

引入绩效管理软件是一种强大的工具，能够帮助组织实现绩效数据的自动化收集、分析和报告。这类软件通常具备灵活的数据录入功能，可以方便地记录员工的绩效数据，如销售额、客户满意度、项目完成情况等。软件还能对这些数据进行自动分析，生成直观的图表和报告，帮助管理层迅速了解员工的绩效表现。通过引入绩效管理软件，组织可以大大提高工作效率和准确性。软件能够减少人工录入和计算错误，确保数据的真实性和可靠性。同时，自动化的数据分析和报告功能使管理层能够更及时地掌握员工的绩效动态，从而做出更明智的决策。

为了让绩效管理更加全面和深入，组织需要将绩效管理系统与其他企业信息系统进行集成。例如，将绩效管理系统与 ERP（企业资源计划）系统集成，可以获取更准确的财务数据和生产运营数据；与 CRM（客户关系管理）系统集成，则可以了解客户反馈和销售业绩。通过整合这些数据资源，组织能够为绩效管理提供更丰富的数据支持。管理层可以从多个角度审视员工的绩效表现，发现潜在的问题和机会。此外，整合后的数据还可以用于制定更合理的绩效指标和考核标准，确保绩效管理更加科学和公正。

大数据和人工智能技术的快速发展为绩效管理带来了新的机遇。通过运用大数据分析，组织可以深入挖掘绩效数据中的潜在价值。分析员工的销售数据可以发现哪些产品或服务最受客户欢迎，哪些销售策略最有效。人工智能技术则可以帮助组织预测员工的绩效表现。基于历史数据和机器学习算法，人工智能可以建立预测模型，估算员工在未来一段时间内的绩效水平。这种预测能力对于制定人力资源计划和激励政策具有重要意义。

利用技术手段可以显著提升绩效管理的效率和效果。通过引入绩效管理软件、整合数据资源以及利用大数据和人工智能技术，组织可以更加全面、深入地了解员工的绩效表现，为战略决策提供有力支持。同时，这些技术手段还能够优化绩效管理的流程和方法，使组织在激烈的市场竞争中保持领先地位。

第三节　反馈机制与持续改进

在当今快速发展的社会环境中，产学研合作已成为推动科技创新和产业升级的重要模式。然而，任何合作模式的成功并非一蹴而就，而是需要不断地调整和优化。为了实现产学研合作的长效发展，建立有效的反馈机制和沟通渠道显得尤为重要。这些机制不仅能够帮助我们及时捕捉合作过程中的问题和挑战，还能为持续改进产学研合作的策略和措施提供有力的数据支撑和决策依据。

一、建立有效的反馈机制和沟通渠道

在产学研合作项目中，建立有效的反馈机制和沟通渠道是项目成功的基石。为了确保合作的顺利进行和项目的持续改进，我们必须精心设计并维护这样一套机制。

（一）明确角色和责任

在产学研合作项目中，明确各方角色和责任是确保项目顺利进行的前提。这一步骤不仅有助于提高工作效率，还能减少冲突和误解，为项目的长期发展奠定坚实基础。

1. 企业的角色和责任

企业在产学研合作中通常扮演着市场需求提供者、资金支持者和产品推广者的角色。首先，企业深谙市场动态和消费者需求，因此它们能够为项目提供宝贵的市场洞察，确保研发方向与市场趋势紧密相连。其次，资金的主要支持者需要承担项目研发的部分或全部费用，这包括设备采购、人员薪酬、实验材料等各项开支。最后，在项目成果转化为产品或服务后，企业将负责产品的市场推广和销售工作，确保研发成果能够成功商业化，实现经济效益。

2. 学术界的角色和责任

学术界在产学研合作中主要贡献研究成果、提供技术指导和参与人才培养。学术界拥有丰富的科研资源和深厚的学术积淀，能够为项目提供创新性的研究思路和解决方案。同时，学术界还承担着为项目提供技术指导的职责，确保研发过程中的技术难题得到及时解决。此外，学术界还通过参与人才培养，为项目输送具备专业素养和实践能力的科研人才，为项目的持续发展提供人才保障。

3. 研究机构的角色和责任

研究机构在产学研合作中专注于技术研发和实验验证工作。它们拥有先进的实验设备和专业的研发团队，能够针对企业的实际需求进行技术攻关和创新研究。同时，研究机构还负责实验验证工作，确保研发成果的稳定性和可靠性。通过不断的技术研发和实验验证，研究机构为项目的成功实施提供了坚实的技术支撑。明确产学研各方在项目中的角色和责任，有助于各方更好地理解自己的任务和目标，从而形成高效的合作机制。这种明确的分工不仅提高了工作效率，还减少了冲突和误解的可能性。同时，各方在明确自己责任的基础上，能够更好地发挥各自的优势和专长，共同推动项目的顺利进行和成功实施。

（二）设定沟通方式和频率

1. 项目进展会议

设定明确的沟通方式和频率在产学研合作项目中具有至关重要的作用。它不仅能够确保信息的及时传递和共享，还能促进各方之间的紧密协作，共同推动项目的顺利进行。

定期的项目进展会议是产学研合作中不可或缺的沟通环节。这些会议应该按照预定的时间表进行，如每周、每月或每季度一次，具体频率取决于项目的复杂性和紧迫性。在这些会议上，各方代表需要汇报各自的工作进展，包括完成的任务、遇到的问题以及下一步的工作计划。通过这种方式，所有相关方都能对项目的当前状态有清晰的了解。项目进展会议不仅是进度汇报的场所，更是问题解决和策略调整的关键时刻。在会议上，各方可以就遇到的问题进行深入的讨论，共同寻找解决方案。同时，根据项目的实际情况，可以及时调整策略和计划，以确保项目能够按照预定的目标顺利进行。

2. 研讨会和工作坊

除了定期的项目进展会议外，研讨会和工作坊也是产学研合作中重要的沟通方式。这些活动通常针对项目中的特定问题或领域进行深入的探讨和研究。与项目进展会议相比，研讨会和工作坊更加注重思想的碰撞和创新的激发。在研讨会和工作坊中，各方可以分享自己的研究成果和经验，就共同关心的问题进行深入的讨论和交流。这种氛围有助于激发新的想法和解决方案，为项目的进一步发展提供有益的参考和启示。同时，通过这些活动，各方还可以增进彼此之间的了解和信任，为后续的紧密合作奠定良好的基础。

在产学研合作项目中，设定明确的沟通方式和频率是确保项目顺利进行的关键因素之一。通过定期的项目进展会议以及研讨会和工作坊等形式，各方可以保持紧密的沟通与协作，共同推动项目的成功实施。

(三) 利用现代信息技术

在数字化时代，信息技术的迅猛发展为产学研合作带来了前所未有的便利。为了充分利用这一优势，我们应该积极采用现代信息技术，以提高沟通和反馈的效率，从而推动项目的顺利进行。

1. 建立在线协作平台

建立在线协作平台是提升产学研合作效率的关键步骤。我们可以选择使用成熟的项目管理软件或云协作工具，如 Asana、Trello、钉钉等，这些工具可以帮助我们搭建一个集中的信息交流和任务管理平台。通过这个平台，产学研各方的团队成员可以随时随地访问项目信息，进行实时的沟通和协作。

2. 简化信息反馈和收集流程

在线协作平台的使用可以极大地简化信息反馈和收集的流程。传统的信息反馈方式，如邮件或纸质报告，往往存在传递速度慢、信息容易丢失或错乱的问题。而在线协作平台通过提供统一的信息入口和整理功能，使得信息的反馈和收集变得高效且有序。这些平台通常具备实时更新和提醒功能，确保所有相关方都能及时获取项目的最新信息。当某一方更新了任务进度或提交了新的问题和建议时，其他团队成员会立即收到通知，从而能够快速做出响应。

3. 提高工作透明度和及时性

通过在线平台，各方可以随时随地提交和查看进度报告、问题记录和建议反馈。这种工作方式大大提高了工作的透明度和及时性。团队成员不再需要等待定期的会议或报告来了解项目进展，他们可以随时查看最新的项目信息，从而做出更准确的决策。这种透明度和及时性还有助于减少信息传递中的误解和延误。在传统的沟通方式中，信息在传递过程中很容易发生变形或丢失，导致各方对项目进展的理解存在偏差。而在线协作平台通过提供准确且实时的项目信息，有效地解决了这一问题。

4. 快速响应和协同解决问题

在线协作平台还为产学研各方提供了一个快速响应和协同解决问题的渠道。例如，当学术界在研究中遇到技术难题时，他们可以通过平台迅速向企业或研究机构发出求助信息。其他团队成员在收到信息后，可以立即提供解决方案或进行线上讨论，从而实现问题的快速解决。利用现代信息技术建立在线协作平台，可以极大地提升产学研合作的效率和效果。通过简化信息反馈和收集流程、提高工作透明度和及时性以及实现快速响应和协同解决问题，我们可以推动项目的顺利进行，并促进产学研各方的紧密合作。

（四）实时监控与即时反馈

实时监控与即时反馈是现代项目管理中不可或缺的环节，尤其在产学研合作项目中，其实用性和重要性更为突出。通过使用现代信息技术，特别是数据分析工具，我们可以对项目进度进行精细化、实时化的监控，从而确保项目的顺利进行。实时监控的核心在于数据的及时性和准确性。借助先进的信息技术，我们可以实时收集项目各阶段的数据，并通过数据分析工具进行即时处理和分析。这些数据包括但不限于任务完成情况、资源消耗情况、关键节点的达成情况等。通过这种方式，项目管理团队可以清晰地了解到项目当前的进展状态，以及可能存在的问题和风险。实时监控有助于及时发现问题。在项目执行过程中，难免会遇到各种意料之外的情况，如任务延期、资源不足、技术难题等。通过实时监控，我们可以第一时间发现这些问题，并迅速作出反应。这种及时性的问题发现机制，可以大大减少问题积压和恶化的可能性，确保项目能够按照预定计划顺利进行。实时监控与即时反馈相结合的机制，使得项目管理更加动态和灵活。在传统的项目管理模式中，信息的传递和反馈往往存在一定的滞后性，导致项目管理团队难以及时调整策略和计划。而通过实时监控和即时反馈，我们可以根据项目的实际情况，迅速调整资源分配、任务安排和优先级设置，以适应外部环境的变化和内部需求的调整。实时监控还有助于提升项目的透明度和可信度。通过向项目相关方展示实时的项目进度和数据，可以增强他们对项目的信任和满意度。这种透明度的提升，不仅有助于减少误解和冲突，还可以促进项目相关方之间的紧密合作和协同工作。

实时监控与即时反馈在产学研合作项目中具有举足轻重的地位。通过使用现代信息技术和数据分析工具，我们可以实现项目进度的实时监控和问题的即时反馈，从而提升项目管理的效率和灵活性，确保项目的顺利进行和成功实施。建立有效的反馈机制和沟通渠道是产学研合作项目成功的关键。通过明确角色和责任、设定合理的沟通方式和频率，以及充分利用现代信息技术，我们可以构建一个高效、透明且响应迅速的合作环境，从而推动项目的顺利进行和持续改进。

二、反馈信息的处理和应用方式

在产学研合作项目中，反馈信息的处理和应用是提升项目执行效率和质量的关键环节。这一过程不仅涉及信息的分类、整理和分析，更重要的是如何将这些信息转化为实际行动，以推动项目的持续改进和优化。

收集到的反馈信息需要进行细致的分类和整理。我们可以根据信息的性质、来源和重要性等因素对其进行划分。例如，技术难题、资源分配问题、团队协作障碍等都可以成为独立的分类。通过这样的分类，我们可以更清晰地识别出合作中的关键问题和瓶颈所在。在分类的基础上，进一步整理反馈信息是必要的。这包括去除重复信息、核实信息的准确性以及将信息按照时间和重要性进行排序。整理后的信息更加系统化，便于后续的分析和应用。反馈信息的分析是处理反馈信息中的核心步骤。通过深入剖析整理后的信息，我们可以发现项目执行中的问题和挑战，以及潜在的改进机会。数据分析工具在这一过程中发挥着重要作用，它可以帮助我们更准确地了解项目的实际进展与预期目标之间的差距。我们可以利用数据分析来对比项目计划与实际进度的差异，找出导致差异的具体原因。这种分析不仅有助于我们及时发现问题，还能为制定针对性的改进措施提供有力支持。

反馈信息的应用是提升项目管理水平的关键。首先，我们应该将反馈信息当成调整项目计划的依据。当实际进展与预期目标出现偏差时，我们可以根据反馈信息进行相应的调整，以确保项目能够按照既定目标顺利进行。反馈信息还可以用于优化资源配置。通过分析项目执行过程中的资源使用情况，我们可以发现资源分配的合理性和效率性，从而根据实际情况进行调整和优化。反馈信息也是改进工作流程的重要依据。项目执行过程中遇到的问题和挑战往往暴露出工作流程中的不足和缺陷。通过分析和应用反馈信息，我们可以识别出这些不足，并制定相应的改进措施，以提升工作流程的效率和质量。公开、透明地分享反馈信息对于增强团队之间的信任和激发各方积极性具有重要意义。当团队成员了解到项目的实际进展和问题所在时，他们会更加明确自己的责任和任务，从而更加积极地投入到项目中去。同时，这种透明度也有助于减少误解和冲突，促进团队协作的和谐与高效。

反馈信息的处理和应用是产学研合作项目中不可或缺的一环。通过分类、整理和分析反馈信息，并将其应用于项目计划调整、资源配置优化和工作流程改进等方面，我们可以推动项目的持续改进和优化，最终实现项目的成功实施。

三、如何持续改进产学研合作的策略和措施

持续改进产学研合作的策略和措施是确保合作项目顺利进行并取得成功的关键。

(一) 优化项目管理流程

优化项目管理流程对于产学研合作的成功具有举足轻重的作用。一个高效、灵活且适应性强的项目管理流程，不仅能够确保项目的顺利进行，还能在出现变化时迅速做出调整，从而保证项目的质量和进度。

传统的项目管理方法往往注重前期的详细规划和严格的阶段控制，但在快速变化的环境中，这种方法可能显得过于僵化。敏捷开发方法则强调灵活性和快速响应，它允许项目团队在短周期内进行多次迭代，每次迭代都聚焦于交付一部分功能或成果。这样做的好处是：通过频繁的迭代和评审，项目团队可以更早地发现并修正错误，避免问题累积到项目后期，导致成本上升和进度延误。如果市场环境或客户需求发生变化，敏捷方法能够迅速调整项目方向和优先级，确保最终的交付物仍然符合市场需求。敏捷方法鼓励团队成员之间的紧密协作，通过定期的站会、评审会和回顾会，提升团队沟通和问题解决能力。

随着技术的发展，越来越多的项目管理软件被开发出来，它们能够帮助项目管理者实时监控项目的各个方面，包括进度、资源和风险。通过项目管理软件，我们可以实现以下目标：软件能够清晰展示项目的整体进度和各个阶段的完成情况，帮助管理者及时发现进度滞后或超前的任务，从而做出相应的调整。通过软件，项目管理者可以清楚地看到各项资源的分配和使用情况，如人力、物力和财力等，以便进行更合理的资源调配。项目管理软件通常具备风险评估和管理功能，能够帮助团队识别潜在的风险点，并制定相应的应对策略。

项目管理流程的优化不是一次性的工作，而是一个持续的过程。项目团队应该定期回顾和总结项目的执行情况，识别存在的问题和改进的机会，然后调整流程和方法以适应新的环境和需求。

（二）加强团队建设与培训

在产学研合作项目中，团队成员的综合素质和技能水平是确保项目顺利推进的关键因素。为了不断提升团队的执行力和创新力，加强团队建设与培训显得尤为重要。

我们需要对团队成员进行全面的能力评估。这包括他们的技术能力、项目管理能力、团队协作能力等多个方面。评估的目的不仅是了解团队成员的当前水平，更是为了找出可能存在的短板和需要提升的领域，从而为后续的培训计划提供有针对性的指导。基于能力评估的结果，我们可以为团队成员制定个性化的培训计划。对于技术研发人员，可以组织深入的技术研讨会，邀请行业内的技术大咖进行分享，帮助他们掌握最新的技术动态和研发方法。对于项目管理人员，可以提供项目管理专业认证（PMP）等培训课程，以提升他们的项目管理能力和效率。同时，对于市场推广人员，可以安排市场营销、品牌建设等方面的培训，以提高他们的市场推广能力。

为了让培训更加高效和有趣，我们可以采取多种培训形式。除了传统的课堂讲授，还可以引入案例分析、角色扮演、小组讨论等互动式教学方法。此外，也可以利用在线学习平台，让团队成员随时随地进行自我学习和提升。培训不仅是单向的知识传授，更应该是团队成员之间相互学习、共同进步的过程。因此，我们需要鼓励团队成员之间的交流与合作。可以定期举办团队分享会，让每位成员都有机会展示自己的学习成果和工作经验。同时，也可以设立团队协作项目，让团队成员在实战中相互学习、共同提升。为了确保培训的效果，我们还需要建立有效的反馈机制。在培训结束后，可以通过问卷调查、面谈等方式收集团队成员对培训的反馈意见，以便不断优化培训内容和形式。同时，也可以定期对团队成员进行能力复评，以检验培训的实际效果。

加强团队建设与培训是提升产学研合作项目执行力和创新力的重要途径。通过全面的能力评估、针对性的培训计划、多样化的培训形式、团队成员之间的交流与合作以及有效的反馈机制，我们可以打造一支高素质、高能力的团队，为产学研合作项目的成功提供有力保障。

（三）明确目标与期望

在产学研合作项目中，明确目标与期望是至关重要的第一步。这不仅为项目提供了一个清晰的方向，还能确保所有团队成员和合作方都朝着共同的目标努力。

在项目启动阶段，需要制定一个全面而详细的项目计划。这个计划应该包括以下内容：明确项目发起的背景和期望达到的目的，帮助团队成员理解项目的意义和价值。清晰界定项目的边界和具体工作内容，避免范围蔓延和不必要的误解。设定关键的时间节点和里程碑，确保项目按计划推进。明确项目所需的人力、物力等资源，并合理分配到各项任务中。

任务书是对项目计划中各项任务的详细描述。通过任务书，团队成员可以清楚地了解自己的工作职责、任务目标、完成标准和时间要求。任务书应该具体、明确，避免模糊性和歧义。责任矩阵是一个明确团队成员各自职责和工作关系的工具。在责任矩阵中，可以列出所有的项目任务和活动，并对应到具体的团队成员或部门。这样，每个人都能清楚地知道自己的责任范围，有助于提高工作效率和减少推诿现象。在项目执行过程中，需要定期回顾项目的进展和目标达成情况。如果发现项目偏离了原定目标，或者市场环境、技术条件等发生了变化，就需要及时调整项目目标和期望。这种灵活性是确保项目成功的重要因素之一。

为了确保项目的顺利进行，必须建立良好的沟通机制。这包括定期的会议、报告和信息共享。通过有效的沟通，可以及时发现和解决问题，避免问题积压和恶化。良好的沟通还能促进团队成员之间的协作和信任，提高项目的整体执行效率。明确目标与期望是产学研合作项目成功的基石。通过制定详细的项目计划、任务书和责任矩阵，以及建立良好的沟通机制，可以确保项目始终沿着正确的方向前进，并最终实现预期的成果。

（四）促进知识共享与创新

在产学研合作中，知识共享与创新是推动项目成功的两大驱动力。为了实现项目的长远发展，必须营造一个开放、包容、富有创造力的环境。

为了有效地促进团队成员之间的知识共享，可以建立一个专门的知识共享平台。这个平台可以是一个内部的网站、论坛或者文档库，团队成员可以在上面发布自己的工作心得、技术文档、案例分析等。通过这种方式，不仅可以避免知识的流失，还能让新加入的团队成员更快地了解项目的历史和现状，从而提高工作效率。平台还可以设置点赞、评论等功能，鼓励团队成员之间的互动和交流，进一步促进知识的传播和创新思维的碰撞。

除了建立知识共享平台外，还应该定期组织分享会或经验交流会。这些活动可以为团队成员提供一个面对面交流的机会，让他们能够更直接地分享自己的经验和见解。通过这种方式，不仅可以加深团队成员之间的了解和信任，还能激发更多的创新思维。为了激发团队的创新思维，可以定期组织研讨会或头脑风暴活动。这些活动应该以开放、自由、平等的氛围为基础，鼓励团队成员提出自己的想法和见解，无论这些想法是否成熟或可行。

产学研合作本身就强调了产业界、学术界和研究机构之间的紧密合作。因此，与外部研究机构或高校建立合作关系是理所当然的选择。通过合作，可以引入新的技术和知识资源，为项目注入新的活力。这种合作还能帮助团队成员了解行业的最新动态和发展趋势，从而更好地把握项目的方向和重点。为了进一步激发团队成员的创新热情，可以设立创新奖励机制。这个机制可以是对提出有价值创新想法的团队成员给予物质奖励或精神表彰，也可以是为他们提供更多的发展机会和资源支持。

第八章 未来趋势与战略规划

技术的不断进步不仅改变了传统行业的格局，也为产学研合作带来了新的机遇和挑战。持续创新是推动产学研合作不断向前发展的核心动力。明确持续创新的战略目标和重点任务，对于指导未来的合作方向具有关键意义。我们需要深入分析实现这些战略目标的关键因素和路径，并制定切实有效的创新策略和措施。将战略规划转化为实际行动是确保产学研合作目标得以实现的关键环节。通过对当前产学研合作的趋势和问题的深入了解，我们可以制定出更为具体的行动计划和时间表。这将有助于我们更好地落实各项计划，从而确保战略目标的顺利达成。

第一节 技术进步对合作模式的影响

随着科技的日新月异，技术进步已经成为推动产学研合作发展的重要驱动力。新技术的不断涌现，不仅改变了传统产业结构和市场格局，同时也对产学研合作模式产生了深远的影响。技术进步为产学研合作提供了更高效、更便捷的工具和手段，促进了知识的传播和转化，但同时也对合作模式提出了新的要求。如何适应这些变化，优化合作模式，确保产学研各方能够在新技术环境下实现更有效的合作与共赢，成为我们面临的重要课题。研究技术进步对产学研合作模式的影响和挑战，分析技术进步带来的新机遇和发展方向，并提出如何适应技术进步并优化产学研合作模式的策略建议。

一、技术进步对产学研合作模式的影响和挑战

随着技术的持续进步，产学研合作模式正面临着前所未有的影响和挑战。这些技术进步不仅改变了信息流通的方式，提升了沟通和协作的效率，同时也对产学研各方的知识储备、创新能力及市场适应性提出了更高的要求。

朱向梅（2010）[①] 提出了知识创新网络是一种创新组织模式，伴随着企业间竞争的加剧，出于企业持续发展的需要，企业间的合作从基于一般的战略角度，如供应链合作、战略联盟、外包等具体业务的分工协作，发展到基于持续创新能力培训的合作，如 R&D 协议、技术交流协议等，再发展到基于知识共享的知识网络的合作形式。其中有一条主线贯穿其始终，即强调企业间的合作，因此，战略网络理论、创新网络理论以及知识网络理论要达成的企业发展目标是一致的，即合作，只是合作的形式越来越倾向于知识要素的结合。产学研知识创新网络正是将战略网络理论、创新网络理论与知识网络理论紧密地结合在一起的典范，它是区域创新网络中最核心的部分，主要由企业、高校、科研机构这三个基本行为主体构成，以政府、中介机构等相关联合体所营造的良好政策环境和合作关系为运作背景的一种创新组织模式。

朱向梅（2010）[②] 指出了从认知维度[③]分析产学研知识创新网络的特征：

（一）产学研三方在知识资源上是高度互补的

研究机构和企业各自拥有对方发展和生存所需要的资源：企业具有较强的生产运作能力和企业家资源，在知识的应用转化方面具有实质性的优势；高校在基础性研究和高素质人才培养方面具有优势，可成为企业知识创新的后备力量、知识创新源的基地；科研机构的应用性开发研究能力较强，在知识产品的中试阶段具有优势，可成为企业知识创新的中转站、知识转化为技术的转化器。而且，三者均把生存和发展视为最主要的合作动力源泉，他们的合作目标

---

① 朱向梅. 产学研知识创新网络组织结构的分析框架 [J]. 科技进步与对策，2010，27（10）：117—120.

② 同上。

③ 认知维度是嵌入社会网络的一个共同范式，指的是网络成员之间提供共同意愿和相互理解的资源，包括共同目标、共同文化、合作意愿、共享规则等。如果网络成员在认知水平上能够保持高度一致，可以有效提高知识共享过程中网络成员协同创新的能力，有助于网络准则的形成，减少机会主义行为的可能性。

高度一致，这种高度互补的资源状况将会促使产学研三方形成一个真正的利益共同体，相互依赖、共同进退。只有合作，才能共赢。三方合作动机强烈，当知识共享意愿与参与程度很高时，对知识的保护程度就会降低，知识共享的范围更大、程度更深，知识转移绩效就越高。

（二）产学研三方文化差异的分析由于具有不同的行业背景

三方在组织文化的浅层面，即物质层面表现出很大的差异性。例如，具体的业务活动差异大，员工行为差异大，组织形象差异大，三方在物质层面不仅表现出事实上的差异，而且还表现出期望形象的差异。在制度层面，各方在具体的组织规章制度、员工行为准则、道德规范等方面受业务活动差异的影响，也存在差异。例如关于组织内部知识传递共享的规则，企业当中更讲究产业纵向链条上的知识传递和分享，关注组织垂直层级间的知识传递，而高校及科研机构则讲究知识在横向部门之间的交流、分享。因为知识生产不同于物质产品生产，前者需要更广泛的知识基础和更广泛的知识合作才能实现。制度层面表现出来的文化差异是可以缩小的，例如制定网络共同行为的准则、知识交流的制度和形式等。在组织文化的最核心层面——精神层面，产学研三方是可以高度契合的，打造共同的组织愿景、提倡相同的核心价值观、宣传共同追求的组织目标，并让所有的网络成员都认识并接受这个共同的网络价值取向，在相同目标追求下维持各自内部在制度层和物质层面上的差异，在保留个性中共同发展。

至此，可得出结论，产学研三方在认知维度上能够保持较高的一致性。在存在具有高度互补性资源的事实基础上，三方拥有强烈的合作意愿，并对各自知识能力差异有准确认知及三方文化差异的一般认知。问题的关键是三方都要加强自己的核心能力建设，在保持各自核心能力的基础上维持三方的能力差异状态，并寻求三方在组织精神层面上的一致性，这样才是高水平、高质量的认知维度。网络内的成员间如果能形成具有凝聚力的共同体，就能在共同的行为假设与共享氛围中，降低沟通障碍与投机的可能性，加强分享知识资源的动机形成，使网络成员获得更加丰富的多元化知识，这将非常有利于知识网络的持续性创新。

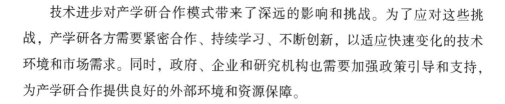

技术进步对产学研合作模式带来了深远的影响和挑战。为了应对这些挑战，产学研各方需要紧密合作、持续学习、不断创新，以适应快速变化的技术环境和市场需求。同时，政府、企业和研究机构也需要加强政策引导和支持，为产学研合作提供良好的外部环境和资源保障。

二、技术进步带来的新机遇和新发展方向

技术进步不仅为产学研合作带来了挑战，同时也为其创造了前所未有的新机遇，指明了新的发展方向。新技术的涌现不仅拓展了研发领域，还为合作模式带来了革命性的变化。

新技术的出现为产学研合作提供了丰富的研发方向和项目选择。以人工智能为例，这一技术的迅猛发展催生了诸多新的研究领域和应用场景，如自然语言处理、机器学习、计算机视觉等。这些领域为产学研合作提供了广阔的探索空间，各方可以围绕这些前沿技术展开深入研究，共同推动科技创新。物联网技术同样为产学研合作带来了新的机遇。随着物联网设备的普及和数据的爆炸式增长，如何有效收集、处理和分析这些数据成了一个重要议题。产学研合作可以聚焦于物联网数据的挖掘和利用，开发出更加智能化的应用和服务，满足市场和消费者的需求。新能源技术的发展也为产学研合作提供了新的方向。随着全球对可持续发展和环保意识的日益增强，新能源技术成为关注的焦点。产学研合作可以围绕新能源技术的研发和推广展开，共同推动绿色能源的发展，为社会的可持续发展贡献力量。除了拓展研发方向外，技术进步还推动了产学研合作模式的创新。传统的线性合作模式，即按照固定的研发流程逐步推进，已经无法满足快速变化的市场需求和技术环境。而网络化、平台化的新型合作模式应运而生，为产学研合作注入了新的活力。

通过互联网平台，产学研各方可以更加灵活地组建跨领域、跨地区的创新团队。这种团队构成打破了地域和领域的限制，使得各方能够充分利用各自的优势资源，实现资源的优化配置。同时，互联网平台还提供了便捷的信息交流和协作工具，使得团队成员能够高效地进行沟通和协作，共同推动项目的进展。平台化合作模式还促进了创新资源的共享和整合。产学研各方可以将自己的研发成果、技术专利等资源上传到平台上进行共享，从而避免资源的重复投入和浪费。这种资源共享不仅提高了资源的利用效率，还降低了创新的成本和风险。技术进步为产学研合作带来了丰富的新机遇和发展方向。产学研各方应紧紧抓住这些机遇，积极探索新的合作模式和创新路径，共同推动科技创新和产业的发展。

三、如何适应技术进步并优化产学研合作模式

面对技术进步带来的机遇和挑战，产学研各方必须采取积极的策略和措施来适应并优化合作模式，以确保合作的持续性和创新性。

（一）创新型人才培养模式

武婷婷和董联（2023）[①] 提出创新型人才培养是创新型国家建设的基础，产学研合作有助于应用型本科院校培养创新型人才，解决当前人才培育理论知识与应用实践脱节的困境。

1. 项目载体培养模式

项目载体培养模式是依托科研项目或者科研课题，投入科研资金和技术，发挥参与各方的优势，在项目研究过程中发现、锻炼、培养创新型人才，以智力成果服务地方发展。依据项目来源的差异，项目载体创新型人才培养模式主要细分为以下三类。

第一，国家重大科技项目人才培养模式。这种形式依托国家重大科技项目，由政府牵头协调，联合本科院校、企业和科研机构进行项目研究，攻克技术难关，在项目研发推进的过程中培养高科技创新型人才。

第二，企业项目人才培养模式。这种模式以企业为主体，市场为导向，企业根据自身实际需求，选择与高校或者科研机构签订横向项目合同，根据合同要求开展课题研究和开发。该模式不仅能为企业创造更多的经济效益，加快科技转化，还可以为创新型人才培养提供实训平台，从而达到多方共赢的目的。

第三，产学研战略联盟人才培养模式。该模式指的是企业、高校和科研院

---

① 武婷婷，董朕. 应用型本科院校产学研合作创新型人才培养模式研究 [J]. 科技经济市场，2023（05）：139-141.

所根据自身的发展战略目标和战略意图，采用持股或者协议的形式，形成一种比较稳定和长期的合作关系。该模式发挥联盟内各类资本、资源的优势，以政府为导向，签署技术创新合约，让各联盟主体共同参与，实现创新资源的有效分配，既可以提高科研资源的使用效率，又符合国家战略的要求、市场的需求，促进人员交流互动，为产业持续创新提供人才支撑。

2. 联合共建培养模式

联合共建培养模式是指高校、科研机构与企业合作培养创新型人才，是直接面向人才培养的合作模式。对于企业来说，能在短时间内缓解企业的人力资源压力，并能在长时间内为企业提供专业技术人才；对于高校和科研机构来说，可以帮助学生将理论与实践相结合，使其研究更加贴近现实和市场需求。具体方式如下。一是共建创新实践工作站。创新实践工作站一般直接建在企业内部，企业提供研究项目及资金设备支持，学校选派优秀师生与企业科研人员合作开展项目研究。二是订单式培养。该模式是一种校企合作、工学结合的培养模式，可以保证人才培养的质量，从而提高企业的创新能力。校企双方合作联合招生，共同制定和修改人才培养方案，发挥双方资源优势，合作培养创新型人才。

3. 地区合作培养模式

地区合作培养模式以高校、科研院所与地方政府的合作为基础，不仅可以驱动区域经济可持续发展，还对高校和科研机构的学科体系建设起到积极的推动作用，从而实现与产学研主体和地方政府的长期稳定合作；同时，能有效提升地区企业的自主创新能力，进一步激发高校和科研机构的创新活力。

(二) 建立健全的信息共享和沟通机制

在产学研合作中，建立健全的信息共享和沟通机制至关重要，它能够确保信息的畅通与高效利用，促进合作各方之间的紧密协作。

1. 建立信息共享平台

为了加强产学研各方之间的信息交流，应构建一个安全、高效的信息共享平台。这个平台可以是一个专门的网站或应用程序，设有严格的权限管理和安全保障措施，确保只有合作方能够访问敏感信息。通过信息共享平台，产学研各方可以实时上传、下载和讨论技术资料、市场信息和项目进展等。技术资料的共享有助于团队成员快速了解项目的技术细节和最新研究成果；市场信息的分享则能帮助团队洞察市场动态，调整研发方向和商业策略；而项目进展的实时更新则能确保各方对项目进度有清晰的了解，以便及时作出决策和调整。

2. 定期召开沟通会议

除了信息共享平台外，定期沟通会议也是确保产学研合作顺畅进行的重要环节。设定固定的沟通会议时间，如每周或每月一次，可以确保各方能够及时交流项目进展、遇到的问题和解决方案。在沟通会议上，各方应就项目的关键节点、技术难题、市场动态等进行深入讨论，共同寻找解决方案。同时，会议也是调整项目计划、分配资源、明确下一步行动方向的重要时机。通过定期的面对面或在线交流，可以增强团队成员之间的默契与信任，推动项目的顺利进行。

3. 利用互联网和大数据技术

在信息时代，互联网和大数据技术为产学研合作提供了前所未有的便利。通过大数据技术分析和预测市场趋势，产学研团队可以更加精准地把握市场需求和消费者偏好，为产品研发和市场推广提供数据支持。利用互联网技术实现远程协作和在线会议，可以大大提高沟通效率。团队成员无论身处何地，都能通过视频会议、云协作等工具进行实时交流和协作。这不仅节省了时间和旅行成本，还能确保信息的及时性和准确性。

建立健全的信息共享和沟通机制是产学研合作成功的关键之一。通过构建信息共享平台、定期召开沟通会议以及充分利用互联网和大数据技术，可以确保产学研各方之间的信息畅通无阻，推动项目的顺利进行和创新成果的快速转化。

（三）探索和创新合作模式

王绍丹和裴庭伟（2022）[①]认为高校是科技人才的聚集地，科技创新成果的产出地。产学研合作是高校的创新成果走向产业化的重要途径。因产学研合

---

① 王绍丹，裴庭伟. 创新创业模式下高校产学研合作技术创新研究［J］. 创新创业理论研究与实践，2022，5（19）：178-181.

作涉及不同合作方、不同政策背景以及不同的市场环境，合作的有效性大不相同。因此，国内外众多学者对产学研合作的模式以及可能的创新模式进行了大量的研究。其中，李梅芳等（2012）①综合比较了国内与国际、国内不同地域、企业与高校的产学研合作模式差异，并认为政策环境和产学研模式的差异都会对合作效果产生影响；而章亿发等人（2021）②认为，内部一体化模式虽然优势突出，但随着校办企业壮大，也逐渐存在股权结构单一、产权关系不顺等一系列问题。

以创新创业为导向，加强产学研一体化发展。产学研合作是经济与技术相结合，市场、资本、人才、管理相融合的复杂过程。任何主体和环节都会影响产学研合作的有效性。因此，针对目前存在的问题，应逐步完善产学研合作主体的评价制度、积极探索更加合理有效的分配机制和管理模式，充分调动合作各方的积极性，紧密联系，优势互补，达到技术、资本、人才的有机结合，营造良好的技术创新和孵化环境，最终促进共同发展，提升技术创新水平。

1. 面向市场需求的专业型硕士学生培养及考核模式

专业型硕士区别于学术型硕士，目的是面向市场环境和企业需求，培养学生的实践能力以适应科技和社会发展的需要。这与创新创业模式下的产学研发展目的是一致、相互促进的。应逐步改善同质化的学术型硕士和专业型硕士培养现状，突出专业型硕士的实践特色。其一，可以增加学生到企业的实践培养；其二，学生科研要求多样化，不以论文为唯一的学位申请要求，以计算机专业学生为例，可以增加系统应用开发（如可以参与产业项目金额或贡献点成为评判依据）、软件著作权、发明专利等多样化的培养要求，促进学生在技术方向的成长，既实现了人才培养目标，又能够在创新创业上达到较好的技术转化效果，具有较高技术能力的学生可以通过技术入股，家庭资源较好的学生可以实际出资入股，在毕业后进行创新创业。

① 李梅芳，刘国新，刘璐. 企业与高校对产学研合作模式选择的比较研究 [J]. 科研管理，2012，33（9）：154-160.
② 章亿发，张兵，王睿. 中国高校校办企业改革：回顾与展望 [J]. 中国高教研究，2021（8）：86-91.

2. 主动对接高校创新孵化器及政府产业园，获得资源支持

高校创业者相对校外创业者，具有两个重要优势，即信誉和资源。不少高校建立了创新孵化器，对高校内成长的企业及校外优秀团队进行孵化+投资，从孵化加速、风险投资、科技成果转化、科技园开发运营等方面进行扶持。第二，区域科技园、产业园等为创业者提供良好的创业环境，从创业者培训、资本对接、高企申请扶持、人才补贴、企业启动经费、企业成长奖励、办公场所等方面，利用人才项目、招商项目等形式对创新创业企业进行初期的引导和资金扶持，帮助小微企业站稳第一步。因此，高校创业团队可以依靠过硬的技术实力及领域影响力，从高校和政府获得资金支持及创业扶持。

3. 建立科学的评价体系，正确引导建立良好的创新创业环境

王晓阳和李彩艳（2020）① 指出，2020 年，教育部、科技部印发《关于规范高等学校 SCI 论文相关指标使用树立正确评价导向的若干意见》，要求"破除 SCI 至上""破除唯论文、唯帽子的顽瘴痼疾"，探索建立科学的评价体系，营造良好的高校创新环境。明确指出高校要取消直接依据 SCI 论文相关指标对个人和院系的奖励，使真正有价值、有意义、能应用的科研成果为学者带来丰厚的收入和晋升的阶梯，真正建立中国特色科研评价体系和治理体系，重塑大学评价标准是一个良好的开端，有助于营造健康良好的创新创业环境。

4. 采取政府介入的利益分配方式

合理良好的利益分配方式能够激励产学研各方的合作投入和创新产出。李林等人（2020）② 认为就产学研合作过程中的利益分配问题而言，产出方的技术投入具有较大的不确定性，且与企业在价值取向、社会职责上存在较大的差异，此时，可以寻求政府的介入［13］。李林等人（2020）③ 认为地方政府是经济建设和社会管理最主要的责任主体，可以通过政策引导、资金投入、资源投入等方式承担一定的风险与提供一定的奖励，弱化企业和高校承担的风险。

① 王晓阳，李彩艳. 再论高等教育现代化的中国模式［J］. 教育与教学研究，2020，34（8）：110-117.

② 李林，王艺，贾佳仪. 产学研协同创新项目成功度研究——基于政府介入和利益分配方式的协同作用［J］. 湖南大学学报（社会科学版），2020，34（1）：49-57.

③ 李林，王艺，黄冕，等. 政府介入与产学研协同创新运行机制选择关系研究［J］. 科技进步与对策，2020，37（10）：11-20.

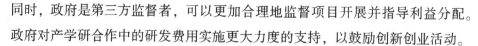

同时，政府是第三方监督者，可以更加合理地监督项目开展并指导利益分配。政府对产学研合作中的研发费用实施更大力度的支持，以鼓励创新创业活动。

（四）构建灵活的合作框架

在快速变化的技术和市场环境中，构建灵活的合作框架对于产学研合作的成功至关重要。一个灵活的合作框架能够允许合作各方在技术环境发生变化时迅速调整策略和方向，确保合作项目的持续发展和创新。

合作协议是产学研合作的基础，它规定了各方的权利、义务和合作方式。为了应对技术进步可能带来的变化，合作协议应具备足够的灵活性和可调整性。在制定协议时，应充分考虑未来可能出现的新技术、新方法和新市场趋势，确保协议能够容纳这些变化。例如，可以在协议中加入关于技术更新换代的条款，明确在技术发生重大变革时，各方应如何调整合作内容和方式。此外，还可以设置定期审查机制，以便在必要时对协议进行修改和补充。

为了确保合作项目与技术发展保持同步，并及时发现问题、做出改进，可以将合作项目划分为多个阶段来实施。每个阶段都应设定明确的目标和成果，以便在项目进行过程中进行监控和评估。在每个阶段结束后，应组织各方进行合作评估。评估的内容可以包括项目进展情况、技术难题的解决情况、市场反馈情况等。通过评估，各方可以了解项目的实际效果，及时发现问题，并共同商讨解决方案。同时，评估结果还可以成为下一阶段合作策略和方向调整的依据。此外，分阶段的实施和评估还有助于保持合作项目的敏捷性和适应性。在每个阶段结束后，根据评估结果和市场变化，各方可以迅速调整合作重点和资源投入，确保项目始终保持在正确的轨道上。

构建灵活的合作框架是产学研合作中不可或缺的一环。通过签订灵活的合作协议和分阶段实施与合作评估，产学研各方可以更好地应对技术进步和市场变化带来的挑战，推动合作项目的持续发展和创新。综上所述，通过加强技术学习和人才培养、建立健全的信息共享和沟通机制、探索和创新合作模式以及构建灵活的合作框架等措施，产学研各方可以更好地适应技术进步并优化合作模式。这将有助于提升产学研合作的效率和质量，推动科技创新和产业发展。

第二节 持续创新的战略重点

　　在快速变化的技术和市场环境中，持续创新已成为企业、高校和研究机构共同追求的目标。为了实现这一目标，产学研合作各方必须明确持续创新的战略重点，以指导未来的发展方向。本节将深入探讨持续创新的战略目标和重点任务，分析实现这些目标的关键因素和路径，并探讨如何制定有效的创新策略和措施。通过明确战略重点，产学研合作各方可以更加聚焦于关键领域，优化资源配置，加速创新成果的转化和应用，从而在激烈的市场竞争中保持领先地位。

一、持续创新的战略目标和重点任务

　　持续创新的战略目标，首先是推动产学研合作向更深层次发展。这意味着我们不仅要加强技术研发，还要确保这些技术与市场需求的有效对接。我们的目标是实现科技创新成果的快速转化和应用，让这些技术能够真正落地，服务于社会和经济的发展。通过持续创新，我们希望提升产学研合作各方的核心竞争力。这包括提高各方的技术水平、创新能力、市场洞察力等，从而在激烈的市场竞争中脱颖而出。更重要的是，我们希望通过持续创新，为行业的可持续发展注入新的动力，引领行业不断向前发展。

（一）加强产学研之间的信息交流与合作

　　为了确保产学研各方能够及时、有效地沟通，我们应该设定固定的沟通时间和方式。例如，可以安排每季度一次的产学研交流会，这样各方可以定期聚在一起，分享最新的研发进展、市场动态以及遇到的问题。除了面对面的交流会，我们还可以利用视频会议、电话会议等现代通讯工具进行远程沟通，以适应不同情况下的沟通需求。在定期沟通的过程中，不仅要分享信息，还要针对遇到的问题进行深入的讨论，并寻求解决方案。对于重要的决策，也应在这样

的沟通机制中进行充分的讨论和协商。

借助云计算、大数据等现代信息技术，我们可以打造一个安全、高效的信息共享平台。这个平台应该能够支持大量的数据存储和高速的数据传输。通过信息共享平台，产学研各方可以实时上传和下载技术资料、市场信息和项目进展等，确保信息的及时性和准确性。在信息共享的同时，我们也要注重信息的安全性和保密性。需要建立完善的权限管理系统，确保只有授权的人员才能访问敏感信息。还应采取加密、备份等安全措施，防止数据泄露和丢失。

由于产学研各方在信息获取和解读上可能存在差异，因此我们需要努力消除这种信息不对称。通过定期的沟通和信息共享平台的利用，各方可以更加全面地了解合作项目的整体情况和其他方的需求与期望。当信息在产学研各方之间自由流动时，合作的效率和透明度自然会得到提高。各方可以更快地做出决策，更好地协同工作，从而推动合作项目的顺利进行。透明的信息交流有助于建立产学研各方之间的信任基础。当各方都相信彼此是在共享真实、准确的信息时，合作的气氛会更加融洽，合作的效果也会更加显著。

（二）推动技术创新与产业升级的深度融合

产学研各方应共同投入研发资源，形成合力，针对行业共性问题或关键技术进行突破。这种联合研发不仅可以汇聚各方的智慧和资源，还可以加速技术创新的进程。首先，产学研各方需要对行业发展趋势有深入的了解，共同确定具有市场前景和战略意义的研发方向。各方应充分利用自身的优势资源，包括人才、设备、资金等，共同投入到研发项目中。在联合研发过程中，产学研各方应明确各自的职责和分工，确保研发项目的顺利进行。

基于市场需求和技术趋势，产学研合作可以开发出具有市场竞争力的新产品和新服务。在开发新产品和新服务之前，应进行深入的市场调研，了解消费者的需求和偏好。结合市场调研结果，利用产学研合作的技术优势，开发出具有创新性和实用性的新产品和新服务。新产品和新服务开发完成后，应进行有效的市场推广，提高其市场知名度和占有率。

通过技术创新推动产业结构优化和升级，提高整个行业的竞争力和附加值。产学研合作应关注行业前沿技术，通过技术创新引领产业升级的方向。优化产业链结构，提高产业链的协同效率和整体竞争力。这包括加强上下游企业的合作，形成紧密的产业链条。通过技术创新和产业升级，提高产品的附加值和市场竞争力。这不仅可以增加企业的利润空间，还可以提升整个行业的价值水平。

（三）培养和引进高层次创新人才

马蔚然（2019）[1] 认为高端人才和创新团队结构失衡，创新能力不强，顶尖人才匮乏，人才管理体制不顺，人才机制不够完善，造成了人才资本浪费和配置低效，严重影响着人才创新创业积极性的发挥。产学研结合不好，企业、院校、科研机构单打独斗，科研成果不能尽快转化，在职务发明专利所占比例小；有针对性、个性化的为人才，尤其是科技人才科技创新团队提供的平台或载体还不够多，水平还不够高；资金支持的力度还不够大，也不够及时；综合性服务还不够全面，也不够深入；支持高端人才方式的创新性不足、针对性也不强；提供的条件有限、不够优惠等等。这些问题与差距的存在，导致对国内外高端人才和创新团队仍缺乏应有的吸引力和凝聚力。

为了持续为产学研合作项目输送高质量人才，我们应建立一套完善的人才培养体系。这个体系应涵盖多个环节，确保人才能够全面、系统地提升能力。为学生提供在实际工作环境中实践的机会。通过与企业和研究机构的合作，设立实习基地，让学生在实际操作中掌握专业技能，增强解决实际问题的能力。根据产学研合作的需求，设计有针对性的课程。这些课程应涵盖理论知识、技术应用和行业前沿动态，帮助学生建立扎实的专业基础并拓宽视野。鼓励学生参与真实的产学研合作项目，通过项目实践来锻炼他们的团队协作、问题解决和创新能力。这种实践经验对于学生未来的职业发展至关重要。

除了内部培养，我们还应积极从外部引进优秀人才，为产学研合作注入新的活力。马蔚然（2019）[2] 认为应该对引进的顶尖人才、杰出人才和领军人

① 马蔚然．关于引进高端人才和创新团队的对策建议［C］//中共沈阳市委，沈阳市人民政府，国际生产工程院，中国机械工程学会．第十六届沈阳科学学术年会论文集（经管社科）．［出版者不详］，2019：5.

② 马蔚然．关于引进高端人才和创新团队的对策建议［C］//中共沈阳市委，沈阳市人民政府，国际生产工程院，中国机械工程学会．第十六届沈阳科学学术年会论文集（经管社科）．辽宁经济职业技术学院；，2019：5.

才，申请设置特色岗位。一是事业单位引进的博士以上人才，对本单位编制已满的，由主管部门申请，经市编委办批准，在本系统内调剂解决。二是企业不分国企或者民营，都给予平等权利，允许企业根据需要设置特聘岗位，聘请具有全球视野、掌握世界前沿技术、熟悉国际商务、法律、金融、技术转移等规则的海外人才。三是放开事业单位特聘岗位受单位岗位总量和结构比例的限制，不对应专业技术职务，不占单位编制，可采用年薪制、项目工资、协议工资等多种薪酬分配方式。聘用后发挥作用突出的，可获聘"沈阳市特聘专家"，并设置适当的特聘奖励。

引进和培养人才后，如何激发他们的创新活力是关键。设立创新奖励制度，对在产学研合作中做出杰出贡献的人才给予物质和精神上的奖励。同时，提供丰富的晋升机会，让人才看到自己在组织中的未来。鼓励团队成员之间的交流与碰撞，定期举办创新研讨会和技术交流活动，激发新的思维火花。为人才提供宽松的工作环境，允许他们在一定范围内自由探索和创新。针对每个人的特长和兴趣，为他们分配具有挑战性的任务。这样不仅能激发人才的创新欲望，还能帮助他们在实践中不断成长和突破自我。

二、实现战略目标的关键因素和路径

实现持续创新的战略目标，需要关注几个关键因素，并选择合适的路径。

(一) 关键因素

创新环境是创新活动的土壤，它涉及政策支持、法律保障和文化氛围等多个层面。一个健康、积极的创新环境能够极大地激发创新者的积极性和创造力。政府通过提供税收优惠、资金扶持、项目资助等政策，可以极大地鼓励企业和个人投身于创新活动。这些政策不仅降低了创新的成本，还为创新者提供了强大的后盾。完善的法律体系能够保护创新者的知识产权，减少侵权和盗版的风险，从而确保创新成果得到合理的回报。这对于维护创新者的积极性和推动创新的持续发展至关重要。一个开放、包容、鼓励尝试和容忍失败的文化氛围，能够激发人们的创新意识和冒险精神。在这样的环境中，人们更愿意尝试新的想法和方法，从而推动创新的不断涌现。

研发投入是实现技术创新不可或缺的资源，它贯穿于整个研发过程的始终。无论是设备购置、材料采购，还是人员薪酬、实验费用等，都需要大量的资金投入。只有确保充足的研发投入，才能保证研发项目的顺利进行。充足的研发投入意味着可以进行更多的实验和测试，从而加速技术成果的产出。这对于抢占市场先机、提高竞争力具有重要意义。

一支高效的创新团队是推动产学研合作的核心驱动力。团队成员应具备不同的专业背景和技能，以便从多个角度思考问题并共同解决挑战。这种多元化的知识结构有助于产生更多的创新思维和解决方案。实践经验丰富的团队成员能够更快地把握问题的关键，提出切实可行的解决方案。他们的经验对于指导新成员、提高工作效率和减少错误也具有重要意义。高效的创新团队应具备强烈的创新意识和探索精神。他们不仅关注当前的技术和市场趋势，还致力于开拓新的领域和应用场景。

市场渠道是连接技术创新与市场需求的桥梁，对于实现技术创新的商业价值至关重要。畅通的市场渠道能够帮助产学研合作各方快速获取市场反馈和需求信息，从而调整研发方向和策略。这有助于确保技术创新成果更加符合市场需求，提高市场竞争力。一个畅通的市场渠道有助于将技术创新成果快速推向市场，实现商业价值。通过有效的市场推广和销售策略，可以扩大技术创新成果的影响力，提高市场份额和盈利能力。

（二）路径选择

"产学研用"一体化是将产业、学术、研发和应用紧密结合的一种创新模式。通过整合企业、高校和研究机构的各自优势资源，形成强大的创新合力。企业提供市场洞察和资金支持，高校和研究机构贡献科研实力和人才储备。通过共享实验设备、数据和研究成果，各方能够在更广阔的领域内进行探索和创新。在这种模式下，技术研发不再是孤立的学术活动，而是紧密围绕市场需求展开。这确保了研发成果的实用性和商业价值，提高了创新的针对性和实效性。产学研各方通过深度合作，共同面对和解决技术创新过程中的难题。这种集体智慧不仅能加速技术成果的产出，还能促进技术成果的顺利转化和应用。

加强产学研之间的合作与交流是推动技术创新的重要途径。通过联合研发项目、技术转移、成果转化等多种方式，产学研各方能够形成紧密的合作关系。这种合作不仅限于技术研发层面，还包括市场推广、人才培养等多个方面。在合作与交流过程中，先进的技术和知识得以在产学研之间快速传播和应用。这有助于提升整个行业的技术水平和创新能力。产学研合作还为人才培养提供了宝贵的实践机会。学生通过参与实际项目，能够积累实践经验，提升解决问题的能力。同时，这种合作模式也为行业培养了大量具备创新精神和实践能力的人才。

互联网平台为产学研合作提供了前所未有的便利和机遇。通过互联网平台，产学研各方可以随时随地进行沟通和协作，无需受地域和时间的限制。这极大地提高了合作效率和响应速度。互联网平台使得资源共享变得更加便捷。无论是数据、设备还是专家知识，都可以通过平台进行高效利用。这种协同创新模式有助于加速技术研发和成果转化。线上线下的创新生态圈吸引了更多的创新者和资源加入产学研合作。这不仅扩大了合作的范围，还加深了合作的层次和深度。各方可以在更广阔的领域内寻找合作伙伴和商机。创新生态圈为技术创新提供了更广阔的市场和应用场景。通过与市场需求的紧密结合，可以更快地推动技术创新的商业化和产业化进程。实现持续创新的战略目标需要关注良好的创新环境、充足的研发投入、高效的创新团队以及畅通的市场渠道等关键因素，并选择合适的路径来推动产学研合作的深入发展。

三、如何制定有效的创新策略和措施

（一）深入市场调研

在制定创新策略的过程中，深入市场调研是不可或缺的第一步。市场调研能够为企业提供宝贵的信息，帮助企业了解市场现状、预测市场趋势，并据此制定出更加精准的创新策略。

对目标市场的需求分析是市场调研的核心内容之一。这涉及对消费者购买习惯、消费偏好、价格敏感度等方面的深入研究。通过问卷调查、访谈、观察等多种方法，企业可以收集到大量关于消费者需求的一手数据。这些数据不仅能够帮助企业了解当前市场的需求状况，还能够揭示出潜在的市场机会。对消费者行为的了解也是市场调研的重要部分。消费者行为包括购买者决策过程、使用习惯、品牌忠诚度等多个方面。通过深入研究消费者行为，企业可以更好地把握消费者的心理和需求，从而有针对性地开发出更符合消费者期望的产品或服务。对竞争对手的情况进行调研同样至关重要。企业需要了解竞争对手的产品特点、市场份额、营销策略等信息，以便在市场竞争中做到知己知彼。这种调研不仅有助于企业发现自身的优势和劣势，还能够为企业提供有益的参考和借鉴。对行业动态的观察也是市场调研不可或缺的一环。行业趋势、政策法规、技术发展等因素都会对企业的创新策略产生影响。通过密切关注行业动态，企业可以及时捕捉到市场变化的信息，为创新策略的调整提供有力支持。

深入市场调研在制定创新策略中扮演着举足轻重的角色。通过对目标市场的需求分析、消费者行为的了解、竞争对手的情况以及行业动态的观察，企业可以更加准确地把握市场需求的变化趋势，为技术创新提供明确的方向和目标。这样，企业就能够更加有针对性地开发出满足市场需求的产品或服务，从而在激烈的市场竞争中脱颖而出。

（二）加强产学研之间的沟通与协作

产学研之间的沟通与协作是推动技术创新不可或缺的重要环节。在制定创新策略时，企业应高度重视与高校和研究机构的合作，努力建立长期稳定的合作关系，以共同推动科技进步和产业升级。

产学研合作能够为企业提供强大的智力支持。高校和研究机构汇聚了大量顶尖的科学家和研究者，他们在各自领域具有深厚的专业知识和丰富的研究经验。通过与这些专家进行定期的交流与研讨，企业可以接触到最前沿的科技成果和研发动态，从而确保自身的技术创新始终保持在行业前列。产学研合作有助于共同确定研发方向。企业和高校、研究机构通过深入沟通，可以明确各自的需求和资源，进而找到合作的切入点和共同目标。这种合作方式不仅能够避免企业在研发过程中走弯路，还能够确保研发成果更加符合市场需求，提高技术创新的针对性和实效性。产学研合作还能够实现研究资源和成果的共享。高校和研究机构拥有先进的实验设备、丰富的数据资源和宝贵的科研成果。通过合作，企业可以充分利用这些资源，加速技术创新的进程。企业也可以将自身的研发成果和市场需求反馈给高校和研究机构，促进科研成果的转化和应用。产学研合作对于产业升级和提升行业竞争力具有重要意义。通过与高校和研究机构的紧密合作，企业可以接触到更广阔的行业视野和更多的创新机会，从而推动整个行业的技术进步和产业升级。产学研合作还能够培养大量具备创新精神和实践能力的人才，为行业可持续发展提供有力支持。

（三）加大研发投入

研发投入在实现技术创新过程中起着举足轻重的作用，它是确保企业能够持续进行科技研发、推动技术进步并提升产品竞争力的关键。企业要想在激烈的市场竞争中站稳脚跟，就必须根据自身的实际情况和发展战略，合理且有力地安排研发投入。

资金是研发投入的基础。技术创新往往需要大量的资金支持，从项目启动到研发成果的转化，每一个环节都离不开资金的注入。企业应设立专门的研发预算，确保创新项目在各个阶段都能得到充足的资金支持。同时，企业还可以考虑与政府部门、金融机构等建立合作关系，通过申请科研项目资助、科技贷款等方式，多渠道筹措研发资金。设备和技术的投入同样至关重要。先进的研发设备是开展科研工作的重要工具，它能够提高研发效率，缩短研发周期，从而加速创新成果的产出。企业应定期更新和升级研发设备，确保研发团队能够使用到最前沿的科技工具。此外，技术的投入还包括引进和消化新技术、新工艺，以及不断优化现有的技术流程和产品线。通过技术的不断创新和完善，企业能够开发出更具市场竞争力的产品。

在加大研发投入的同时，企业还应注重研发的风险管理。技术创新是一个充满不确定性的过程，可能会面临技术失败、市场不接受等风险。因此，企业需要建立完善的风险管理机制，对研发项目进行全面的风险评估和监控，及时发现和解决潜在问题，确保创新项目的顺利进行。研发投入的效益评估也是不可忽视的一环。企业应定期对研发投入的产出进行量化评估，分析研发投入与产出之间的比例关系，以及研发投入对企业整体业绩的贡献度。通过效益评估，企业可以更加明确地了解研发投入的实际效果，为后续的研发决策提供有力的数据支持。

加大研发投入是企业实现技术创新的重要保障。通过合理安排资金、设备和技术等方面的投入，企业可以推动技术创新的不断深入，提高自身的核心竞争力。同时，注重研发的风险管理和效益评估也是确保研发投入取得实效的关键环节。只有这样，企业才能在激烈的市场竞争中立于不败之地，实现持续、健康的发展。

（四）建立完善的创新激励机制

　　在推动企业技术创新的过程中，建立完善的创新激励机制是至关重要的一环。一个有效的激励机制能够极大地激发团队成员的创新热情和积极性，促使他们更加主动地投入到创新活动中，从而加速创新成果的产出和转化。

　　设立创新奖励基金是激励机制的重要组成部分。企业可以设立专门的创新奖励基金，用于表彰和奖励在创新活动中表现突出的团队成员。这种奖励不仅可以是物质上的，如奖金、股票期权等，还可以是精神上的，如荣誉证书、内部通报表彰等。通过设立创新奖励基金，企业向团队成员传递了一个明确的信号：创新是有价值的，创新成果是会得到认可和奖励的。提供晋升机会也是激励机制的重要手段。企业应建立清晰的职业发展通道，让团队成员看到自己在创新活动中的努力和成果能够带来职业上的晋升和发展。这可以通过设立技术专家、创新领军人物等岗位，为团队成员提供向上发展的空间和机会。当团队成员意识到自己的创新能力和成果能够直接影响到个人的职业发展时，他们将更加积极地投入到创新工作中。鼓励团队成员参与创新项目也是激励机制的一种有效方式。企业应鼓励团队成员积极提出创新想法和项目建议，并给予他们足够的支持和资源去实现这些想法。这种参与式的创新方式不仅能够增强团队成员的归属感和责任感，还能够激发他们的创造力和创新精神。当团队成员看到自己的想法和建议被采纳并付诸实践时，他们将感受到巨大的成就感和满足感。

　　建立完善的创新激励机制对于激发团队成员的创新热情和积极性具有重要意义。通过设立创新奖励基金、提供晋升机会、鼓励团队成员参与创新项目等方式，企业可以营造一个积极向上的创新氛围，让团队成员明确知道创新的重要性和回报。这将极大地提高他们的创新效率和成果转化率，从而推动企业的技术创新和持续发展。制定有效的创新策略和措施需要从市场调研、产学研合作、人才培养、研发投入和创新激励等多个方面入手。

第三节　从趋势到行动实现战略目标的路径

当前，产学研合作展现出前所未有的紧密与活跃，但同时也面临着一些问题和挑战。下面将阐述当前产学研合作的趋势及其存在的问题，进而提出实现战略目标的具体行动计划和时间表。我们将详细阐述如何落实这些行动计划，并通过有效的监控与评估机制，确保战略目标的顺利实现。

一、当前产学研合作的趋势和问题

（一）当前产学研合作的趋势

随着科技的飞速发展和知识领域的不断深入，传统的学科界限逐渐模糊，跨学科合作成为产学研合作的新趋势。这种合作模式强调不同学科间的交叉融合，旨在通过多元的知识体系和思维方式，激发创新思维的火花，推动应用技术的突破。跨学科合作不仅有助于解决复杂问题，还能为产业发展注入新的活力。例如，在医疗健康领域，生物医学工程与计算机科学、数据分析的结合，催生了精准医疗、智能诊断等前沿技术。这种合作模式要求参与者具备更广泛的视野和更灵活的思维方式，以便更好地整合不同学科的知识和技术。

在产学研合作中，资源共享正成为一种重要趋势。各方更倾向于共享技术设备、研究资金等资源，以降低研发成本，提高合作效率。这种共享模式不仅有助于优化资源配置，还能加强合作伙伴之间的紧密联系，促进知识和技术的快速传播。资源共享的实现需要建立完善的合作机制和信任基础。各方应明确资源共享的范围、方式和期限，确保资源的合理利用和保护。同时，通过建立共享平台或联合体，可以更好地整合和利用各方资源，推动产学研合作的深入发展。

产学研合作越来越注重外部环境的影响，积极引入外部资源和创新思维。这种开放式创新模式有助于拓宽合作视野，吸收更多元化的观点和技术，从而推动产学研合作的不断创新和发展。开放式创新要求各方保持开放的心态和灵活的机制，以便及时捕捉和利用外部资源。通过与其他企业、研究机构或高校建立广泛的合作关系，可以共同研发新技术、新产品或服务，提高市场竞争力。同时，开放式创新还有助于培养创新人才和团队，为产学研合作的长期发展奠定基础。

（二）当前产学研合作的问题

赵红梅（2021[①]）认为当前产学研合作有以下问题：

1. 部分高校上市公司未能充分发挥其优势

从理论上讲，校属上市公司依托高校技术支持，其经营优势明显优于其他上市公司。但是，周娜和季从留（2012[②]）发现一些研究表明，高校公司科研成果转化机制和激励机制不健全，辛建文（2020[③]）认为依托高校的上市公司没有凸显高科技背景的独特优势。同时，部分高校上市公司上市时虽为高新技术企业，但并没有很好地利用高校技术背景持续发展壮大，而是逐步偏离主业。

2. 产学研合作不够深入

唐不不和陈烦（2020[④]）认为上市公司与高校产学研合作的案例较多、形式多样，但许多合作方式蜻蜓点水，合作层级不够，缺乏深入持续的合作机制。檀朝桂等（2021[⑤]）认为，如有的上市公司虽然与多个高校存在合作，但未形成长期合作关系，并没有充分发挥高校科研优势；有的上市公司与高校之间存在信息不对称、文化难以融合、研究不同步的现象，导致上市公司与高校缺乏合作积极性；有的上市公司仅与高校建立委托培养、授课培训、合作发表论文等关系，缺乏长远稳定的合作管理机制，对长期才能获利的产学研合作项

---

① 赵红梅. 科创板上市公司与高校产学研合作的问题及模式研究［J］. 金融发展研究，2021（05）：39-43. DOI：10.19647/j.cnki.37-1462/f.2021.05.006.
② 周娜. 季从留. 校办企业存在的问题与发展研究［J］. 中国高校科技，2012（7）.
③ 辛建文. 高校背景上市公司"产学研"效应分析［J］. 中外企业家，2020（29）.
④ 唐不不，陈烦. 地方高校产学研合作现状及对策［J］. 合作经济与科技，2020（10）.
⑤ 檀朝桂，杨智辉，费俊杰，蒋科兵，林建国，周彦. 地方高校产学研布局的探析与思考——以湘潭大学为例［J］. 科技风，2021（6）.

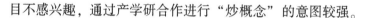

目不感兴趣，通过产学研合作进行"炒概念"的意图较强。

3. 对资本市场重视程度不够，缺乏商业思维

一些高校科研人员善于搞科学理论研究，但缺乏商业思维，对于科研成果转让、联合企业研究开发、与企业合作共建运营项目等科技成果商业化、产业化的意愿不强。部分高校对资本市场缺乏了解，认为上市门槛高、上市成本高、上市后受约束，进而不愿上市、不敢上市，主动利用资本市场促进科研成果产业化的意愿不强。

4. 科研成果转化效率存在不足

陈海鹏等（2019）[①] 指出有关分析显示，我国科技成果转化率仅30%左右，与发达国家80%的转化率存在较大差距。主要存在以下原因：一是科研成果中试熟化缺乏保障条件。在交易过程中很多科研成果尚处于实验室阶段，并不适用于立即转化为市场产品，使得市场主体用不了、接不住，而企业单方面建设中试基地的积极性也不高。二是科研成果早期资金支持不足。高校科研成果的形成在实验室阶段，主要依靠政府拨款、下发研究经费，而在中试及产业化阶段则不能仅靠国家资金投入，更多需要产业界提高承接能力，引入市场资金的协助。三是高校对科研成果转化的考核激励机制不足。许多高校未将科研成果转化为高校教师考核晋升的重要考虑因素，导致高校教师日常研究领域及方向与市场脱节，科研成果转化的积极性、主动性不高，研究成果难以在市场中得到有效应用。

二、实现战略目标的行动计划和时间表

（一）行动计划

为了深化产学研各方的合作，我们计划通过以下方式建立长期稳定的合作关系：明确各方的责任、权利和义务，为长期合作奠定法律基础。协议内容将涵盖合作目标、合作期限、资金投入、技术转移、保密条款等关键方面，以确保各方在合作过程中有明确的指导和保障。我们将联合高校、科研机构和企

① 陈海鹏，刘红斌，张顺. 产学研深度融合促进高校科技成果转移转化——基于51所高校及88家企事业单位的调查分析 [J]. 中国高校科技，2019 (3).

业，共同出资设立独立的研发机构。这一机构将聚焦于特定领域的技术研发和创新，通过共享资源、知识和技术，推动产学研的深度融合。此举有助于形成稳定的合作团队，促进技术的持续进步和创新成果的产出。

为了减少沟通成本，提高合作效率，我们将采取以下措施加强各方之间的沟通交流：我们将设定固定的交流周期，如每季度或每半年举办一次产学研合作交流会议。这些活动将为各方提供一个面对面的交流平台，以便及时分享研究进展、讨论遇到的问题，并共同探索解决方案。通过建立信息共享平台或利用现代信息技术手段，我们将实现产学研各方之间的实时信息更新和共享。这有助于确保各方能够随时了解项目进展情况，提高决策的效率和准确性。

为了确保利益分配的公平性和合理性，我们将采取以下措施完善利益分配机制：在合作协议中，我们将详细列明各方在合作过程中所拥有的权益，包括但不限于技术成果的使用权、转让权、收益权等。这将为后续的利益分配提供明确的法律依据。为了避免利益分配过程中的纠纷和冲突，我们将考虑引入独立的第三方机构来负责监督利益分配的执行情况，并在必要时进行调解。这一机构将由产学研各方共同认可的专业人士组成，以确保其公正性和权威性。我们将综合考虑各方在合作中的资金投入、技术贡献、风险承担等因素，来确定利益分配的比例。这将有助于激发各方的合作积极性，确保每个人都能够获得与其付出相匹配的回报。

（二）时间表

1. 短期目标（1—3个月）：完成合作协议的签订，建立初步的合作框架。第1个月：产学研各方进行初步接触，明确合作意向，并就合作的大致方向和内容进行探讨。对潜在的合作伙伴进行背景调查，了解其技术实力、资信状况、合作历史等，以确保合作伙伴的可靠性。第2个月：在律师和专家的协助下，就合作协议的具体条款进行详细讨论和修改，确保各方的权益得到保障。明确合作的目标、原则、方式等，为后续的实质性合作奠定基础。第3个月：在各方达成一致意见后，举行签约仪式，正式签订合作协议。根据合作项目的需要，组建专门的项目管理团队，负责项目的具体执行和推进。

2. 中期目标（3—12个月）：加强沟通交流，推进合作项目的实质性进展。3—6 个月：产学研各方派遣技术人员进行深入的技术交流和研发合作，共同解决技术难题，推动项目的实质性进展。定期对合作项目的进展情况进行评估，根据实际情况进行调整和优化，确保项目能够按照预期的目标顺利进行。6—12 个月：经过前期的技术交流和研发合作，力争在这个阶段完成初步的研发成果，为后续的产业化打下基础。根据研发成果的市场前景，加强市场推广工作，寻找潜在的合作伙伴和投资者，推动项目的商业化进程。

3. 长期目标（1 年以上）：形成稳定的产学研合作机制，实现技术突破和产业升级。1—2 年：在前期合作的基础上，进一步完善产学研合作机制，形成更加紧密和稳定的合作关系。通过深入的合作研发，力争在这个阶段实现关键技术的突破，提升整个行业的技术水平。2 年以上：将研发成果转化为实际生产力，推动相关产业的升级和发展，为经济社会的发展做出贡献。在产学研合作的基础上，不断探索新的合作模式和领域，实现持续的创新和拓展。

三、如何落实行动计划和确保目标的实现

（一）明确责任分工

明确责任分工是确保行动计划顺利执行的首要步骤。为了实现这一目标，我们需要将整体计划分解为多个具体、可执行的任务。这种细化不仅有助于更好地组织和管理项目，还能确保每个成员都清楚自己的职责，从而提高整个团队的工作效率。

我们将整体计划进行详尽的分析，根据项目的不同阶段和目标，将其拆解成若干项具体任务。这些任务可能包括市场调研、技术研发、资源整合、宣传推广等。每个任务都设定明确的目标，这样团队成员就能清楚地知道自己需要达到什么样的成果。除了设定目标，我们还为每个任务制定了具体的时间节点。这意味着每个任务都有明确的开始和结束时间，确保项目能够按计划进行，不会因为某个环节的延误而影响整体进度。我们也为每个任务设定了明确的完成标准。这些标准既可以是定量的，如销售额达到多少、用户增长率达到多少等，也可以是定性的，如完成某项技术研发、提升品牌知名度等。这样，团队成员在执行任务时就能有一个明确的参照，知道自己的工作是否达到了预

期的效果。

　　在将整体计划细化为具体任务后，接下来的关键是为每个任务分配明确的责任人。这个责任人将对该任务的执行负责，确保任务能够按照既定的目标、时间节点和完成标准来推进。责任人的设定不仅能让团队成员更加明确自己的职责，还能增强他们的责任感和使命感，从而更加投入地工作。为了确保责任分工的有效实施，我们还需要建立一套沟通机制。团队成员之间应该保持密切的沟通与协作，及时分享任务的进展情况、遇到的问题以及需要的支持。这样，我们就能迅速应对各种突发情况，确保项目的顺利进行。

　　（二）建立监督机制

　　为了确保行动计划得到有效执行，监督机制扮演着至关重要的角色。监督机制能够实时跟踪项目的进展情况，及时发现问题，并确保项目按照既定的时间表和目标推进。为了实现这一目标，设立一个专门的监督机构或委员会显得尤为重要。

　　这个监督机构或委员会应由产学研各方的代表组成，以确保监督的全面性和公正性。各方代表的参与不仅能提供更广泛的视角和意见，还能增强监督的客观性和公信力。这样的组成方式有助于平衡各方利益，减少潜在的偏见和冲突。监督机构的主要职责是定期对合作项目的进展情况进行检查和评估。这包括审查项目的进度报告，了解项目当前所处的阶段、已完成的工作以及未来的计划。通过对比项目计划和实际进度，监督机构可以及时发现进度滞后或偏离目标的情况，并采取相应的措施进行纠正。

　　除了进度监督，监督机构还需要对项目的实施效果进行评估。这包括对项目成果的质量、效益以及社会影响等方面的评价。通过实施效果的评估，可以了解项目是否达到预期目标，以及是否存在改进的空间和必要性。在检查和评估过程中，监督机构应提出具体的改进建议。这些建议可能涉及项目管理、资源配置、团队协作等方面，旨在提高项目的执行效率和成果质量。监督机构还应与项目管理团队保持密切沟通，共同商讨解决方案，并确保改进措施得到有效实施。为了保障监督机制的持续性和有效性，监督机构应定期召开会议。这些会议不仅为各方代表提供了一个交流和讨论的平台，还能及时汇总和反馈项目进展情况，确保信息的透明度和准确性。通过会议，可以及时调整监督策略，应对项目执行过程中出现的各种挑战和问题。

（三）加强风险管理

在产学研合作项目的执行过程中，风险管理是一个不可或缺的环节。由于项目的复杂性和多变性，可能会遇到多种风险，包括技术难题、资金短缺、市场变化等。为了确保项目的顺利进行并最终实现成功，项目团队必须对可能出现的风险进行全面的预测、评估和管理。

项目团队应对可能出现的风险进行详细的预测。这包括对技术难题的预判、资金流动性的分析以及市场趋势的研究等。通过收集相关信息、进行专家咨询和市场调研，团队可以更加准确地识别出潜在的风险点。团队需要对识别出的风险进行评估。评估的目的是确定风险的大小、发生的可能性和可能造成的损失。这可以通过定性和定量的方法来完成，如风险矩阵分析、蒙特卡罗模拟等。评估结果将有助于团队了解各种风险的重要性和紧迫性，为制定风险应对策略提供依据。

在预测和评估的基础上，项目团队需要制定相应的风险应对策略。这些策略应涵盖风险规避、风险减轻、风险转移和风险接受等方面。例如，对于技术难题，可以考虑引进外部专家或进行技术研发来规避或减轻风险；对于资金短缺，可以寻求外部融资或调整项目预算来应对；对于市场变化，可以灵活调整市场策略或加强市场研究以适应新的市场环境。建立风险预警机制也是加强风险管理的重要手段。通过设定一系列预警指标，如成本超支、进度滞后、市场需求下滑等，一旦触发这些预警信号，项目团队可以立即启动应急预案，采取相应的补救措施以控制风险的扩大。除了上述策略外，项目团队还可以通过购买保险、寻求政府支持等方式来进一步降低风险。保险可以为项目提供一定的经济保障，减轻因不可预见事件造成的损失。而政府支持可能包括政策扶持、资金补贴或税收优惠等，这些措施都有助于增强项目的抗风险能力。全面的风险管理还需要项目团队保持高度的警惕性和灵活性。团队成员应定期回顾和更新风险管理计划，以适应项目执行过程中的各种变化。团队之间应保持紧密的沟通与协作，确保在风险发生时能够迅速响应并有效应对。

（四）提供政策支持

在产学研合作中，政府和相关机构的作用举足轻重。为了促进这种合作模式的深入发展，降低合作风险，并提高各方参与合作的积极性，政府需要出台一系列具有针对性的政策支持。税收优惠是一项重要的政策工具。政府可以对参与产学研合作的企业、高校和科研机构提供一定程度的税收减免。这种减免可以直接减轻他们的经济负担，让他们有更多的资金用于研发和创新。通过税收优惠，政府实际上是在向市场传递一个明确的信号：鼓励科技创新和产学研合作。资金扶持对于产学研合作的推动也至关重要。政府可以设立专项资金，用于支持产学研合作项目。这些资金可以直接投入到具有市场潜力和技术含量的项目中，帮助项目解决资金瓶颈问题。政府还可以通过提供担保、贷款贴息等方式，引导商业银行等金融机构加大对产学研合作项目的信贷支持力度。

项目补贴也是政府推动产学研合作的重要手段。政府可以根据项目的创新程度、市场前景以及对产业升级的贡献等因素，给予不同程度的补贴。这些补贴不仅可以降低项目的研发成本，还能提高项目团队的积极性和创新动力。除了上述直接的经济支持，政府还可以通过政策引导来推动产学研合作。政府可以制定相关法规和标准，明确产学研合作各方的权利和责任，为合作提供法律保障。同时，政府还可以加大对产学研合作成果的宣传和推广力度，提高社会对这种合作模式的认知度和接受度。政府还可以积极搭建产学研合作平台。这样的平台可以为各方提供一个信息交流、资源共享的场所，有助于打破行业壁垒和地域限制，促进各方之间的深度合作。通过平台，企业可以更方便地找到合适的高校和科研机构进行技术合作，而高校和科研机构也能更好地了解市场需求和企业需求，从而更有针对性地进行研发和创新。

参考文献

[1]霍德才,李艳杰,乔光波.关于产学研合作教育的探讨[J].就业与保障,2021
(13).

[2]雷小苗,李良艳,王蓉.新时代产学研协同创新的路径研究[J].管理现代化,
2020(03).

[3]冯海燕.高校与企业产学研合作机制创新研究[J].中国高教研究,2014
(08).

[4]杨宗仁.产学研合作的定义、渊源及合作模式演进研究[J].生产力研究,
2015(08).

[5]王少华.国内产学研合作研究综述——基于 2002—2012 年期刊文献分析
[J].科技管理研究,2015,35(11).

[6]王尧,郑建勇,李建清.产学研合作的概念演变及其内涵[J].科技成果管理
与研究,2012(03).

[7]曾萍,李熙.产学研合作研究综述:理论视角,合作模式与合作机制[J].科技
管理研究,2014(22).

[8]刘娜,蒲泉霖,史严.产学研合作的现状分析及模式比较[J].大学,2023
(22).

[9]张学森.金融业与财经院校产学研合作研究[J].中国高校科技,2012(04).
DOI:10.16209/j.cnki.cust.2012.04.015.

[10]郑坚,陈中文.浅谈新形势下高校产学研合作的对策[J].科技进步与对策,
2000(08).

[11]林良滨.产学研合作对我国工业产业技术创新效率的影响研究[J].环渤海经济瞭望,2024(03).DOI:10.16457/j.cnki.hbhjjlw.2024.03.042.

[12]蒋伏心,季柳.产学研合作对企业技术创新的影响——基于门槛回归的实证研究[J].华东经济管理,2017(07).

[13]范蓉.产学研合作对企业技术创新能力的影响:运行机制与作用机理[J].天津中德应用技术大学学报,2023(01).DOI:10.16350/j.cnki.cn12-1442/g4.2023.01.007.

[14]詹雯婷,章熙春,胡军燕.产学研合作对企业技术能力结构的双元性影响[J].科学学研究,2015(10).

[15]卞元超,白俊红,范天宇.产学研协同创新与企业技术进步的关系[J].中国科技论坛,2015(06).

[16]王晓亚,谢思全.R&D投入、产学研合作与企业技术创新产出——基于我国省级面板数据的研究[J].现代管理科学,2015(04).

[17]黄文锋,张梦轩.政府政策与企业技术创新意愿关系研究——基于东莞电子信息产业的实证分析[J].科技与经济,2013(04).

[18]韩启飞,朱小健.高校产学研合作的主要模式与思考[J].中国多媒体与网络教学学报(上旬刊),2021(11).

[19]孔逸萍.产学研合作模式选择的影响因素[J].中国新技术新产品,2010(07).DOI:10.13612/j.cnki.cntp.2010.07.239.

[20]谢园园,梅姝娥,仲伟俊.产学研合作行为及模式选择影响因素的实证研究[J].科学学与科学技术管理,2011(03).

[21]萧建秀,王晓辉.高校、科研机构科技成果转化中存在的问题和对策[J].中国经贸导刊(中),2018(32).

[22]高超,刘灿雷.企业创新的外在动力:公共科研机构技术转让的驱动效应[J].世界经济,2022(11).DOI:10.19985/j.cnki.cassjwe.2022.11.004.

[23]唐姣美.数字经济时代商科人才培养产学研融合模式创新探讨[J].科技与创新,2021(19).DOI:10.15913/j.cnki.kjycx.2021.19.013.

[24]关志民,曹忠鹏,陶瑾.产学研合作中政府支持作用与成功因素的实证研究

[J].东北大学学报(社会科学版),2015(03).DOI:10.15936/j.cnki.1008-3758.2015.03.008.

[25]王福,刘俊华,王建国.产学研共同体信息共享的形成机理及实现路径[J].现代情报,2020(12).

[26]张永,吕品.高校基于政产学研合作创新联合体的构建[J].现代营销(下旬刊),2017(05).

[27]李廉水.我国产学研合作创新的途径[J].科学学研究,1997(03).

[28]游文明,周胜,冷得彤,等.产学研合作动力机制优化研究[J].科学学与科学技术管理,2004(10).

[29]李梅,蔡建轩,张舜标.校企共建技术创新联合体的研究与实践——以广东农工商职业技术学院为例[J].高等职业教育(天津职业大学学报),2016(01).

[30]林静,杨蓉蓉,刘凤鸣.创新联合体中高校的作用机制[J].现代职业教育,2021(27).

[31]孙俊华,汪霞.促进技术转移和应用的政产学研合作机制研究[J].大学(研究与评价),2009(09).

[32]王文华,丁恒龙,余兴无.产学研联合体利益分配机制研究[J].现代经济(现代物业下半月刊),2008(09).

[33]邹小伟.产学研结合技术转移模式与机制研究[D].华中师范大学,2013.

[34]肖龙翔.我国技术转移体系发展现状、问题及对策[J].科技创业月刊,2019(07).

[35]任蓉.促进科技成果转化和技术转移的对策研究——以北京市为例[J].创新科技,2019(02).DOI:10.19345/j.cxkj.1671-0037.2019.02.007.

[36]韦嘉,姜锦红,廖萍.中西方知识产权管理与保护比较研究[J].商场现代化,2009(06).

[37]范定祥.实验室经济及其模式选择研究[J].科技进步与对策,2014(22).

[38]张燕燕,赵怀宝.地方高校与企业共建、共享实验室现状、对策与实践[J].科技风,2023(08).DOI:10.19392/j.cnki.1671-7341.202308029.

[39]李克林.企校合作实验室建设现状与对策研究[J].实验技术与管理,2015
（10）.

[40]张玉平.大学实验室与设备管理部门的组织文化建设[J].实验技术与管理,2010（5）.

[41]陈雷.公安院校警务大数据类专业大学生创新教育的探索与实践[J].辽宁工业大学学报（社会科学版）,2022（01）.

[42]郭伟锋.校企合作共建实验室的博弈分析[J].泉州师范学院学报,2014（2）.

[43]何小平.基于互惠共生理念的校企合作共建实验室研究[J].新西部（理论版）,2011（12）.

[44]郭伟锋.从界壳论看校企合作共建实验室[J].实验室研究与探索,2011（9）.

[45]郭伟锋.多重界壳约束下校企合作共建实验室的可拓分析[J].实验室研究与探索,2012（05）.

[46]郭伟锋.校企合作共建实验室的可持续发展研究[J].实验科学与技术,2014（1）.

[47]郭伟锋,雷勇,李春鹏.耗散结构理论对校企合作共建实验室的启示[J].实验室科学,2012（01）.

[48]张凯.高等院校实践型人才培养模式研究[J].佳木斯职业学院学报,2024（01）.

[49]李高建,崔萍,惠熙文.地方应用型高校产教融合的现实需求、困境与路径研究[J].高教学刊,2023（30）.

[50]范世伟.社会实践活动对高校应用型人才职业规划的影响[J].黑龙江科学,2023（17）.

[51]刘笛,崔西印.浅谈校企联合培养模式下的高校人才培养体系构建[J].四川劳动保障,2024（04）.

[52]武美萍.协同创新环境下研究生联合培养机制研究[J].教育现代化,2017（26）.DOI:10.16541/j.cnki.2095-8420.2017.26.001.

[53]吕晓辉.中小微企业与职业院校校企合作机制研究[J].吉林省教育学院学报,2024(05).DOI:10.16083/j.cnki.1671-1580.2024.05.021.

[54]金娇,刘雅儒,饶如意.依托高校科研平台的本科创新型工程人才培养的问题与思考[J].才智,2024(12).

[55]巢俊.产学研合作创新网络组织模式及其运作机制研究[J].江苏科技信息,2020(6).

[56]张璠.高职高专院校高层次人才引进问题研究[D].郑州大学,2011.

[57]陈子韬,袁梦,孟凡蓉.政府资助、科技类社会组织与产学研协同创新[J].科学学研究,2023(10).DOI:10.16192/j.cnki.1003-2053.20221102.001.

[58]白俊红,卞元超.政府支持是否促进了产学研协同创新[J].统计研究,2015(11).

[59]陈怀超,张晶,费玉婷.制度支持是否促进了产学研协同创新?——企业吸收能力的调节作用和产学研合作紧密度的中介作用[J].科研管理,2020(3).

[60]李林,王艺,黄冕,胡芳.政府介入与产学研协同创新运行机制选择关系研究[J].科技进步与对策,2020(10).

[61]杨凯生.建立产学研合作的资金支持机制[J].中国科技产业,2019(01).DOI:10.16277/j.cnki.cn11-2502/n.2019.01.007.

[62]陈方圆.产学研战略联盟风险抵御机制研究[D].内蒙古大学,2011.

[63]高建,陈洪玉,林燕,等.构建高校大型仪器设备共享平台的探讨[J].中国科技信息,2013(11).

[64]谢建武.高职院校教学设备管理研究[D].天津大学,2012.

[65]韩丽娟.产学研合作绩效评价的作用机制[J].社科纵横,2017(11).DOI:10.16745/j.cnki.cn62-1110/c.2017.11.013.

[66]朱向梅.产学研知识创新网络型组织结构的分析框架[J].科技进步与对策,2010(10).

[67]武婷婷,董朕.应用型本科院校产学研合作创新型人才培养模式研究[J].科技经济市场,2023(05).

[68]王绍丹,裴庭伟.创新创业模式下高校产学研合作技术创新研究[J].创新创业理论研究与实践,2022(19).

[69]李梅芳,刘国新,刘璐.企业与高校对产学研合作模式选择的比较研究[J].科研管理,2012(9).

[70]章亿发,张兵,王睿.中国高校校办企业改革:回顾与展望[J].中国高教研究,2021(8).

[71]王晓阳,李彩艳.再论高等教育现代化的中国模式[J].教育与教学研究,2020(8).

[72]李林,王艺,贾佳仪.产学研协同创新项目成功度研究——基于政府介入和利益分配方式的协同作用[J].湖南大学学报(社会科学版),2020(1).

[73]李林,王艺,黄冕,等.政府介入与产学研协同创新运行机制选择关系研究[J].科技进步与对策,2020(10).

[74]马蔚然.关于引进高端人才和创新团队的对策建议[C]//中共沈阳市委,沈阳市人民政府,国际生产工程院,中国机械工程学会.第十六届沈阳科学学术年会论文集(经管社科).[出版者不详],2019:5.

[75]赵红梅.科创板上市公司与高校产学研合作的问题及模式研究[J].金融发展研究,2021(05).DOI:10.19647/j.cnki.37-1462/f.2021.05.006.

[76]周娜.季从留.校办企业存在的问题与发展研究[J].中国高校科技,2012(7).

[77]辛建文.高校背景上市公司"产学研"效应分析[J].中外企业家,2020(29).

[78]唐不不,陈烦.地方高校产学研合作现状及对策[J].合作经济与科技,2020(10).

[79]檀朝桂,杨智辉,费俊杰,蒋科兵,林建国,周彦.地方高校产学研布局的探析与思考——以湘潭大学为例[J].科技风,2021(6).

[80]陈海鹏,刘红斌,张顺.产学研深度融合促进高校科技成果转移转化-基于51所高校及88家企事业单位的调查分析[J].中国高校科技,2019(3).